高等教育"十二五"规划教材 ◎ 物流管理专业

现代物流基础

BASIS of MODERN LOGISTICS

（第三版）

主　编 ◎ 王　爽
副主编 ◎ 鲁艳萍
　　　　　陈　彧
参　编 ◎ 吴雅萍
　　　　　董香红
　　　　　刘哥春

首都经济贸易大学出版社
Capital University of Economics and Business Press
·北 京·

图书在版编目(CIP)数据

现代物流基础/王爽主编. —3 版. —北京:首都经济贸易大学出版社,2014.4

ISBN 978-7-5638-2195-2

Ⅰ.①现… Ⅱ.①王… Ⅲ.①物流—教材 Ⅳ.①F252

中国版本图书馆 CIP 数据核字(2014)第 013927 号

现代物流基础(第三版)

王 爽 主编

出版发行	首都经济贸易大学出版社
地　　址	北京市朝阳区红庙（邮编 100026)
电　　话	(010)65976483 65065761 65071505(传真)
网　　址	http://www.sjmcb.com
E-mail	publish@cueb.edu.cn
经　　销	全国新华书店
照　　排	首都经济贸易大学出版社激光照排服务部
印　　刷	北京地泰德印刷有限责任公司
开　　本	787 毫米×1092 毫米 1/16
字　　数	371 千字
印　　张	14.5
版　　次	2009 年 8 月第 1 版 2011 年 2 月第 2 版 **2014 年 4 月第 3 版** 2014 年 4 月总第 3 次印刷
印　　数	6 001~9 000
书　　号	ISBN 978-7-5638-2195-2/F·1250
定　　价	26.00 元

第三版说明

为了适应物流行业的发展和我国经济形势的变化，编者在本教材修订第三版中对部分内容进行了调整和修订。一方面，根据现代物流业的发展状况及未来的发展趋势，将现代物流中的新技术加入本书中，并根据国家物流产业“十二五”发展规划，将低碳物流、智能物流等作为现代物流呈现给读者；另一方面，根据国家权威部门发布的统计数据，我们将教材中与行业发展密切相关的数据进行了更新，以能够获得的最新年度的数据替代一些较早时期的数据，从而帮助师生及读者更好地了解最新的物流行业状况，也为相关研究人员提供科学、有效的研究数据。此外，编者还对原教材中存在的一些疏漏和表述不甚清楚的词句进行了修改。

希望使用本教材的师生及广大物流业从业人员继续对本教材提出宝贵的意见。

编者

2014 年 1 月 10 日

于天津滨海新区

前 言

几十年来,现代物流作为国民经济的新兴产业持续发展,并对各行各业产生了重要的影响。物流产业被公认为国民经济发展的动脉和基础产业,而做到“物畅其流”则有赖于科技进步和现代化的发展。近年来,信息技术的发展、各行各业专业化程度的提高、金融业务领域的延伸都为物流产业的发展提供了重要条件,我国现代物流业的发展更呈现了发展速度快、专业化程度逐步提高、产业体系日益完善、物流服务领域日渐深入拓展、物流产品不断创新的态势,物流专业人才需求也持续扩大。

为了适应新时代物流行业的发展和社会对新型物流人才的需求,培养知识口径宽、专业化程度高、综合能力强的实用型物流专业人才,我们在本教材编写的过程中,立足高职高专物流专业教育的实际需求,准确定位职业院校的培养目标,密切结合我国物流行业企业的实际人才需求,认真分析物流专业学习的逻辑线索、知识结构,在创作思想、编著内容、文章结构等方面均有所创新。本教材从物流概念入手,将物流活动要素与物流设施设备融合,主要介绍物流系统、物流信息化、国际物流与物流外包等物流基础理论,并对一些需要专业物流服务的典型的行业物流进行分类讲解;同时,本教材也立足于物流产业发展和物流产品创新,对现代物流产业和现代物流行业的新发展进行基础性讲解,希望能够抛砖引玉,对物流产业的新一轮发展奠定基础。为了满足培养职业技能的需要,本教材在编写上着力体现以下特色:

1. 明确以我国物流事业发展中的人才需求特点构建本教材体系,以物流系统、物流活动要素与设备、物流信息化、国际物流与物流外包、物流产业发展、现代物流行业新发展为基础框架,将物流基础理论与实践结合,将知识与实际操作设备载体结合,本着简单、实用、全面、够用的原则充实教材内容。

2. 在阐述基本概念和相关理论的基础上,结合实际选择具有代表性的典型案例进行深入浅出的分析与探讨。在注重理论的系统性、前瞻性基础上更注重与实际应用相结合,我们组织教学、科研和企业方面的专家,共同参与了本教材的创意和编写工作。

本教材力求为物流专业的初学者搭建一个宽口径、应用型的知识平台,以现代物流基础知识为核心,尽量避免与物流管理实务的进阶知识中不必要的重复,使本教材可以作为学习物流管理实务课程的前置课程的教材,也可以作为物流专业初学者的入门手册,同时也适用于想拓展物流基础知识、应用物流行业规律的物流专业爱好者和物流从业人员的培训和自学用书。

本教材的主要编写人员由具有多年高职高专物流专业教学经验、具有较高层次物流专业教育背景，同时又具有物流企业从业经验的“双师型”教师构成，从行业实践出发把握编写内容，以提高教材的实践性和应用性；同时，本书立足高职教育的新特点，将基础理论专题化，每个专题以引导案例开篇，讨论案例结束，在篇尾加入延伸阅读与认知指导，使晦涩、纷繁的理论知识以进阶的方式进行讲解，中间还穿插小的实例和链接等做出特别的提示，其目的是使书中阐述的内容更加通俗易懂、形象具体、丰富实用。

本教材共分为八个专题，由天津滨海职业学院教师王爽担任主编，制定编写大纲，并完成了专题六的第一、第二节，专题七、专题八的初稿，并对全书进行统稿、修改和最后的审订；鲁艳萍老师担任副主编，完成了专题四、专题八的初稿并对全书进行了校对和修改；陈彧老师担任副主编，完成了专题一、专题三、专题六的第三至第五节的初稿，并对全书初稿进行了校对和修改；吴雅萍老师撰写了专题五的初稿；东营职业学院董秀红老师撰写了专题二；天津城市职业学院刘歌春老师对本书进行了二次校对；最后由王爽老师完成了全书的统纂工作。

本教材在编写过程中得到了天津海虹国际货运代理有限公司刘惠彬总经理的帮助，为我们提供了部分章节的重要资料；天津丰田物流有限公司的刘立明总经理、李增轶部长为我们提供了重要的调研资料和企业实践经验；天津保税区管委会企业服务区赵学森局长对物流行业发展的研究成果为本教材的编写提供了重要的思路和线索；天津电装电子有限公司、天津波音航空复合材料公司物流部的相关专家、负责人也为我们提供了重要的帮助。同时，首都经济贸易大学出版社的杨玲总编对我们物流教育教学设想的理解和认同促成了本教材的出版。

本教材在编写过程中还参考了许多物流专业学者的著述和资料，得到了很多物流行业企业的帮助，在此，一并表示感谢！由于时间仓促和水平有限，书中难免有纰漏和不足之处，敬请各位读者予以批评指教。

有课件需求的教师可电邮至 YangLing@cueb. edu. cn 联系或登录首都经济贸易大学出版社网站下载。

编者

2013 年 6 月 3 日

于天津滨海新区

目　录

专题一　现代物流概述

知识目标

掌握物流概念、物流的三要素、物流的分类、物流与商流的关系;熟悉物流服务、物流服务需求与物流服务市场;了解物流的产生与发展。

案例导入

小李到某小区农贸市场调研时发现,该农贸市场销售蔬菜的商贩基本采用两种方式进货:一种是清晨4点到城郊结合部的农贸批发市场亲自去采购,这样,采购的菜价较低,但商贩需要供养一部运输车和司机,每天的运输成本均摊到每公斤蔬菜上由消费者承担;另一种是由近郊的农户送货到摊位,这样,进货成本较高,商贩在此基础上再加入管理费和适当的利润销售给消费者。

小李经过观察发现,采用第一种方式进货的商贩,运力通常不能充分利用。小李又来到近郊的蔬菜生产基地,他发现,农户每天送菜到市场也需耗费巨大的精力和成本,而无法集中精力进行生产种植的改进,有些农户由于车辆和人力的限制,无法将蔬菜运送到更多的农贸市场,或者不能保证运送到农贸市场时蔬菜仍然新鲜。

于是,小李想自己开办一家物流企业,专门服务于蔬菜农户与各类市场上的蔬菜销售商贩。

请为小李设计一个物流方案,并说明如何提高蔬菜农户与各类市场上的蔬菜销售商的效益,努力创造"第三利润源"。

1.1　物流概述

1.1.1　物流的概念

对于物流的概念,由于各个国家物流起源与发展历程不尽相同,物流活动的特点和方式也有所不同,因此,对物流活动的定义也各有侧重。

1.1.1.1　美国物流管理协会对物流的定义

1963年,美国物流管理协会的前身——国家物资配送管理协会(亦称美国物流管理协会,National Council of Physical Distribution Management, NCPDM)对物流管理(Physical Distribution Management)做出的定义是:为计划、执行和控制原材料、在制品库存及制成品从起源地到消费地的有效率的流动而进行的两种或多种活动的集成。这些活动可能包括但不仅限于:顾客服务、需求预测、交通、库存控制、物料搬运、订货处理、零件及服务支持、工厂及仓库选址、采购、包装、退货处理、废弃物回收、运输、仓储管理。在这个定义中明确了具体的物流活动。

1985 年,美国物流管理协会更名为"The Council of Logistics Management (CLM)",对物流(Logistics)进一步定义为:对货物、服务及相关信息从起源地到消费地的有效率、有效益的流动和储存而进行计划、执行和控制,以满足顾客要求的过程。该过程包括进向、去向、内部和外部的移动以及以环境保护为目的的物料回收。这个定义的表述更加广泛灵活。

1998 年,CLM 将物流重新定义为:物流是供应链过程的一部分,是以满足客户需求为目的的,为提高货物、服务及相关信息从起源地到消费地进行有效率、有效益的流动和存储而对其进行计划、执行和控制。

1.1.1.2 欧洲物流协会对物流的定义

欧洲物流协会(European Logistics Association, EIA)1994 年发表《物流术语》(Terminology in Logistics),将物流定义为:物流是在一个系统内对人员和商品的运输安排及与此相关的支持活动进行计划、执行和控制,以达到特定的目的。物流活动与职能如图 1-1 所示。

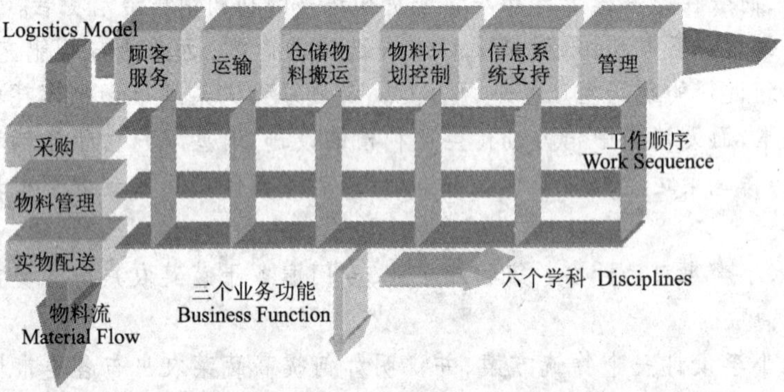

图 1-1 物流活动与职能示意图

1.1.1.3 日本对物流的定义

1956 年,日本"流通技术专业考察团"到美国考察,发现美国的物料配送(后称"物流",Physical Distribution,PD)涉及大量流通技术,能提高流通生产率,于是将其引入日本,译成日文为"物の流",1965 年将其简化为"物流"。

日通综合研究所 1981 年在《物流手册》中对物流做出的定义是:物流是物资资料从供给者向需求者的物理性移动,是创造时间性、场所性价值的经济活动。从物流的范畴来看,包括包装、装卸、保管、库存管理、流通加工、运输和配送等活动。

1992 年,具有 22 年历史的日本物流管理议会(Japan Logistics Management Association,

JLMA)和日本物流管理协会(Japanese Council of Logistics Management,JCLM)合并成立日本后勤系统协会(The Japan Institute of Logistics Systems,JILS),将物流改称为"后勤"。"后勤"两个字并没有翻译成日文文字,而是直接用"Logistics"的英文注音。这不仅是词语的转换,而且是Logistics已经突破了商品流通的范围,把物流活动扩大到生产领域。

1.1.1.4 我国对物流的定义

2001年8月正式颁布实施的中国国家标准——《物流术语》(GB/T18354—2001)中对物流作出明确定义:物流是指物品从供应地向需求地的实体流动过程;根据实际需要,将运输、储存、装卸、搬运、包装、流通加工、配送和信息处理等基本功能实施有机结合。物流流程如图1-2所示。

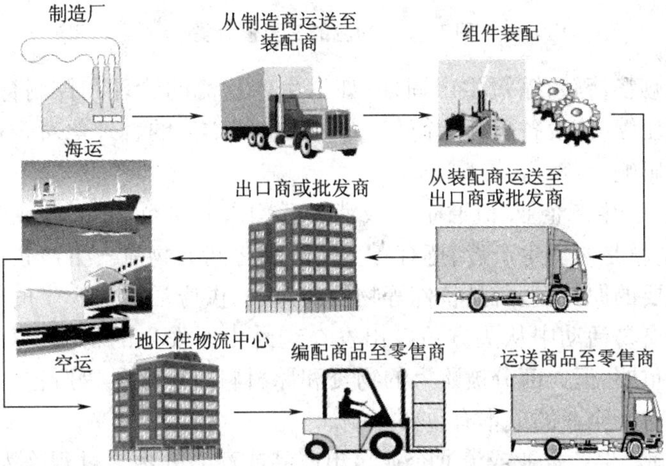

图1-2 物流流程示意图

1.1.2 物流的三要素与物流分类

现在,物流理论应用于各个不同的社会经济领域,虽然不同领域中的物流存在着相同的基本要素,但是,不同领域中物流的对象、目的、范围和范畴的差异形成了不同的物流类型,目前还没有统一的对物流进行分类的方法和标准。物流理论的研究者将物流分为宏观物流和微观物流、社会物流和企业物流、国际物流和区域物流等。归纳起来,比较规范和便于研究的分类方法是从物流系统的作用、性质及空间范围等不同角度对物流进行分类(参见图1-3)。

1.1.2.1 按照物流活动的作用分类

按照物流活动所发挥的作用可以将物流分为生产物流、供应物流、销售物流、回收物流和废弃物物流等不同的种类。

(1)生产物流。生产物流包括企业从原材料购进入库起,直到成品发送出去为止的物流活动的全过程。生产物流和企业的生产流程同步。企业在生产过程中,原材料、半成品等按照工艺流程在各个加工环节之间不停顿地移动、流转形成了生产物流。如果生产物流中断,生产过程也将随之停顿。生产物流的重要性体现为:如果生产物流均衡稳定,可

- 物流
  - 按作用分类
    - 生产物流
    - 供应物流
    - 销售物流
    - 回收物流
    - 废弃物物流
  - 按性质分类
    - 社会物流
    - 行业物流
    - 企业物流
      - 生产企业物流
      - 流通企业物流
      - 运输企业物流
  - 按空间分类
    - 地区物流
    - 国内物流
    - 国际物流

图1－3　物流的三要素分类

以保证在制品的顺畅流转，缩短生产周期；如果生产物流的管理和控制合理，也可以使在制品的库存得到压缩，使设备负荷均衡化。因此，生产物流的合理化对企业的生产秩序和生产成本有很大影响。

(2)供应物流。生产企业、流通企业或消费者购入原材料、零部件或商品的物流过程称为供应物流，也就是物资生产者、持有者至使用者之间的物流。生产企业的供应物流是指生产活动所需要的原材料、备品备件等物资的采购、供应活动所产生的物流。流通企业的供应物流是指交易活动中从买方角度出发在交易中所发生的物流。对企业而言，企业的流动资金十分重要，但大部分被购入的物资和原材料及半成品等所占用。因此，供应物流的合理化管理对于企业的成本有重要影响。

(3)销售物流。生产企业或流通企业售出产品或商品的物流过程称为销售物流，也是指物资的生产者或持有者与用户或消费者之间的物流。生产企业的销售物流是指售出产品；流通企业的销售物流是指在交易活动中从卖方角度出发的交易行为中的物流。企业通过销售物流，可以进行资金的回收并组织再生产的活动。销售物流的效果关系到企业的存在价值是否被社会承认。销售物流的成本在产品及商品的最终价格中占有一定的比例。因此，销售物流的合理化在市场经济中对增强企业的竞争力可以起到重要的作用。

(4)回收物流。回收物流是指不合格物品的返修、退货以及周转使用的包装容器从需方返回到供方所形成的物品实体的流动。比如，回收用于运输的托盘和集装箱，接受客户的退货，收集容器，原材料边角料，零部件加工中的缺陷在制品的销售等方面物品实体的反向流动过程。

商品在生产及流通过程中有许多要回收并可以重新利用的物资，例如，作为包装容器的纸箱和塑料筐等，建筑行业的脚手架，对旧报纸和书籍进行回收、分类再制成生产的原材料纸浆，利用金属废弃物的再生性，在回收后重新熔炼成有用的原材料等。这些对物资的回收和再加工过程形成了回收物流，但由于回收物资品种繁多，变化较大，且流通的渠道也不完善，因而对回收物流进行管理和控制的难度较大。

(5)废弃物物流。废弃物物流是指将经济活动中失去原有使用价值的物品，根据实际需要进行收集、分类、加工、包装、搬运及储存等，并分送到专门处理场所时形成的物品实体流动。

商品的生产和流通系统中所产生的无用的废弃物，如开采矿山时产生的土石，炼钢生产中的钢渣、工业废水以及其他各种无机垃圾等。这些废弃物已没有再利用的价值，但如果不妥善处理，就地堆放会妨碍生产甚至造成环境污染，对这类废弃物的处理过程产生了废弃物物流。为了更好地保障生产和生活的正常秩序，对废弃物的研究十分重要。虽然废弃物物流没有经济效益，但具有不可忽视的社会效益。

1.1.2.2 按照物流系统的性质分类

按照物流系统的性质对物流活动进行分类，可以将物流分为社会物流、行业物流和企业物流三大类。

(1)社会物流。社会物流是物流的主要研究对象，是指在全社会范围内，面向广大用户的超越一家一户的物流。社会物流涉及商品流通领域发生的所有物流活动，因此，社会物流带有宏观性和广泛性，也被称为大物流或宏观物流。伴随商业活动的发生，物流过程通过商品的转移实现商品的所有权转移，这是社会物流的标志。

社会物流研究的内容包括四个方面：①对再生产过程中发生的物流活动的研究；②对国民经济中的物流活动的研究；③对如何形成服务于社会、面向社会又在社会环境中运行的物流的研究；④对社会物流体系结构和运行的研究。

社会的物资流通网络是国民经济的命脉，因此，流通网络分布是否合理，流通的渠道是否畅通，如何对流通网络进行科学管理和有效控制，采用先进的技术保证物流的高效率、低成本运行等都是社会物流研究的重点。加强对社会物流的研究可以为国家带来巨大的经济效益和社会效益。由于社会物流所涉及的是大社会领域，对社会物流的研究已经得到国家和社会的高度重视。

(2)行业物流。顾名思义，在一个行业内部发生的物流活动被称为行业物流。在一般情况下，同一个行业的各个企业往往在经营上是竞争对手，但为了共同的利益，在物流领域中却又常常相互合作，共同促进行业物流系统的合理化。国内外许多行业均有本行业的行业协会或学会，并对本行业的行业物流进行研究。在行业物流活动中，有共同的运输系统和零部件仓库，以实行统一的集中配送；有共同的新旧设备及零部件的流通中心；有共同的技术服务中心进行对本行业操作和维修人员的培训；有统一的机械设备规格，采用统一的商品规格、统一的法规政策和统一的报表；等等。行业物流系统化的结果使行业内的各个企业都得到相应的利益。

(3)企业物流。在企业经营范围内由生产或服务活动所形成的物流系统称为企业物流。企业作为一个经济实体，是为社会提供产品或提供服务的。一个生产企业的物流过程，从产品生产的采购原材料开始，按照工艺流程，经过若干工序的加工成为产品，然后再销售出去，有一个较为复杂的物流过程；一个流通企业的物流过程包括商品的进、销、调、存、退等各个环节；一个运输企业的物流活动包括从按照客户的要求提货、将货物运送到客户指定地点并完成交付的过程。

1.1.2.3 按照物流活动的空间范围分类

按照物流活动涉及的空间和范围不同，可以将物流分为地区物流、国内物流和国际物流。

(1)地区物流。研究地区物流对于提高所在地区的企业物流活动的效率，以及保障当地居民的生活环境与福利水平具有积极的作用。对地区物流的研究应根据所在地区的特点,从本地区的利益出发组织好相应的物流活动,并充分考虑利弊两方面的问题,要与地区和城市的建设规划相结合,妥善安排。例如,某地区计划建设一个大型物流中心,这将提高当地的物流效率,降低物流成本,但也应考虑到供应点集中所带来的一系列交通问题。

研究地区物流时,对地区的划分可以按不同的目的进行,比如,按涉及行政区域划分,有华中地区、中南地区等;按一定的经济圈划分,有苏(州)(无)锡(州)常(州)经济区、黑龙江边境贸易区等;按地理位置划分,有珠江三角洲地区、西部地区等。

(2)国内物流。为国家的整体利益服务、在国家的领地范围内开展的物流活动称为国内物流。国内物流作为国民经济的一个重要方面,应当纳入国家的总体规划。我国的物流行业是国家现代化建设的重要组成部分,因此,国内物流的建设投资和发展必须从全局着眼,清除部门和地区分割所造成的物流障碍,尽早建成一些大型物流基地和项目,更好地为国民经济服务。

国内物流作为国家的整体物流系统,它的规划和发展应充分发挥政府的行政作用,具体内容包括:①物流基础设施的建设,如公路、港口、机场、铁路的建设以及大型物流基地的配置等;②各种交通政策法规的制定,包括铁路、公路、海运和空运的价格规定以及税收标准等;③为提高国内物流系统运行效率,制定和实施与物流活动有关的各种设施、装置和机械的标准化;④对各种物流新技术的开发和引进以及对物流技术专门人才的培养。

(3)国际物流。国家之间和世界各大洲之间进行的原材料与产品的流通称为国际物流。当前的世界已成为"地球村",国家与国家之间的经济交流越来越频繁,各国的经济发展已经融入经济全球化的潮流之中;另外,企业的发展也走向社会化和国际化,出现了许多跨国公司,一个企业的经济活动范畴可以遍布世界各大洲。因此,国际物流已成为物流研究的一个重要分支并显得越来越重要。

1.1.3 物流的作用

物流业不仅对于一个国家的经济运行有着重要的作用,而且对区域、团体、企业等的经济活动都发挥着至关重要的作用。如果将一个国家的经济体比喻为一个人体,那么物流就是这个人体中的动脉,它连接着各个器官与肢体。物流不畅会给经济体的运行带来种种"疾病"。在经济运行中,物流的作用表现为增值作用、流通作用、在生产中的作用和在国民经济中的作用。

1.1.3.1 物流的增值作用

物流过程实际上是一个价值增值的过程。在物流过程中,通过物化劳动和活劳动的投入增加产品的效用,具体表现为增加了产品的空间效用、时间效用、品种效用、批量效用、信息效用和风险效用等。

(1)空间效用。空间效用表现为通过商品流通过程中的劳动消除了商品生产和消费在地理空间上的分离。不同的地区具有不同的产业结构和生产优势,而产品的消费却可能遍布于地区外,甚至是全国、全世界。因此,正是商品流通所耗劳动创造的空间效用,使我们可以享受瑞士生产的咖啡,购买法国的时装,使用美国 IBM 公司的电脑。

(2)时间效用。时间效用表现为通过商品流通过程中的劳动消除了商品生产和消费在时间上的不一致。这种不一致的表现有多种情况,如农产品之类的商品只能间断性生产而必须连续消费;一些时令性或集中性消费的商品,其生产却是长期连续的;等等。更多的情况是,虽然生产和消费都是连续的,但是商品从生产到消费有一定的时间差,这种时间差表现为商品生产与消费的时间矛盾。商品流通过程如储存、保管等投入的劳动恰好可以解决这种矛盾,表现为商品时间效用的增加。

(3)品种效用。品种效用表现为通过商品流通过程中的劳动消除了商品生产和消费品种方面的不一致。因为,无论生产资料还是生活资料,消费者需要的是多种多样的商品,而专业化生产使某一生产厂家所提供的商品具有单一性,商品流通则可以将多家生产商的产品集中提供给消费者,这方面的劳动投入表现为商品品种效用的增加,如越来越多的流通企业承担起生产厂家的"采购代理"任务。

(4)批量效用。批量效用表现为通过商品流通过程中的劳动消除了生产和消费批量的不一致。社会化大生产的一种重要方式是生产的专业化和规模化,而很多时候消费的需求量是很有限的。商品流通中所消耗劳动的一个重要用途就是将生产的大批量分割成最终的小批量需求,在此表现为由整到散的分流过程;反过来的情况也同样存在,即生产尤其是后工业化社会中无论生产资料的生产还是生活资料的生产都呈现出一种趋势,即小批量、多品种的生产,这种生产方式与大批量、流水线生产同时并存。所以,可能出现虽然生产批量较小,而需求则可能是大量集中的情况。这时,商品流通中的劳动就要将分散的货源集中,从而表现为从散到整的集流过程。所有这方面投入的劳动是为了解决生产与消费批量上的不一致,表现为批量效用。

(5)信息效用。信息效用表现为专业商品流通企业要收集大量的信息,如买卖双方的信息、产品说明和使用情况、用户的意见、供求信息和技术发展趋势等,并对这些信息进行过滤、筛选和整理,并传递给供需双方。在对信息的分析中总结规律,发现问题,同时也可以指导企业的工作。

(6)风险效用。风险效用表现为商品流通过程中存在和隐藏着许多风险,如质量风险、信贷风险、政策风险、汇率风险和财务风险等,让商品流通双方承担这些风险责任可能会是一种讨价还价的"扯皮"过程,会加大交易费用甚至妨碍商品流通的完成。由专业商品流通企业承担这些风险无疑会极大地提高供需双方的信心,同时加快流通和再生产的过程。

1.1.3.2 物流的流通作用

人类社会生产与再生产的总过程分为生产、分配、交换(流通)和消费四个环节。其中流通是所有交换的总和,它处于生产和消费之间,是连接生产与消费的纽带。

随着社会经济的发展,社会化分工越来越细,生产规模越来越大,尤其是在经济全球化的趋势下,产品生产和消费的分布越来越广,因而导致了生产与消费之间的间隔越来越大。生产与消费之间的间隔主要是所有权间隔、场所间隔和时间间隔三种。解决前一种间隔的活动被称为商流,即有关商品所有权转移的活动;解决后两种间隔的活动被称为物流。

1.1.3.3 物流在生产中的作用

任何生产企业都是为了适应社会对某种产品的需求而形成的。也就是说,向社会提供一定的产品是生产企业存在的必要条件。产品的制造过程也就是加工过程，每经过一道工序，被加工对象物的形状、规格或性质都将发生一次变化。加工设备或加工单元（如车间）的位置一般是固定的，为了保证加工活动的连续进行，被加工的物料必须依赖于运输车辆、起重机械、搬运机械或人力，才能运送到各个加工设备或加工单元（如车间）处，加工以后的半成品也必须用同样的方式运送到下一个加工单元。物料在加工单元之间的运动就是物流活动，和流通领域中的物流活动一样，“物”不改变本身的形状、规格和性质，只改变“物”在时间或空间位置的状态。由此可知，物流活动与加工活动一样，是生产企业经营活动必不可少的过程。通过物流活动把原材料运进生产企业，并使其依次在加工点之间流动，逐步形成半成品、成品直至出厂。企业物流贯穿于企业生产和经营的全过程，企业物流的改善可以带来预想不到的利益。企业物流合理化被称为“企业脚下的金矿”“企业的第三利润源泉”，是当前激烈的市场竞争中企业获取市场竞争优势的主要途径。

企业物流合理化对企业经营的积极作用表现在如下四个方面。

第一，降低物流费用，减少产品成本，增强产品的市场竞争力。物流费用在产品成本中占有相当比重，企业物流合理化可以提高物流作业效率，减少运输费用及仓储包装费用，从而直接达到降低成本的目的。

建筑材料中，砂、石及煤等物质的成本主要是物流成本，而某些消费品生产的总成本中物流成本也很高。据统计，我国一般工业品从产品出厂经过装卸、储存和运输等各个物流环节到消费者手中，物流费用占商品价格的50%左右；新鲜水果、易变质食品和某些化工产品的流通费用有时高达产品价格的70%。我国汽车零配件的生产，其加工装配时间仅占2%，而96%的时间是用于储存、装卸和搬运。提高物流活动的效率，可以大幅度地降低总成本，对这类产品提高市场竞争能力的作用是不言而喻的。

第二，缩短生产周期，加快资金周转，适应市场需求的变化。通过合理制订生产计划使物流均衡化，同时减少库存和物流中间环节，可以有效地缩短生产周期，使企业购入的原材料在较短的时间内形成产成品供应用户。

据一些大型生产制造企业的统计，原材料从进厂到形成产品出厂，只有5%～10%的时间是被加工活动所占用的，其他90%左右的时间是属于仓储、搬运或在加工生产线上的等待时间，也就是被物流活动所占用的时间。由此可见，物流系统的改善对缩短原材料流转周期是起决定性作用的。这一方面可以有效地加快资金周转，提高资金的使用效率；另一方面可以缩短生产周期，更好地适应市场的变化，提高企业的竞争力。

第三，压缩库存，减少流动资金的占用，减少企业财务费用的支出。库存控制是企业物流合理化的重要内容，库存控制的目的是通过各种控制策略和控制方法使企业的原材料、中间在制品和成品库存在满足生产需求的前提下，把库存控制在合理范围之内。

据一些行业的统计，企业的流动资金主要是被材料费占用的，材料费（含原材料及在制品）一般占流动资金的75%左右。因此，库存物资的减少对降低流动资金有显著作用。

第四，通过物流改善可以提高企业整体的管理水平。物流系统涉及企业的各个领域。在物流科学的系统观念指导下，从整体效益着眼，对物流环节的任何改善都会对企业管理水平的提高起到促进作用。

仅就库存控制来看，一定量的库存是维持生产连续性的必要条件，但库存过多不仅占压流动资金，而且掩盖了企业管理中的许多矛盾，如某部门工作效率不高、劳动纪律松弛、各部门之间配合不协调等。只是这些问题平时不易暴露，但要降低库存水平，必须同时对这些隐性问题进行处理。例如，减少库存必须提高供应部门的工作效率，保证供货渠道的畅通，才能不发生“断粮”的危险；减少在制品库存，必须加强对生产线的管理，提高设备维修部门的责任心和工作效率。可以说，库存的降低促进了企业素质的提高。日本一位企业家认为，“只要看物流状况，就能判断企业的管理水平”，这是很有道理的。

1.1.3.4 物流在国民经济中的作用

物流管理是在生产力水平高度发展之后才诞生的。它首先在工业技术发达的美国出现，并且很快被日本和西欧各国引进。在发达国家，物流科学的研究已具有很高的水平，并且在社会经济和工业生产中越来越普遍地推广应用，取得了极为显著的效果。也就是说，一定水平的社会经济是产生物流管理的基础，而物流管理又对社会经济的发展起到促进作用。对于发展中国家，就其工业与科学技术的发展水平来说不一定具有产生物流管理学的基础，但是在物流管理学理论的先进性与实用性已经被客观实践所证实的条件下，进行物流理论与应用的研究完全是切实可行的，而且具有特别重要的意义。

(1)先进的物流管理是一个国家社会经济发展的基础之一。任何一个国家的社会经济都是由许多部门和企业组成的，它们分布在不同地区，分属于不同的所有者，这些企业向社会供应其产品，同时也从社会获得其他企业生产的原材料和消费品。企业之间相互依存、相互竞争的错综复杂的关系是依赖物流系统加以维持的，社会经济的发展变化也要靠物流系统的调整才能实现。由于发展中国家社会经济的发展变化幅度较大，重视物流系统的建设和完善，无疑会避免许多损失。

(2)先进的物流管理是社会再生产顺利进行和生产规模扩大的必要保障。发展中国家面临的重要任务是扩大再生产，以满足社会日益增长的需要，而企业生产的顺利进行以必需的原材料、燃料和工具设备等物质资料的不间断供给为前提。如果物流系统出现故障，生产过程就会受到影响；社会生产规模的扩大，也必须相应地完善物流系统。如果能及早注意到物流系统的建设和调整，将为社会再生产的顺利进行和生产规模的扩大提供必要的保障。

(3)先进的物流管理是有效利用财力、物力的重要途径。生产资料与资金的短缺是发展中国家面临的重要问题之一。发展中国家必须充分利用和节约有限的资源，但由于流通渠道不完善，结果造成了极大的浪费。比如，我国一方面大量进口钢材，另一方面大量钢材又被积压在仓库里，库存周转长达8个月左右，比工业发达国家长得多，而且流通中的物资消耗也很严重。有关资料显示，由于我国物流过程中的搬运和包装环节不完善，每年损失物资的价值达数百亿元。因此，加强物流研究、改善物流系统无疑是有效利用财力、物力的重要途径。

我国是发展中国家，由于地域广阔、经济基础薄弱、发展不平衡等原因，形成对物流合理化不利的外部条件，但是，社会主义市场经济和改革开放政策以及我国加入世界贸易组织为我国的物流发展带来了很好的机遇。我国各级政府积极支持和扶持物流产业的发展，工商企业界及许多理论研究者也纷纷涉足物流领域研究，我国的物流科学研究和应用一定能够较快地接近和赶上先进国家的水平，从而有力地促进社会经济的发展。我国的物流现代化将成为社会主义现代化的重要组成部分。

1.1.4 商流、物流、信息流

在最早的商务交往中，商流与物流是合一的，即所谓“一手交钱、一手交货”。随着国际贸易的发展和多种交易工具、贸易单据、结算方式的产生，使得商流与物流逐渐分离，商流成为单纯的标的物所有权转移的活动，如今的贸易就是商流的交互。商流中既有贸易决策，又有具体业务和对财物的处理，具体包括市场需求预测、计划分配与供应、货源组织、订货、采购调拨、销售等，而物流的功能则专指标的物从供应方向需求方的转移活动。不同于加工活动，物流不改变物的形状和效用，但能创造时间和空间价值。

很多企业为提高物流效率，趋向于将商流与物流区分开来，即商物分离。“商物分离”是将物流设施及有关物流的功能从商业流通领域中分离出来，设置物流据点，集中处理若干商业流通据点的物流业务（见图1－4）。由于“商物分离”可以向物流据点大量运送商品补充库存，又因为商品库存较集中可以增加品种、减少库存和提高配送效率，从而使商业流通据点集中精力从事运营。因为，进行商品交易活动的地点，往往不是商品实物流通的最佳路线和必经之处。

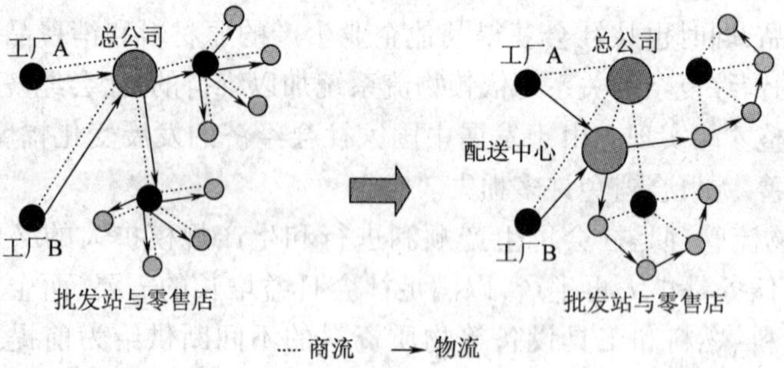

图1－4 “商物分离”示意图

1.2 物流的产生和发展

物流作为一种古老的人类活动早已存在，但对它的理论研究和系统认识及现代物流概念的提出却只有几十年的历史。本节主要介绍物流概念的起源、发展过程及物流的相关学说。

1.2.1 物流概念的产生与演进

1.2.1.1 由实物配送（Physical Distribution）到物流

现代物流的概念起源于20世纪初期的美国。1915年，阿奇·萧在《市场流通中的若干问题》（Some Problem in Market Distribution）一书中提到“物流”（Distribution）一词，指出：“物流是一个与创造需求不同的问题，物资经过时间或空间的转移，会产生附加价值”。

1918年，在第一次世界大战期间，英国犹尼里佛的利费哈姆勋爵成立了“即时送货股份有限公司”,公司宗旨是在全国范围内把商品及时送到批发商、零售商以及用户的手中,这一举动被一些物流学者誉为有关“物流活动的早期文献记载”。

20 世纪 30 年代初,在一部关于市场营销的基础教科书中开始涉及物流运输、物资储存等业务的“实物供应”(Physical Supply)这一名词,该书将市场营销定义为“影响产品所有权转移和产品的实物流通活动”。这里所说的“产品所有权转移”是指商流,“实物流通”是指物流。

1935 年,美国销售协会最早对物流做出了定义:物流是包含于物质资料的销售之中,它服务于从生产地点到消费地点流动过程伴随的种种活动。

上述关于物流发展的历史被物流界较普遍地认为是“物流的早期阶段”。

1965 年,日本在政府文件中正式采用“物的流通”这个术语,简称为“物流”。

1981 年,日本综合研究所编著的《物流手册》对“物流”的表述是:“物质资料从供给者向需要者的物理性移动,是创造时间性、场所性价值的经济活动。从物流的范畴来看,包括包装、装卸、保管、库存管理、流通加工、运输和配送等诸种活动”。

1.2.1.2 “Logistics”的出现

“Logistics”可译为“后勤”,是现在国外广为使用的“物流”概念。

第二次世界大战末期,由于前方战线变动很快,如何组织军需品的供给,怎样对各供应基地、中间基地以及前线供应点实施合理配置,如何确定最佳的运输路线,以最大限度地减少浪费、降低军费开支等,形成了一系列综合性的研究课题。军需品供应不足,将直接导致战争的失败,若供应过量则会造成浪费。为了合理解决这些问题,美国军队提出了“后勤”理论,并通过后勤管理(Logistics Management)较好地解决了这些问题。此后,“后勤”逐渐形成了单独的学科,并不断发展为后勤工程、后勤管理和后勤分配。后勤管理的方法后被引入商业部门,被人们称为商业后勤。商业后勤的定义为:“包括原材料的流通、产品分配、运输、购买与库存控制、储存、用户服务等业务活动。”商业后勤的领域包括原材料物流、生产物流和销售物流。

Logistics 与 Physical Distribution 的不同之处在于:Logistics 已突破了商品流通的范围,把物流活动扩大到生产领域,物流已不仅仅从产品出厂开始,而是包括从原材料采购、加工生产到产品销售、售后服务,直到废旧物品回收等整个物理性的流动过程。这是因为,随着生产的发展,社会分工越来越细,大型的制造商往往把成品零部件的生产任务外包给其他专业型的制造商,自己只是把这些零部件进行组装,而这些专业型的制造商可能位于世界上劳动力比较低廉的地区。在这种情况下,物流不但与流通系统保持密切的关系,同时也与生产系统形成了密切的关系。这样,将物流、商流和生产三个方面连接在一起,就能产生更高的效率和更好的效益。

Logistics 一词的出现,是世界经济和科学技术发展的必然结果。当前物流业正在向全球化、信息化和一体化发展。一个国家市场的开放与发展必将要求物流的开放与发展。随着世界商品市场的形成,从各个市场到最终市场的物流日趋全球化;信息技术的发展使信息系统得以贯穿于不同的企业之间,使物流的功能发生了质变,大大提高了物流效率,同时也为物流一体化创造了条件。物流一体化意味着需求、配送和库存管理的一体化,所有这些已成为国际物流业的发展方向。

在物流概念传入我国之前,我国也一直存在着物流活动,即包装、运输、保管、装卸及流通加工等物流活动,其中主要是存储运输即储运活动。国外的物流业基本上就是我国的储运业,但两者并不完全相同,主要差别在于:①物流比储运所包含的内容更广泛,一般认为,物流包括包装、运输、保管、配送、装卸、流通加工及相关信息活动,而储运仅指储存和运输两个环节,虽然其中也涉及包装、装卸、流通加工及信息活动,但这些活动并不包含在储运概念之中;②物流强调储运活动的系统化,从而达到整个物流活动的整体最优化,储运概念则不涉及存储与运输及其他活动整体的系统化和最优化问题;③物流是一个现代的概念,在第二次世界大战后才在各国传播和普及,而在我国,储运是一个十分古老和传统的概念。

1.2.2 物流在欧洲的发展

欧盟各国在物流基础设施规划与建设、物流组织与管理、物流技术创新与应用等方面的经验,使欧洲物流企业形成了运作规范、管理严格、讲究效率以及集约化、规模化及现代化程度高的新特点。

1.2.2.1 欧洲物流企业的集约化与协同化

(1)物流园区的建设。物流园区是具有一定规模和多种服务功能的新型物流业务载体,按照专业化、规模化的原则组织物流活动。园区内各经营主体通过共享相关基础设施和配套服务设施,发挥整体优势和互补优势,进而实现物流集聚的集约化、规模化和促进载体城市的可持续发展。物流园区具有运输和配送的组织与管理、集中储存、包装与流通加工、中转换装与集散、多式联运、信息服务、综合服务和其他辅助服务八大业务服务职能。荷兰的14个物流园区平均占地4.5平方公里,德国不来梅的货运中心占地在100万平方米以上,纽伦堡物流园区占地达7平方公里。物流园区的建设,有利于实现物流企业的专业化和规模化,发挥它们的整体优势和互补优势。

(2)物流企业的兼并与合作。随着国际贸易的发展,欧洲一些大型物流企业跨越国境开展并购,并购中的一个新特点是国有企业并购民营企业:法国邮政收购了德国的民营敦克豪斯公司;德国国营邮政出资11.4亿美元收购了美国大型陆上运输企业AEI;德国邮政公司两年间并购欧洲地区的物流企业达11家,已发展成为年销售额达290亿美元的欧洲巨型物流企业。欧洲物流协会专家认为,世界上各行业和企业间的国际联合与并购,必然带动国际物流业加速向全球化方向发展,而物流全球化的发展趋势又必然推动和促进各国物流企业的联合和并购活动。新组成的物流联合企业、跨国公司将充分发挥互联网的优势,及时准确地掌握全球的物流动态信息,通过自己在世界各地的物流网点,构筑起全球一体化的物流网络,从而节省时间,降低费用,将空载率降到最低水平,形成竞争优势,为货主提供优质服务。

1.2.2.2 欧洲物流服务的优质化和全球化

随着消费多样化、生产柔性化、流通高效化时代的到来,社会和客户对物流服务的要求越来越高,物流服务的优质化是物流业今后发展的重要趋势,而物流服务的全球化是物流业今后发展的另一重要趋势。荷兰国际销售委员会在最近发表的一篇报告中指出,目前许多大型制造部门正在朝着“扩展企业”的方向发展。这种所谓的扩展企业基本上把全球供应链上所有的服务商统一起来，并利用最新的计算机体系加以控制。同时，制造业不断加速其活动的全球化，对全球供应链服务业提出了一次性销售（即"一票到底"的直销）的需求。这种服务要求具备极其灵活机动的供应链，也迫使物流服务商采取"一切为客户服务"的解决办法。

1.2.3 物流在美国的发展

1.2.3.1 冬眠的20世纪50年代

20世纪50年代，美国的物流处于休眠状态，其特征是这一领域并没有一种主导的物流理念。在企业中，物流活动被分散管理，比如，在企业中运输由生产部门管理，库存由营销部门管理，其结果是使物流活动的责任和目的相互矛盾。究其原因，主要是美国经济的快速发展使企业的生产满足不了需求，企业的经营思想是以生产制造为中心，根本无暇顾及流通领域中的物流问题。

1.2.3.2 概念化的20世纪60年代

20世纪60年代，美国的主要经济发展目标是向"富裕的社会"迈进，其间是美国历史上的繁荣时期。虽然当时东西方处于冷战状态中，但美国国内的经济发展速度却很快。当时支撑美国经济发展的主要动力是以制造业为核心的强有力的国际竞争能力。美国的工业品向全世界出口，"MADE IN USA"成为优质品的代名词。因此，美国60年代是大量生产、大量消费的时代。生产企业为了追求规模经济进行大量生产，而生产出的产品大量地进入流通领域。大型百货商店、超级市场纷纷出现在城市的中心区和郊区。

与此相反的是，60年代美国企业的物流系统却没有明显的改进，如果从物流系统现代化的角度进行定义的话，不如说60年代是美国物流的停滞期。究其原因有两个：第一，在持续地大量生产、大量消费的美国经济时代，作为企业来说并没有太大的压力。在大量生产、大量消费的生产模式下，虽然企业一般都拥有大量的库存，但由于经济的快速增长，企业的收益相对稳定，使得企业对削减库存不太关注。在60年代，美国企业的备货日期达到30天，企业一般都拥有大量库存，但并不愿进行改善。第二，对提供运输服务的物流企业，美国政府制定了严格的管理制度，比如，对卡车运输和铁路运输业者，州际通商委员会（Interstate Commerce Commission）制定了严格的准入制度和运费规定，这样就限制了物流行业间的竞争。运费成为不可浮动的定价，有运输需求的企业也就不可能通过压低价格削减运输成本。另外，一旦产生由于通货膨胀导致的运费上升，则运输业者还可通过交通管理部门提高运费转嫁危机。因此，一般企业对物流系统的改革并不热心，而且，大多数企业利用自家车辆进行货物运输。

实际上，由于政府的管理制度限制了物流的发展，同时也没有给予企业更多的改革权力，所以，当时大多数企业并不考虑物流改革，仅把物流作为一个成本核算的部门，对物流的理解也只停留在工厂的产成品的物理性移动功能上。

1.2.3.3 发展的20世纪70年代

20世纪70年代的美国经济发生了重大变革。两次石油危机对美国经济产生了深刻的影响。由于能源价格的高涨，造成通货膨胀、企业利率增加，这给美国企业的经营带来了很多困难，迫使企业开始考虑改善物流系统。其原因有两个：第一，原油价格的上涨，直接导致油价上涨,使得运输成本大幅提高,从而增加企业成本,所以企业不得不研究如何降低物流费用;第二,物价上涨也导致美国经济停滞不前,影响产品的销售,其结果是使企业产品积压。过去,企业的库存始终处于粗放管理状态,而现在则成为企业的重大问题。

另外,为了抑制通货膨胀,美国当时采取了高利息的政策,这就给拥有大量产品库存的企业带来了需要负担高额利息的压力。为此,20 世纪 70 年代的美国企业开始全面改善大量生产、大量消费时代的物流系统。

一种新的物流服务方式——快递业务就是在这个时期发展起来的。联邦快递(Federal Express, Fed. Ex)的创始人史密斯(Smith)在大学的毕业论文中论述了如何有效利用物流基地的问题,大学毕业后,为了进一步检验其论文观点的正确性,他开始组建 Fed. Ex,提供航空快递服务。Fed. Ex 提供全美国翌日到达的"门到门"航空快递服务,它的服务是以及时性、准确性以及可信赖性为原则。这种运输方式的出现,对美国物流的发展产生了重要的影响。

1.2.3.4 物流革新的 20 世纪 80 年代

20 世纪 80 年代,美国政府出台了一系列物流改善政策,极大地促进了美国物流业的发展。在卡车运输业中,新企业的出现,提高了行业竞争的激烈程度,使很多企业破产。相反,由于政策环境的宽松,也使利用运输服务的企业得到了实惠。在 80 年代,占美国 GNP 物流费用的比例大幅减少,显示了政策环境的改善对经济的直接影响效果。

20 世纪 80 年代的美国经济开始出现国际化倾向,对一般企业带来了很大的竞争压力。这一时期,很多外资企业进入美国是增加竞争压力的重要因素之一。另外,不仅是原材料和零部件,很多美国企业也开始进口外国的产品;同时,由于美元贬值,很多企业积极地出口产品。这样,在国际化的进程中,美国企业意识到提高国际竞争力的重要性。

在这一进程中,物流在企业经营战略中的地位逐渐被企业认可,一些大型企业开始积极主动地改善企业的物流系统,其象征是对物流的理解从 Physical Distribution 向 Logistics 的转化。Logistics 原本是军事用语,后逐渐被经济界所使用。20 世纪 70 年代初期,物流概念以及物流的重要性仅被一小部分企业所认识,到了 80 年代已被大多数企业所接受。因此可以说,80 年代是美国企业全面进入物流领域的时代。

准时制(Just In Time,JIT)管理思想就是这个时期进入美国物流领域的新型物流管理方式。由于 20 世纪 70 年代企业发展的重要问题是削减库存,所以,美国的很多企业开始引入日本汽车工业开发的 JIT 管理方式。JIT 方式的采用,大大降低了企业的库存,但同时却为运输带来了新的压力,即企业对运输服务的准确性和及时性比以往任何时候的要求都高。因此,能否提供高质量的服务成为企业竞争的重要条件。

小知识

JIT 是在多品种、小批量生产领域的一种存货管理的零售库存方式,即通过准时的衔接,不再以库存作为生产过程的保障,而是以即时供应作为保障。这样就降低了企业库存压力,提高了利润。

此外,多式联运(Intermodal Transport)的集约化运输方式也是在这个时期迅速发展和普及的,双层集装箱运输方式(Double Stack Train)是这一时期的产物,航空快递业务也在这一时期蓬勃发展。联邦快递(Fed. Ex)为了扩大势力收购了飞虎(Flying Tiger)公司,一跃成为美国航空业界的最大企业。联合包裹(UPS)公司成为仅次于 Fed. Ex 的第二大公司。

外包制(Outsourcing)是美国企业 20 世纪 80 年代兴起的管理思想。当时美国企业将企业流程再造作为经营合理化的重要手段,重新考虑业务内容、资源的分配。也就是通过撤出非核心竞争业务提高经营效率,外包则成为当时降低成本、提高企业竞争力的重要手段而受到重视。

因此,20 世纪 80 年代,美国企业在新的物流理念的指导下改善物流系统,开始提供多样的物流服务。可以说,80 年代迎来了美国物流革新的新时代。

1.2.3.5 整合的 20 世纪 90 年代

进入 20 世纪 90 年代,美国企业的物流系统更加系统化、整合化,业务内容也从物流向供应链管理(SCM)转化。物流与供应链管理的区别在于:物流强调的是单一企业内部的各物流环节的整合,而供应链并不仅是一个企业物流的整合,它所追求的是商品流通过程中所有链条企业的物流整合,具体是指商品到达消费者手中,中间要经过包括零售商、批发商、制造商、原材料及零件的供应商等,而物流则处于流动的整个环节中。为了能够低成本、快速地提供商品,仅考虑单一企业内部的物流整合是远远达不到目的的,必须对链条的所有企业的物流进行统一管理和整合才能实现这一目标,这就是供应链管理的基本概念。

依照供应链管理的基本思想,很多行业已经开始进行实践:在食品杂货业被称之为"有效客户反应"(Efficient Consumer Response, ECR),在纺织业被称之为"快速反应"(Quick Response, QR)。20 世纪 90 年代,美国的企业通过供应链管理,积极地推进企业物流的合理化和效率化。同时,美国出现了新的物流服务业态——第三方物流服务。由于货主企业多样化的物流服务需求,美国新兴的物流市场在 90 年代前期急速地扩大。

1.2.4 物流在我国的发展

我国物流业的发展,除了与我国的经济发展水平、经济结构和技术发展状况有关外,还与我国的经济体制改革有直接关系。按照我国经济发展的历程,新中国成立以来我国物流业的发展大致可分为三个阶段。

1.2.4.1 计划经济下的物流——从新中国成立初期到 20 世纪 80 年代初改革开放前

从新中国成立初期到改革开放前是我国实行计划经济体制的时期,国家的整个经济运行处于计划管理之下,国家对各种商品,特别是生产资料和主要消费品实行指令性计划生产、分配和供应,商品流通企业的主要职责是保证指令性分配计划的实现和节省流通费用。在这一阶段,资源分配和组织供应是按行政区划进行的,物流活动的主要目标是保证国家指令性计划分配指标的落实,物流的经济效益目标被放到了次要位置,物流活动仅限于对商品的储存和运输。物流环节相互脱节,系统性差,整体效益低下。

1.2.4.2 有计划的商品经济下的物流——从改革开放到 20 世纪 90 年代中期

改革开放以后,我国开始从计划经济向市场经济逐步过渡。市场在经济运行中的作用逐步加强,我国的经济运行从产品经济逐步向商品经济过渡,国内商品流通和国际贸易也不断扩大,物流业开始受到重视,并得到初步发展。此时,不仅流通部门加强了物流管理,生产部门也开始重视物流问题。不仅国有物流企业的建设有所加快,一些集体和个体物流企业也有所发展。物流业已逐步打破部门、地区的界限,向社会化、专业化的方向发展。

由于经济活动已向商品导向转变,物流业开始注重经济效益,物流活动已不仅仅局限于被动的仓储和运输,而开始物流系统运作,即考虑包括包装、装卸、流通加工、运输在内的物流系统整体效益,按系统化思想推出了仓库一次性作业、集装单元化技术、自动化仓库、各种运输方式综合利用和联合运输等系统应用形式,用系统思想对物流全过程进行优化,使物流总费用降低。这一阶段,物流的经济效益和社会效益有所提高。

1.2.4.3 我国现代物流的发展——从提出建立社会主义市场经济体制至今

中共十四届三中全会通过了《关于建立社会主义市场经济体制若干问题的决定》,我国加快了经济体制改革的步伐,经济建设开始进入一个新的历史发展阶段。科学技术的迅速发展和信息技术的普及应用,消费需求个性化趋势的增强,竞争机制的建立,使得我国的工商企业,特别是中外合资企业,为了提高竞争力,不断提出了新的物流服务需求;我国经济界开始把物流发展提到了议事日程。此时,国家逐渐加大力度对一些传统的仓储、运输企业进行改革、改造和重组,使它们不断提供新的物流服务;与此同时还出现了一批适应市场经济发展需要的现代物流企业。这一阶段,除公有制的物流企业外,非公有制的物流企业迅速增加,外商独资和中外合资的物流企业也得到了发展。

随着我国向社会主义市场经济体制的过渡,物流活动逐渐摆脱了部门附属机构的地位,开始按照市场规律的要求开展活动,物流活动开始体现出物流的真正本质内容——服务。物流更多地与信息技术结合使用,物流的范围和领域也不断扩大。

目前,我国现代物流业已有了较大的发展,但是由于物流产业的发展依赖于工业和整个社会经济的发展,而我国工业生产仍处于国际分工的产业链末端,对资源运营与整合的需求不足,使得我国物流产业仍处于初级阶段。我国现代物流业发展的总体情况表现在如下方面。

(1)现代物流事业与思想越来越受到重视。近年来,我国部分省、市政府已经开始认识到物流对于推动经济发展、改善投资环境和提高地区经济水平以及工商企业在国内外市场中具有竞争能力的重要性,把发展现代物流提到涉及经济全局的战略性高度,天津、上海、深圳、山东三市一省为了使地区经济持续高速发展,把发展现代物流作为经济腾飞的重要措施和支撑点之一。

(2)工商企业开始重视物流管理。我国一些工商企业已经开始认识到物流不仅使企业降低物资消耗,提高劳动生产率,而且能够使企业增加效益和增强竞争能力,是企业的"第三利润源"。这些企业通过强化企业的物流管理取得了明显的效果。例如,海尔集团把物流能力摆在企业核心竞争力的位置,实施企业流程管理再造工程,将集团的采购、仓储、配送和运输等物流活动统一集中管理,成立了物流推进本部,下设采购事业部、配送事业部和储运事业部,对物流业务和物流资源优化重组,从而获得了巨大的经济效益。它们将过去分散在冰箱、空调等十几个产品事业部的采购任务集中后,做到了大宗物料大批量采购,利用数量和品牌优势,取得了国内最优价格。

(3)现代物流企业开始向专业化与综合化发展。随着我国社会物流服务需求的增加，以及对物流认识的深化，现代物流企业开始积极扩展经营范围，延伸物流服务项目，逐渐向专业化、综合化的现代物流方向发展。很多企业积极创新物流服务产品，绿色物流、冷链物流、供应链融资、物流联盟和一体化物流等新兴物流概念与运营形式开始登上历史舞台。

(4)国内与国外物流企业在竞争中求发展。由于我国物流企业的经营规模、管理技术和管理水平相对落后，其服务质量还很难满足一些企业，特别是跨国公司对高质量物流服务的需求，因此，近年来国际上一些著名物流企业普遍看好我国的物流市场，陆续进入我国，在我国许多地方开始建立物流网络及物流联盟。它们运用国际成功的物流服务经验，为客户提供完善的综合物流服务，我国的诸多大型综合物流企业也开始参与物流竞争，如中国外运、中国远洋及中国五矿等大型国企更是在竞争中成长为世界500强企业。

(5)物流企业更重视物流服务质量管理。物流的本质是服务，物流服务质量是物流企业生命的保证，它直接关系到物流企业在激烈的市场竞争中的成败。我国的一些物流企业开始把提高服务质量作为与国际接轨、进入国际物流领域的入门证。例如，中储股份于2000年底一次性通过了国际认证机构的现场评审，获得了ISO9000质量管理认证；1998年，深圳中海物流在全国物流企业中成为第一家获得德国TUVISO9002国际质量保证体系认证的物流企业；宝供物流第一个将美国食品和药物管理局颁布的“良好的制造管理实践”质量保证思想运用到物流经营中，公司总部还专门设立了质量管理部，具体贯彻落实《质量管理手册》，使每一项业务的经营从一开始就实施质量控制和跟踪，保证了业务经营质量稳定可靠。

(6)信息技术和通信技术已逐步在物流业务中发展成熟。目前，通过国际互联网进行网上订舱、中转查询、单据传输、通关申报等业务操作已成为现实，现代物流信息管理系统已可以融进出仓、运输、报关、检疫、信息反馈和结算于一体，并通过互联网和电子数据交换(Electronic Data Interchange，EDI)系统与海关联机操作初步实现了报关的无纸化作业，利用EDI系统使工厂及其各供应商可随时查看最新交易状况以及库存结构和数量，使物流总体效益逐步趋向最优化。GPS卫星定位技术在物流运输业务监控和运输路线优化等领域中也得到应用。

(7)为电子商务提供服务的物流企业有了长足发展。为了适应我国蓬勃发展的电子商务，为电子商务服务的、以高科技信息技术为基础的第三方物流企业也迅速增加，特别是经营快递业务的物流企业抓住了前所未有的发展契机，它们充分利用互联网、无线通信和条形码等现代信息技术，以代理的形式，对物流系统实行统一管理，建立了全国性的、快速的、以信息技术为基础的专门服务于电子商务的物流服务系统，为客户提供便捷的网上物流交易商务平台和方便快捷的物流服务。

1.3 物流服务

1.3.1 物流服务的概念与意义

物流服务不仅是指物流活动中某个具体的服务结构和服务内容，而是各种具体服务的综合。任何企业都需要客户,任何客户都需要服务,这种不分产品、不分行业的客户服务经营理念就是物流服务。

物流服务是一种过程,是通过节省成本费用为供应链提供重要的增值利益的过程。企业物流服务可以理解为衡量物流系统为企业生产经营商品或服务创造时间和空间效用的尺度。

企业物流服务管理是一种了解和创造客户需求,以实现客户满意为目的,企业全员、全过程参与的一种经营行为和管理方式。它包括营销服务、部门服务和产品服务等几乎所有的服务内容。物流服务管理的核心理念就是:企业(包括服务行业)全部的经营活动都从满足客户的需要出发,以提供满足客户需要的产品或服务作为企业的责任和义务,以客户满意作为企业经营的目的。

企业物流服务质量取决于企业创造客户价值的能力,即认识市场的能力,了解客户现有和潜在需求的能力,并将这些能力融入企业的经营理念和经营过程中。良好的企业物流服务管理能最大限度地使客户满意,使企业在市场竞争中赢得优势,获得利益。

1.3.2 物流服务需求

1.3.2.1 物流服务需求的特性

物流服务需求与其他商品需求相比有其特殊性,这些特殊性是相互关联、相互影响的。

(1)派生性。派生性是物流服务需求一个最重要的特性。在社会经济活动中,如果某种商品或劳务的需求是由另一种或几种商品或劳务需求派生出来的,则称该商品或劳务的需求为派生性需求,引起派生性需求的商品或劳务需求称为本源性需求。人们日常生活中的衣服、食物、住房等是一种本源性需求,而物流服务需求绝大多数情形下是一种派生性需求。社会之所以有物流服务需求,并非是因物流本身的缘故,人们对物流的追求并不是纯粹为了让"物"在空间上运动或储存;相反,物流的目的是为了满足人们生产、生活或其他目的的需要。显然,物流服务需求的主体提出空间位移或时间变化要求的目的往往不是位移和时间本身,而是为实现其生产、生活中的其他需求,完成空间位移和时间变化只是中间一个必不可少的环节,这是物流服务需求的本质所在。

(2)广泛性。物流服务需求具有广泛性。人类克服时间和空间的障碍是一项无时无刻、无处不在的经常性活动,这种活动是以人员、物资、资金、信息等交流为标志的,由此形成了物流普遍存在的客观基础。例如,从生产角度看,生产企业中物品从上一道工序向下道工序转移、从上游车间向下游车间移动、从原材料仓库向原材料加工车间移动都会产生相应的物流服务需求。从流通角度看,物品从批发商到零售商、从零售商到消费者、从配送中心到连锁商店也都存在物流服务需求。如果从区域角度分析,一个区域,无论是大区域还是小区域,其空间经济组织如何完备,都不可能是一个完全封闭独立的空间,必然要与其他区域有物资、信息等方面的交流,只不过在空间范围和联系的紧密程度上有所不同。国民经济物流包括在全国范围内、跨区域和区域之间的多种物流形式。就物资而言,任何一个区域既可以是输出中心,又可以是输入中心。正是由于国民经济各区域之间具有相互制约、相互作用,才使得物流在具有广泛性的同时又日趋复杂。

(3)多样性。物流服务需求的多样性是基于主体的多样化和物流对象的多样化。不同类型的物流服务需求主体提出的物流服务需求在形式、内容方面均会有差异,而物流的对象——原材料、零部件和产成品,由于在重量、容积、形状和性质上等各有不同,因而对包装、运输、仓储及流通加工等条件的要求也各不相同,从而使物流服务的需求呈现多样性。如石油等液体货物需用罐车或管道运输,鲜活货物需用冷藏车运输,化学品、危险货物、加长货物等都需要特殊的运输条件,有些物品需要进行包装或流通加工等。

(4)不平衡性。物流服务需求在时间和空间上有一定的不平衡性。物流服务需求的时间不平衡性,是指不同的经济发展阶段对物流服务需求量的影响是不一样的。例如,经济繁荣时期的物流活动与经济萧条时期的物流活动在强度上肯定是有差别的。物流服务需求的空间不平衡性,是指在同一时间内,不同区域物流服务需求的空间分布存在差异,主要是因为自然资源、地理位置、生产力布局等因素的差异造成的。

(5)部分可替代性。不同的物流服务需求之间一般是不能互相替代的。例如,水泥物流服务需求不能替代水果物流服务需求,因为这明显是两种不同的物流服务需求,但是在另一些情况下,人们却可以对某些不同的物流活动作出替代性的安排。例如,煤炭的物流服务需求可以被长距离高压输电线路替代;在工业生产方面,当原料产地和产品市场分离时,人们可以通过生产位置的确定在运送原料还是运送产成品或半成品之间作出选择。

(6)增值性。物流服务能够创造出时间和空间效用,通过节省成本费用为供应链提供增值利益,表现为突出的增值性。服务的增值性直接体现了物流服务作为价值创造活动的成果,同时也反映了物流服务对企业生产经营过程中产品和服务价值的增值作用。在现代经济发展的过程中,物流服务的增值性引起了人们的广泛重视。

基本物流服务需求一般是标准化的服务需求,而增值性物流服务需求则是过程化、系统化和个性化的服务需求。发达国家除了基本物流服务需求旺盛以外,对增值性物流服务也有很大的需求,如对库存管理、物流系统设计等需求。发展中国家的物流服务需求,仍主要集中在基本常规项目上,如干线运输、市内配送和储存保管等方面的服务需求。

(7)网络化。任何物流服务都有赖于经营者和消费者的相互协作和共同努力。在物流资源和物流功能要素的组合中,现代网络理念和网络技术促进了物流服务的网络化发展。物流服务的网络化不仅表现为企业物流服务组织的网络化和企业物流服务技术的网络化,而且还表现为物流服务需求的网络化。

1.3.2.2 物流服务需求的影响因素

物流服务需求受诸多因素的影响。

(1)价格。价格是影响微观主体物流服务需求量的一个重要影响因素。价格与物流服务需求量之间存在一种此消彼长的关系:物流服务价格上涨,物流服务需求量减少;物流服务价格下降,物流服务需求量上升。

(2)经济发展水平。物流作为一种现代服务方式,其发展与整体经济发展密切相关,是经济发展到一定阶段的产物。物流服务需求量和需求层次与社会经济发展水平有相当密切的联系。一般而言,物流服务需求总量受社会经济发展的影响,不同的社会经济增长时期决定了物流服务需求的不同特点。社会经济发展水平相对发达的地区,其物流服务需求水平相对也高一些,像一些进入后工业化时期的国家,对于多功能集成或一体化的物流服务需求就比较旺盛;社会经济发展水平相对落后的地区,其物流服务需求水平相对也低一些,分散、非系统化的物流服务需求相对较多。

(3)市场环境。市场环境对物流服务需求有重要影响。市场的统一和市场范围的扩大可以促进物流活动范围的扩大,像经济全球化、区域一体化等市场环境的变化,使得物流服务需求的空间范围日益扩大。贸易的自由化和产品的地理分工推动着物流、资金流和信息流的迅速增长。此外,同业水平和市场内的竞争程度也对物流服务需求有着直接的影响:竞争越激烈,企业越要加强物流服务能力建设,相应的物流服务需求也越旺盛。

(4)物流供给。物流供给对于物流服务需求有实质性的影响。物流供给能力强的地区,其物流服务需求相应较物流供给能力较弱地区为多,这主要是因为物流供给能力强的地区除了可以满足现有的物流服务需求外,还可以使更多潜在的物流服务需求得到释放。

(5)空间经济布局。空间经济布局的不平衡(如自然资源禀赋、产业布局、生产力和消费群体分离等)导致"物"在空间和时间上发生状态改变,从而引起物流服务需求的变化。空间经济布局造成的产业间联系,会诱发相应的空间物流服务需求。例如,某国西南地区煤炭储量丰富,但其东北地区缺少煤炭,为了保证其东北地区电力产业的发展,需要从西南地区向东北地区运送煤炭,这个过程包括一系列有特定流向和流量的煤炭物流。

(6)地理因素。地理因素是影响物流服务需求的外生变量。很多地理因素是人类无法控制的,如可通航的水域等。不同地理位置的物流服务需求是有很大不同的,城市内物流、城际间物流就有很大的区别;城市和农村的物流也有很大不同。例如,城市物流服务需求强度和物流服务需求水平远高于农村物流服务需求的强度和水平。

(7)专业化分工。社会分工越细,对物流服务需求越多。地区间的专业化分工形成了地区间的贸易,从而影响地区间的物流服务需求。即使所有地区的气候条件、土壤肥力、矿产资源及人口密度等各方面的情况都没有差别,从长期看,也仍会有地区之间的物流服务需求。这主要是由于生产的专业化可以获得更高的效率,每一种产品的生产都有一定的规模经济,在该范围内生产规模越大,产品的单位生产成本越低,这就使得每一个地区并不是生产所有自己需要的产品都合理,而是低成本地集中生产某些产品,并用自己具有成本优势的产品交换自己需要的其他产品。这样,地区之间的贸易和物流活动就是不可避免的了。

(8)技术因素。技术进步能够使物流服务需求量增加或使潜在的物流服务需求得到释放,而技术落后则会抑制物流服务需求。例如,在欧美发达国家,集装箱的使用大大地推动了集装箱多式联运的发展,其快速、安全、低成本的优势很快吸引了诸多客户的物流服务需求。又如,现代通信和信息技术的发展,加快了订货需求的传输速度、生产进度、装运进度以及海关清关速度等,使国际物流作业周期大为缩短,提高了国际物流作业的准确性,大大刺激了全球范围的物流服务需求。

(9)制度因素。物流服务需求受到诸如一些非经济和非技术因素的影响,如制度方面的因素对物流服务需求的影响很大。在发展中国家,由于物流市场的不完善以及存在地区之间的市场分割和行业之间的进入壁垒,使得人们降低了对物流服务需求的预期。又如,计划经济条件下和市场经济条件下的物流服务需求在形式、内涵以及质量等方面都有很大的区别。

(10)需求者观念和偏好。客户(最终消费者、中间消费者)对物流的认识程度也会影响物流服务需求的数量和质量。如国内许多企业存在着“大而全”“小而全”的经营理念,因此很少外包物流业务,从而使本应释放的物流服务需求受到抑制。

(11)居民收入水平和消费结构。居民收入水平在很大程度上决定了物品的购买种类和数量,居民的消费结构很大程度上决定着产品结构,从而决定了物流中“物”的数量和质量要求。可支配收入高的居民,他们的时间价值较高,因此对物品的时效性要求也高。

1.3.3 增值物流服务

增值物流服务(Value - Added Logistics Service)是指在完成物流的基础任务上,根据客户需要提供的各种延伸业务活动,为客户提供其他服务性的项目。

增值物流服务的内容主要包括以下四项。

1.3.3.1 增加便利性的服务——使人变懒的服务

在不减少服务内容的前提下,一切能够简化手续、简化操作的服务都是增值性服务。在提供物流服务时,推行一条龙的门到门服务,提供完备的操作或作业服务,免培训、免维护、省力化的设计或安装、代办业务、一张面孔接待客户、24 小时营业、自动订货、传递信息和转账及物流去向过程追踪等都是对电子商务销售实用的增值性服务。

1.3.3.2 加快反应速度的服务——使流通变快的服务

现代物流强调对物流服务作出快速反应,同时可以通过两条途径使这一过程加快:一条是提高运输基础设施和设备的效率,如修建高速公路、铁路提速等,但在需求方对速度的要求越来越高的情况下,这条途径变成了一种约束,因此,必须采用其他办法提高速度;另一条是通过制定增值性物流服务方案加速物流服务,如优化生产和流通系统的配送中心、物流中心网络,重新设计适合生产和流通需要的流通渠道,以此减少物流环节,简化物流过程,提高物流系统的快速反应能力。

1.3.3.3 降低成本的服务——发掘第三利润源的服务

成本同服务相比,成本的说服力更大,在保持现有服务水平的前提下降低成本,是所有生产、流通企业的共同需求,尤其是那些新型的生产和流通形式的需求,如电子商务的开展,或者通过物流服务规模的扩大,如淘宝网、亚马逊这样具有一定规模的电子商务企业,可以通过采用比较适用但投资较少的物流技术和设备,或推行物流管理技术,如运筹学重点管理技术、单品管理技术、条形码技术和信息技术等。由于有了一定的规模,这些技术和设备的应用效率和效益便显现出来。

1.3.3.4 延伸服务——将供应链集成在一起的服务

在一条供应链中,企业的服务范围可能要根据供应链的竞争态势进行灵活调整,因此,物流服务提供商,尤其是一个企业集团或一条供应链上的物流企业,其服务范围可以根据需要进行延伸,而这种延伸服务就是增值性的物流服务。物流增值服务向上可以延伸到市场调查与预测、采购及订单处理;向下可以延伸到配送、物流咨询、物流方案的选择与规划、库存控制决策建议、货款回收与结算、教育与培训、物流系统设计与规划方案的制作等。

本专题要点归纳

本专题主要讲述了物流的概念、物流三要素、物流的分类、物流的作用、物流概念的产生与发展以及物流在美国、欧洲和我国等地区的发展状况，最后讲述了物流服务与物流服务需求，并对物流的增值性服务进行了分析。其中，对物流的概念、物流的发展、物流服务与增值性服务应重点理解与掌握。

延伸阅读

物流企业经营范围

根据国家发展改革委员会等 9 个部门 2004 年颁发的《关于促进我国现代物流业发展意见的通知》中所述，名称中使用“物流”字样作为企业行业特征用语的，应具备或租用必要的运输工具和仓储设施，至少具有从事运输（或运输代理）和仓储两种以上经营范围，能够提供运输、代理、仓储、装卸、加工、整理、配送等一体化服务，并具有与自身业务相适应的信息管理系统，经工商行政管理部门登记注册，实行独立核算、自负盈亏、独立承担民事责任的经济组织。结合《中华人民共和国道路运输条例》的有关规定并商交通行政主管部门，物流企业涉及的道路运输、仓储等经营范围，分别属于《中华人民共和国道路运输条例》规定的道路运输经营和运输站（场）经营，应当经交通行政主管部门核发《道路运输经营许可证》后予以登记；涉及诸如运输代理、搬运装卸、货运配载、配送等经营范围的，虽然交通行政主管部门也核发《道路运输辅助业经营许可证》，但并无作为前置许可的法定依据，工商机关可以依据申请人的申请直接核定上述经营范围。

认知指导

认知目标：物流活动与物流服务认知。

认知方法：以小组为单位，寻找可以观测到物流相关活动的企业，并对物流的运输、储存、装卸、搬运、包装、流通加工、配送和信息处理等活动进行认知。

成果检验：以小组为单位，撰写演讲报告，并在班级进行演讲，描述所认知的各项相关物流活动发生的地点、活动方式及活动要素之间的衔接与配合、服务对象以及对物流活动与物流服务认知后的感受等。

【复习思考题】

1. 如何理解物流是企业的“第三利润源”？
2. 对比美国物流管理协会与我国物流术语中对物流管理的定义，分析两者有何不同？
3. 物流的三要素是什么？它们分别代表什么含义？
4. 物流的作用有哪些？按照作用分，物流可分为哪几类？
5. 如何理解“商物分离”的概念？

6. 物流服务的特性是什么?

7. 如何理解物流的服务性质?

8. 如何理解增值物流服务和物流服务的增值性?请举例说明。

【案例分析与应用】

开掘“第三利润源”

企业的经营目标是利润最大化,为了提高利润率,很多企业都千方百计地降低物质消耗和劳动消耗(即第一、第二利润源)。但随着市场竞争的加剧和企业技术水平与管理水平的提高,企业在可控的生产领域内降低成本的空间已越来越小,使第一利润源、第二利润源已近枯竭。在这种形势下,企业从生产领域外的采购、运输、仓储、包装、代理和配送等环节上着手,寻求和开掘现代物流业“第三利润源”,就成了企业提高利润率的必然要求和重要途径,也是国内企业亟须重视和研究的一个新课题。

事实上,很多成功的企业早就从现代物流业中受益。戴尔计算机公司的创始人迈克尔·戴尔在不到20年的时间内,白手起家,把公司发展到250亿美元的规模,这一令世人为之迷惑的“戴尔”现象,谜底在哪里?该公司分管物流配送的副总裁迪克·亨特一语道破天机:“我们只保存可供5天生产的存货,而我们的竞争对手则保存30天、45天,甚至90天的存货。这就是区别。”由于信息时代材料成本随着日趋激烈的竞争而迅速下降,比如,计算机材料配件成本的下降速度为每周1%,那么戴尔公司材料库存量只有5天,当其竞争对手维持4周的库存时,就等于戴尔的材料配件开支与对手相比保持着3%的优势。正如亨特所说:“戴尔总支出的74%用在材料配件购买方面,2000年这方面的总开支高达210亿美元。如果我们能在物流配送方面降低0.1%,就等于我们的生产效率提高了10%。”我国的海尔公司也是开掘“第三利润源”的先锋和受益者。通过建立现代物流体系,海尔的库存物资降低了73.8%,仓库面积减少了50%,库存资金由15亿元下降到7亿元。海尔的库存资金目标是进一步下降到3亿元,库存周转时间由30天下降到13天,库存周期目标是6.5~7天,采购周期由原来的平均10天下降到3天。

据一些企业的统计,原材料由进厂开始,处于加工状态的时间只占5%,其余95%的时间都是处于仓库中、运输线上、工位前等待的状态。也就是说,物料在厂95%的时间是存在于物流系统中的。统计还表明,企业的流动资金一般有3/4是被原材料、在制品和成品占用的。因此,加快物料的周转速度不仅有利于缩短生产运输时间,还将有效地缩短流动资金的周转时间。据专家估算,普通的物流可以为企业成本“减负”15%~30%,而完善的现代化物流的作用则更为明显。中国仓储协会组织的一次全国供求状况调查显示:我国生产企业的原材料库存期、成品库存期和商业企业商品库存期分别为28.5天、44.8天和33.8天,商品在库时间长、周转慢,使企业的成本大大增加。这种状况表明,向物流链掘金,开掘“第三利润源”显得十分必要,而且大有可为。

物流配送专家詹姆斯·阿尔里德在《无声的革命》中指出:“主要通过提高物流配送打竞争战的时代已经悄悄来临。看清这点的企业和管理人员才是未来竞争激流中的弄潮者,否则,一个企业将可能在新的物流配送环境中苦苦挣扎,甚至被淘汰出局。”在经济全球化和信息技术迅速发展的今天,物流已成为企业核心竞争力的重要环节。

请分析归纳物流如何为企业创造“第三利润源”？物流作为“第三利润源”在企业运营中的表现形式是什么？

根据你对物流是“第三利润源”的认识，请举例说明你所生活的小区是否可以通过改善物流来提高小区环境和居住质量。

专题二 物流活动要素与设施设备

知识目标

了解物流的运输、储存、包装、装卸搬运、流通加工、信息、配送等活动要素的概念、作用；了解与各项物流活动要素有关的设施设备；掌握各项物流活动要素所包含的内容及其合理化问题。

案例导入

回顾专题一案例导入及其讨论的内容。

由于接受了他人的良好建议和方案，小李成功地开办了一家专门服务于蔬菜农户和各类蔬菜商户的小型物流企业——“鲜速·李”物流服务有限公司，并获得了某金融企业的资金资助。目前他面临的问题是：在开办企业之初，物流企业会涉及哪些具体的物流活动？他应购置哪些专业的物流设备？如何使这些物流活动和设备合理运营，合理使用？能否通过增加物流活动使他的物流企业获得更多效益？

分组讨论，并为小李提供决策和依据。

2.1 运输

2.1.1 物流运输概述

运输是指使用设备和工具，将物品从一地点向另一地点运送的物流活动，其中包括集货、分配、搬运、中转、装入、卸下和分散等一系列操作（《物流术语 GB/T18354—2001》）。

在物流系统中，运输占据核心地位，是物流的动脉。运输虽不产生新的物质产品，但能实现物品在空间和时间上的转移，创造物品的空间和时间效益。所以，运输是物流中最主要的增值部分。

2.1.2 物流运输方式与选择

2.1.2.1 基本运输方式

（1）铁路运输。铁路运输是指使用铁路列车运送货物。铁路运输主要承担中长距离、大批量的货物运输,在干线运输中起主要运力作用。铁路运输的优点是运送速度快,运载量大,较少受天气的影响且安全;其缺点是初期建设投入大,只能在固定线路上行驶,灵活性差,需要其他运输方式配合衔接;短距离运输运费昂贵。

(2)公路运输。公路运输是指使用机动车辆在公路上运送货物。公路运输主要承担短距离、小批量货运以及其他运输方式难以实行地区的长距离、大批量货运。公路运输的优点是灵活性强,便于因地制宜,能实现“门到门”,建设投入低;缺点是单位运费成本相对较高。

(3)水路运输。水路运输是指使用船舶在内河或海洋运送货物。水路运输主要承担长距离、大批量,特别是散装货物和低价值货物运输,是国际贸易运输的主体。水路运输的优点是运力大,运输成本低;缺点是运输速度慢,受自然条件(水域、港口、水位、气候等)影响大。

(4)航空运输。航空运输是指使用飞机等航空器运送货物。航空运输主要承担价值高或时间紧的货物运输。航空运输的优点是速度快;缺点是单位运输成本太高,且受自然条件影响大(如大雾、大雨、大雪等恶劣天气不能航行)。

(5)管道运输。管道运输是指使用管道,借助于压力推动物品在管道内移动实现的运送。它主要承担气体(如天然气)、液体(如原油)和粉状固体(如矿砂、煤浆等)的货物。管道运输的优点是封闭运输货损货差少,不受地面气候影响并可连续单方向作业,无回空运输问题,运输货物不需包装,节省包装费用,运量大,成本低,经营管理较简单;缺点是管道设备固定,灵活性较差,运输货物种类受限制。

2.1.2.2 运输方式选择

上述多种运输方式,可根据运输货物的不同作出选择。一般来说,运输方式主要根据运输商品的种类、运量、运输时间、运输距离、运输成本和运输的可靠性等几个要素作出选择。这些要素不是独立的,而是互相关联的。

其中,运输商品的种类、运量和运输距离是由货物自身的性质和存放地点所决定的,因而属于不可变量。但在考虑运输商品的种类时,应从商品的形状、单件的重量和体积、商品的危险性和易腐性等方面考虑。关于运量和运输距离,应根据运输批量的大小和运输距离的长短选择不同的运输方式。而成本、速度(即运输时间)和可靠性,是影响运输方式选择的关键因素。

由于运输成本在企业物流总费用中占有很大比例,而且不同运输方式的运价相差又很大,因此,运价就成为企业选择运输方式的一个非常重要的因素。但运输速度与运输成本是相互矛盾的,如果采用运价低的运输方式,有可能导致运输速度的降低;如果采用快速的运输方式,有可能增加运输成本。所以,在选择运输方式时,不能将运价作为考虑的唯一因素。另外,企业还应考虑运输服务质量及这种服务对整个企业物流系统运作带来的影响。例如,当运输缺乏可靠性时,就需要安全库存,以预防突发性需求,从而增加库存成本。因此,运输的可靠性被看做是高质量运输的最重要的特征。

在选择运输方式时,我们可对不同的运输方式的特征作一比较,如表2-1所示。

表 2－1　不同的运输方式的特征比较

运输方式	运输能力	运输成本	运输速度	运输连续性	适运范围	适合货种
铁路运输	强	中	快	高	大	广泛
公路运输	强	中	快	很高	小	有限
水路运输	最强	低	慢	有限	大	很有限
航空运输	弱	高	最快	高	小	有限
管道运输	最弱	很低	很慢	连续	小	专业化

2.1.3　物流运输合理化

所谓合理运输，就是按照商品流通的规律，根据货物运输的条件、货物的合理流向和市场供需状况，以最快的速度、最少的环节、最短的里程和最省的费用完成货物的运输任务。

2.1.3.1　影响合理运输的“五要素”

（1）运输距离。运输是实现货物的空间位移，因此，运输距离的远近就是决定其合理与否的一个最基本的因素。企业组织货物运输时，首先要考虑运输距离的长短，尽可能实行近产近销，就近运输，避免舍近求远，浪费运力。

（2）运输环节。运输是物流中的一个重要环节，而运输本身又包括包装、装卸、搬运等环节，多一道环节就要多付出一份劳动。因此，在组织货物运输时，要尽可能减少中间环节，实现直达运输、直拨运输。

（3）运输工具。不同的运输方式具有不同的运输工具。在组织货物运输时，必须根据运输货物的品种、规格、数量、运距以及客户的服务要求等正确选择运输工具和运输路线，合理使用运力。

（4）运输时间。为了更好地为顾客服务，及时满足顾客对货物的需要，时间是一个决定性的因素。人们常说，时间就是金钱，速度就是效益。所以，在物流过程中必须注意货物运输所占用的时间，应想方设法加快货物运输速度，尽量减少由于运输的延误而造成货物的损失或对使用的影响。

（5）运输费用。运输费用在物流费用中占很大比重，它是衡量运输经济效益的重要指标，也是考核合理运输的重要指标之一。

链接

据国家发改委和国家统计局的统计，我国 2013 年社会物流总费用为 10.2 万亿元，其中运输费用为 5.4 万亿元，约占 52.9%，即占物流总费用的一半以上。

2.1.3.2　不合理的运输形式

所谓不合理运输，是指在现有条件下可以达到的运输水平而未达到，从而造成了运力浪费、运输时间增加、运费超支等问题的运输形式。不合理的运输类型一般有以下多种形式。

(1)空驶。空车无货行驶,是不合理运输的最常见的形式。在组织货物运输中,常因调运不当,货源计划不周,未采用运输社会化而形成空驶(但有时必须调运空车,从管理上不能将其看做不合理运输)。造成空驶的不合理运输主要有三个原因:能利用社会化运输体系而不利用,却依靠自备车送货提货,这往往出现单程空驶的不合理运输;由于工作失误或计划不周,造成货源不实,车辆空去空回,形成双程空驶;由于车辆过分专用,如油罐车,无法搭运回程货,只能单程回空。

(2)对流运输。对流运输也称相向运输、交错运输,是指同一种货物在同一线路上或平行线路上作相对方向的运送,而与对方的全部或一部分发生重叠交错的运输。如图2-1所示,由丁地运货给乙地,甲地运货给丙地,在乙地和丙地之间发生了对流运输。

操作提示

在判断对流运输时需要注意的是,有的对流运输是很不明显的隐蔽对流,例如,不同时间的相向运输,从发生运输的那个时间看并未出现对流,可能作出错误判断,所以要注意隐蔽的对流运输。另外,已制定了合理流向的货物,一般必须按照合理流向的方向运输,如果与合理流向指定的方向相反,也属于对流运输。如图2-2所示,如从丁地发货20吨给丙地,从甲地发运同种货物20吨给乙地,这种运输路线是不合理的,浪费40吨公里的运力。正确的运输路线应当是由丁地发货给乙地,甲地发给丙地。

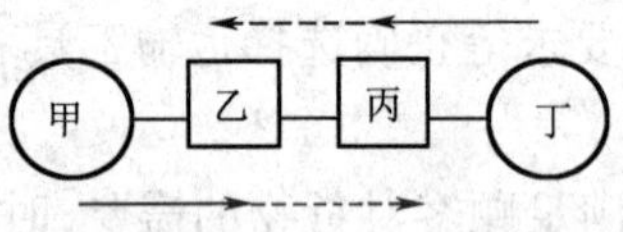

图2-1　明显对流运输示意图

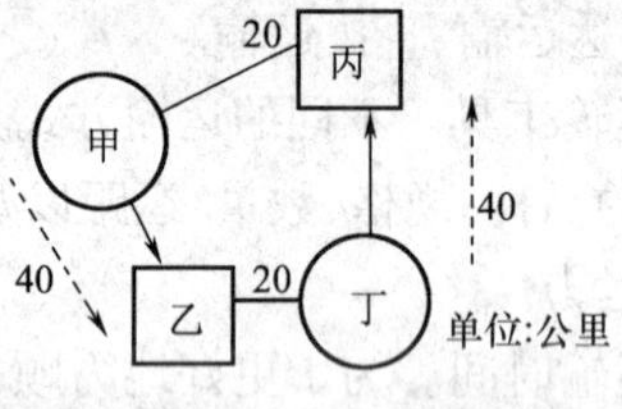

图2-2　隐蔽对流运输示意图

(3)迂回运输。迂回运输是舍近求远的一种运输,是本可以选取短距离进行运输,却选择了路程较长的路线进行运输的一种不合理的运输形式。如图2-3所示,由甲地发运货物经过乙和丙两地至丁地,那么在甲、乙、丙、丁各地之间便发生了迂回运输。正确的运输路线,应当是从甲地经过戊地至丁地。一般只有当计划不周、地理不熟、组织不当而发生的迂回运输才属于不合理运输。如果由于最短距离有交通阻塞、道路情况不好或有对噪声、排气等特殊限制而产生的迂回运输,则不能称为不合理运输。

(4)重复运输。重复运输是指同一批货物由生产地运至消费地后,不经过任何加工或必要的作业,又重新装车运往别处的现象。这种重复运输使货物在流转过程中造成多余的中转和倒装,它虚耗装卸费用,造成运输工具非生产性停留,增加货物作业量,延长了货物流转过程,额外地占用了企业流动资金。

(5)倒流运输。倒流运输是指货物从销地或中转地向产地或起运地回流的一种运输现象,其不合理程度要甚于对流运输。因为往返两程的运输都是不必要的,形成了双程浪费。也可以将倒流运输看成是隐蔽对流的一种特殊形式。

(6)过远运输。过远运输是指所需物资供应不是就近组织、购进,相反,却从较远的地方运来,以致造成运输工具不必要的长途运行。

例如,甲和乙是两个产地,A 和 B 是两个销地,它们的货物需求量均为 5 吨。图 2－4 说明,若甲供应 B 地,乙供应 A 地是不合理的。合理的运输路线应当是由甲供应 A 地,乙供应 B 地。

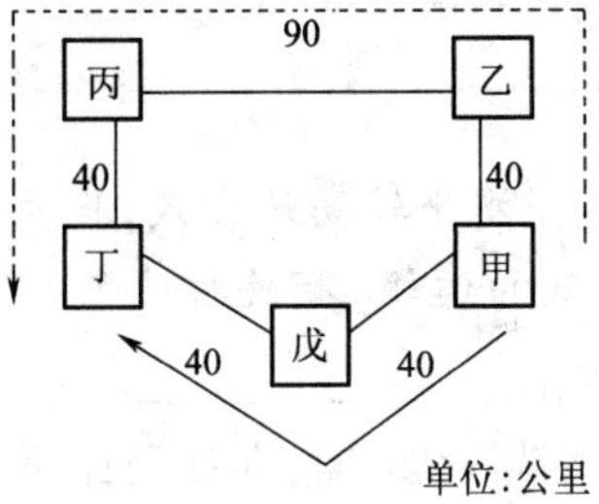

图 2－3 迂回运输示意图

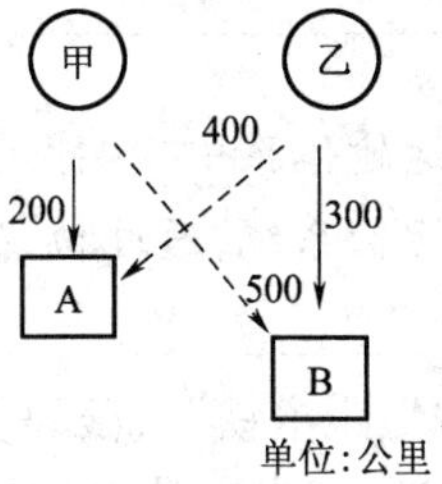

图 2－4 过远运输示意图

(7)运力选择不当。运力选择不当是指未选择各种运输工具优势又不正确地利用运输工具造成的不合理现象,常见的情况有三种:①弃水走陆。在同时可利用水运及陆运时,不利用成本较低的水运,而选择成本较高的铁路运输或汽车运输,使水路运输优势不能发挥。②铁路、大型船舶的过近运输。不是铁路及大型船舶的经济运行里程却利用这些运力进行运输的不合理做法,其不合理之处主要在于货车及大型船舶起运及到达目的地的准备、装卸时间长,且机动灵活性不足,在过近距离中发挥不了运速快的优势。相反,由于装卸时间长反而会延长运输时间。另外,与小型运输设备比较,火车及大型船舶装卸难度大,费用也较高。③运输工具承载能力选择不当。一是亏载,造成亏吨及运力浪费;二是严重超载,"小马拉大车",造成运输车辆早期损坏,甚至发生交通事故。

(8)托运方式选择不当。对于货主而言,可以选择最好的托运方式而未选择,这是造成运力浪费及费用支出加大的一种不合理运输。例如,应选择整车运输却采取零担托运,应直达运输却选择了中转运输,而应中转运输反而选择了直达运输等都属于托运方式选择不当这一类型的不合理运输。

2.1.3.3 运输合理化的有效措施

(1)提高运输工具实载率,即充分利用运输工具的额定载重能力,减少车船空驶和不满载行驶的时间,减少浪费,从而使运输合理化。

(2)减少动力投入,提高运输能力,即少投入、多产出,走高效益之路。国内外在这方面的有效措施有四项:①挂车法,即在机车能力允许的情况下加挂车皮。②水运拖排和拖带法,即利用货物本身的浮力,不用运输工具载运,采取拖带法运输,如竹、木等货物的运输;将无动力驳船编成一定队形,一般是"纵列",用拖轮拖带行驶,可以比船舶载乘的运输量大。③顶推法,这是我国内河货运使用的一种有效方法,是将内河驳船编成一定队形,由机动船顶推前进的航行方法。这种方法具有航行阻力小、顶推量大、速度较快、运输成本低的优点。④选择大吨位汽车,即在运量较大的情况下,选择大吨位汽车进行运输。如美国货运汽车平均吨位为 12.5 吨,每吨公里耗油 3.01 升,而我国货运汽车平均载重 4.6

吨,每吨公里油耗为8升。

(3)发展社会化的运输体系,即发展运输的大生产优势,实行专业分工,打破一家一户自成运输体系的状况。一家一户的运输小生产,车辆自有,自我服务,不能形成规模;且一家一户的运量需求有限,难以自我调剂,因而易出现空驶、运力选择不当、不能满载等浪费现象;配套的接、发货设施,装卸搬运设施也难有效运行,所以浪费颇大。实行运输社会化,可以统一安排运输工具,避免对流、倒流、空驶、运力不当等不合理的运输形式,而且可以形成规模效益。

操作提示

在社会化运输体系中,各种联运①体系是其中水平较高的方式,联运方式充分利用面向社会的各种运输系统,通过协议进行一票到底的运输,有效打破了一家一户的小生产模式。

(4)开展中短距离铁路、公路分流,"以公代铁"的运输,即在公路运输经济里程范围内,或者经过论证,超出通常平均经济里程范围也尽量利用公路。一方面,对于比较紧张的铁路运输,通过公路分流后可以得到一定程度的缓解,从而加大这一区段的运输通过能力;另一方面,充分利用公路从门到门和在中途运输中速度快且灵活机动的优势,可以达到铁路运输难以达到的水平。

操作提示

我国"以公代铁"目前在杂货、日用百货运输及煤炭运输中较为普遍,一般在200公里范围内,有时可达700~1 000公里。山西煤炭外运经过认真的技术经济论证,用公路代替铁路运至河北、天津、北京等地更为合理。

(5)尽量发展直达运输,即通过减少中转过载换装,从而提高运输速度,节省装卸费用,降低中转货损。但直达运输与其他合理化措施一样,其合理性也是在一定条件下实现的,不能绝对认为直达一定优于中转。这要根据用户的要求,从物流总体出发作出综合判断。一般情况下,货运批量大时,直达是合理的,批量小时中转是合理的。

(6)配载运输,即充分利用运输工具载重量和容积,合理安排装载的货物及载运方法,以求得合理化的一种运输方式。配载运输往往是轻重商品混合配载,在以重质货物运输为主的情况下,同时搭载一些轻货,如海运矿石、黄沙等重质货物,再捎运木材、毛竹等;铁路运矿石、钢材等重物上面搭运轻质农副产品等。

(7)"四就"直拨运输,由管理机构预先筹划,就厂、就站(码头)、就库、就车(船)将货物分送给用户,无须再入库。"四就"直拨运输是减少中转运输环节,力求以最少的中转次数完成运输任务的一种形式。

(8)发展特殊运输技术和运输工具。依靠科技进步是运输合理化的重要途径,如专用散装或罐车,解决了粉状、液状物运输损耗大、安全性差等问题;开展集装箱运输,不仅可以减少货损,而且可以利用集装箱联运,提高运输效率。

(9)通过流通加工,使运输合理化。有些货物由于其形态及特性问题,很难实现运输

① 联运即联合运输,即两种或两种以上运输方式或同一运输方式的几个运输企业使用同一运输凭证,以不同运输方式或几个运输企业衔接运送货物或旅客到达目的地的运输方式。

的合理化。如果进行适当加工,就能有效解决合理运输问题。如将造纸用的木材磨成木屑的流通加工,水产品及肉类预先冷冻的流通加工,可以极大地提高运输工具的装载效率并降低运输损耗。

2.1.4 物流运输设施设备简介

2.1.4.1 铁路运输主要设施设备

(1)线路。线路是列车运行的基础设施,由轨道、路基和桥隧等建筑物组成一个整体的工程结构。

(2)机车。机车是牵引和推送车辆运行于铁路线上、自身不能载荷的车辆。

(3)货车。货车是铁路运输的基本载运工具。

(4)车站。车站是运输生产的基地。

2.1.4.2 公路运输主要设施设备

(1)公路。①高速公路是一种专供汽车快速行驶的道路;②一级公路一般是连接重要的政治、经济中心的公路;③二级公路是连接政治、经济中心或较大工矿区等地的干线公路以及运输任务繁忙的城郊公路;④三级公路是沟通县及县以上城市的公路;⑤四级公路是沟通县、乡、村之间的支线公路。

(2)汽车。汽车是公路运输最基本的运输工具,它由车身、动力装置和底盘三部分组成。汽车按用途一般可分为载客汽车、载货汽车、专用运输车辆、特种车、牵引车和挂车等。

(3)车站。按其用途一般分为货运站和停车场。货运站是专门办理货物运输业务的汽车站;停车场的主要功能是停放与保管运输车辆。

2.1.4.3 水路运输主要设施设备

(1)船舶。船舶按用途分类,可分为客船和货船。客船主要以载运旅客为主要目的;货船是专门用于货物运输的船舶,主要有杂货船、散货船、集装箱船、液货船、滚装船、载驳船和冷藏船等。①杂货船是定期行驶于货运繁忙的固定航线港口,以装运零批件货或装运不能集装箱化的杂货为主要业务的货船;②散货船是专门运输粮食、盐、矿砂、化肥、煤炭及散装水泥等大宗散装货物的船舶;③集装箱船是载运统一规格的标准箱的货船;④液货船是运送散装液体的船,如油船、液体化学品船和液化气船等;⑤滚装船类似于汽车与火车渡船,它将载货的车辆连货带车一起装船,到港后一起开出船外;⑥载驳船也称子母船,由一大型船舶运载一批驳船,驳船内装货物或集装箱,母船到港后,驳船从母船卸到水面上,再由拖船或推船将驳船带走,母船则再装另一批驳船返航;⑦冷藏船是运送冷冻货物的船舶,一般载货舱内装有调节空气温度和湿度的冷藏设备。

(2)港口。港口按用途可分为商港、渔港、工业港、军港、避风港。商港主要是用于货物装卸作业、中转作业和旅客上下的港口;渔港是专供渔船停靠、装卸渔货、供应淡水、燃料及其他各类给养物资的港口;工业港是由企业自行投资建设的专为企业自身服务的码头;军港是专为军舰服务的港口;避风港是专供船舶躲避风浪和恶劣天气而停泊的港口。

2.1.4.4 航空运输主要设施设备

(1)航行器。航空运输设备主要是指通过空中运行实现客货运输的航空器,如飞机。

(2)航线。航线是航空器连接航空港进行运输并按规定飞行的路线。航线按其飞行的路线分为国内航线和国际航线。

(3)航空港。航空港统称为机场,是供飞机起飞、降落、停放,以及保障飞机飞行活动的场所。航空港通常有跑道、滑行道、停机坪、办公区域及辅助区域。如北京首都机场、上海浦东机场和广州白云机场等都是国际航空港。

2.1.4.5 管道运输主要设施设备

(1)输送管线。承载气体或流体运输的管道式运输载体,一般由管道拼接而成,有的建设在路面以上,有的埋藏在路面以下。

(2)输送站。在输油管的起点和终点设置输送站。

2.2 储存

在现代信息技术的环境中,企业为满足客户的需求,除了需要快速的运输系统以外,还需要拥有一定的商品库存,以便能应付客户的紧急需要。因此,商品的储存系统是企业物流系统中一个不可或缺的组成部分,它处于整个物流过程的节点上,只有经过这个节点,整个物流过程才能实现。

2.2.1 仓库与仓储

2.2.1.1 仓库

仓库是保管、存储物品的建筑物和场所的总称(《物流术语 GB/T18354—2001》),包括库房、料棚及露天货场等(如图 2 -5)。

库房　　月台仓房　　堆货房

图 2 -5　仓库示意图

2.2.1.2 仓储

仓储是以改变"物"的时间状态为目的的活动,通过仓库或特定的场所对物品进行保管、控制等管理,从克服产需之间的时间差异中获得更好的效用。

2.2.2 仓库的功能与类别

2.2.2.1 仓库的功能

仓库作为物流服务的节点,在物流作业中发挥着重要的作用。它不仅具有存储和保管物品等传统功能,而且还具有拣选、配货、检验、分类及调节供需等功能,并且具有多品种小批量、多批次小批量等配送功能，以及附加标签、重新包装等流通加工功能和信息传递功能。

(1)存储和保管的功能。存储和保管是仓库最基本、最传统的功能。仓库具有一定的空间，用于储存物品，并根据储存物品的特性配备相应的设备，提供相应的保管及保养方法，以保持储存物品的完好性。

(2)调节供需的功能。一般来说，商品的生产和消费不可能是完全同步的，为了弥补这种不同步所带来的损失，就需要储存商品来消除这种时间性的需求波动。比如，人们在日常生活中对大米的需求是持续的，但是大米的生产并不是随时进行的，而是在一定的季节才能提供。所以，必须储存一些大米，在不能生产大米的季节供应给消费者，从而防止商品供给和需求之间产生矛盾。

(3)调节货物运输的功能。各种运输工具的运输能力是不一样的。船舶的运输能力很大，海运船一般是万吨级，内河船舶也有几百吨至几千吨的。火车的运输能力较小，每节车皮能装运30~60吨，一列火车的运量最多为数千吨。汽车的运输能力很小，一般每辆车装4~10吨。船舶、火车、汽车之间的运输衔接是很困难的，这种运输能力的差异，也是通过仓库进行调节和衔接的。

(4)流通配送加工的功能。现代仓库的功能处于由保管型向流通型转变的过程之中，即仓库由存储和保管货物的中心向流通、销售的中心转变。仓库不仅要有存储和保管货物的设备，而且还要增加分拣、配套、捆绑、流通加工、信息处理等设施。这样既扩大了仓库的经营范围，提高了仓库的综合利用率，又方便了消费者，提高了服务质量。

(5)信息传递的功能。伴随着上述仓库功能的改变，对仓库信息传递的要求越来越高。在处理与仓库活动有关的各项事务时，需要依靠计算机和互联网，通过电子数据交换(EDI)和条形码技术提高仓储物品信息的传输速度，及时而又准确地了解仓储信息，如仓库利用水平、进出库的频率、仓库的运输情况、顾客的需求以及仓库人员的配置等。

链接

电子数据交换(EDI)的含义是指商业伙伴之间，将按标准、协议规范化和格式化的经济信息通过电子数据网络，在单位的计算机系统之间进行自动交换和处理。它是电子商业贸易的一种工具，将商业文件按统一的标准编制成计算机能识别和处理的数据格式，在计算机之间进行传输。

条形码(Bar Code)是利用光电扫描设备识读并实现数据输入到计算机的一种特殊代码。它是由一组按特定规则排列的、粗细不同、黑白或彩色相间的条、空及其相应的字符、数字、字母组成的图形标记，用以表示一定的信息。

2.2.2.2 仓库的类别

仓库按不同的标准可进行不同的分类。

(1)按使用范围不同分类。①自用仓库：生产或流通企业为了本企业经营的需要而修建的附属仓库，完全用于储存本企业的原材料、燃料、产成品等货物或商品，不以盈利为目的；②营业仓库：某些企业为了经营储、运业务而专门修建的仓库，以盈利为目的；③公用仓库：由国家或相关主管部门修建的为社会服务的仓库，如机场、港口、铁路货场和库房等仓库；④出口监管仓库：经海关批准，在海关的监管下，存放已按规定领取了出口货物许可证或批件，以对外买断结汇并向海关办完全部出口海关手续的货物的专用仓库；⑤保税仓库：经海关批准，在海关监督下，专供存放未办理关税手续而入境或过境货物的场所。

(2)按保管物品种类的数量分类。①综合仓库：用于存放多种不同属性物品的仓库；②专业仓库：用于存放一种或某一大类物品的仓库。

(3)按仓库保管条件分类。①普通仓库：用于存放无特殊保管要求的物品的仓库；②保温、冷藏、恒温恒湿仓库：用于存放要求保温、冷藏或恒温恒湿的物品的仓库；③特种仓库：通常用于存放易燃、易爆、有毒、有腐蚀性或有辐射性的物品的仓库。

(4)按仓库建筑结构完整性分类。①封闭式仓库：俗称“库房”，这种仓库封闭性强，适宜存放保管条件要求较高的物品；②半封闭式仓库：俗称“货棚”，货棚的保管条件不如库房，但出入库比较方便，且造价成本较低，适宜存放对温度和湿度要求不高且出入库频繁的物品；③露天式仓库：俗称“货场”，货场最大的优点是装卸作业极其方便，适宜存放较大型的货物。

(5)按建筑结构形式分类。①平房仓库：构造比较简单，建筑费用较低，人工作业比较方便；②楼房仓库：二层楼以上的仓库，可以减少土地占用面积，进出库作业可采用机械化或半机械化；③高层货架仓库：利用高层货架进行货物存储，主要使用电子计算机控制，能实现机械化或自动化操作；④罐式仓库：呈球形或柱形，主要用来存储使用天然气及液态化工品；⑤简易仓库：构造简单、造价低廉，进出库作业便捷。

(6)按库内形态分类。①地面型仓库：一般指单层地面库，多使用非货架型的保管设备；②货架型仓库：采用多层货架保管的仓库，在货架上直接存放货物或利用托盘进行存放；③自动立体化仓库：用高层货架储存货物，以巷道堆垛起重机配合周围其他装卸搬运系统进行存取出入库作业，并由计算机全面管理和控制的一种自动化仓库。

(7)按仓库功能分类。①集货中心：将零星货物集中成批量货物，它可设在生产点数量较多，每个生产点产量有限的地区，只要这一地区某些产品总产量达到一定数量就可设置这种有“集货”功能的节点；②分货中心：将大批量的货物分成小批量的货物；③转运中心：承担货物在不同运输方式间的转运，它可以进行两种运输方式的转运，也可以进行多种运输方式的转运，在名称上有的称为卡车转运中心，有的称为火车转运中心，还有的称为综合转运中心；④加工中心：进行流通加工，设在供应地的加工中心主要进行以物流为主要目的的加工，设在消费地的加工中心主要进行以销售、强化服务为主要目的的加工；⑤储调中心：以储备为主要工作内容，从功能上看与传统的仓库基本一致；⑥配送中心：从事配送业务的物流场所或组织，配送中心主要为特定的用户服务，配送功能健全、完善的信息网络、辐射范围小、多品种小批量、以配送为主、储存为辅(《物流术语 GB/T18354—2001》)；⑦物流中心：从事物流活动的场所或组织，物流中心主要面向社会服务、物流功能健全、完善的信息网络、辐射范围大、少品种大批量、存储和吞吐能力强、物流业务统一经营管理(《物流术语 GB/T18354—2001》)。

2.2.3 仓储的合理化因素与仓储现代化

仓储合理化即用最经济的办法实现仓储的功能。仓储的功能是对需要的满足,实现被储物品的“时间价值”,这就必须有一定的储量。

商品储备必须有一定的量,才能在一定时期内满足需要,这是仓储合理化的前提或本质。如果不能保证储存功能的实现,其他问题便无从谈起了。但是,储存的不合理又往往表现为对实现储存功能的过分强调,因而是过分投入储存力量和其他储存劳动所造成的。所以,合理储存的实质是,在保证储存功能实现的前提下尽量少地投入,这也是一个投入产出的关系问题。

2.2.3.1 仓储的合理化因素

(1)质量因素。保证仓储货物的质量,是实现仓储功能的根本要求。只有这样,商品的使用价值才能通过物流得以最终实现。在仓储中增加了多少时间价值或是得到了多少利润,都是以保证质量为前提的。所以,仓储合理化的主要标志中,为首的应是反映使用价值的质量。现代物流系统已经拥有很有效的维护货物质量、保证货物价值的技术手段和管理手段,有关方面也正在探索物流系统的全面质量管理问题,即通过物流过程的控制,通过工作质量,达到保证仓储货物质量的目的。

(2)数量因素。在保证仓储功能实现的前提下有一个合理的数量范围。

(3)时间因素。在保证仓储功能实现的前提下,寻求一个合理的仓储时间,这是与数量有关的问题,仓储量越大而消耗速率越慢。

(4)结构因素。通过被储物不同品种、不同规格、不同花色的仓储数量的比例关系对仓储合理性的判断,尤其是相关性很强的各种货物之间的比例关系更能反映仓储合理与否。

(5)分布因素。以不同地区仓储的数量比例关系判断当地的需求,以及对需求的保障程度,也可以此判断对整个物流的影响。

(6)费用因素。综合考虑仓租费、维护费、保管费、损失费和资金占用利息支出等,才能从实际费用上判断仓储的合理与否。

2.2.3.2 仓储现代化

如今,各国仓储业都已进入现代化运营、建设与管理的阶段。仓储业的设施设备不断创新,经营效率不断提高,业务范围不断扩大,是物流业乃至国民经济发展的重要支柱。具体表现在三个方面。

(1)先进的仓储设施。仓储现代化使企业应用先进的设施设备,充分利用仓库,最大限度地减少操作环节。如自动化、立体化仓库,自动化输送线,自动分拣设备以及条形码的使用等,使存储系统不仅是简单的存放地点,更重要的是提升了企业的供应链管理能力和自动化整体运作能力。

(2)不断发展的仓储信息管理系统(WMS)。通过现代化仓储信息系统记录和管理仓储业务,不仅能够提高仓储运营效率,还可以实现准确的库存控制与预测,为仓储业务运营与决策提供重要的信息支持。现代物流仓储业通过 WMS 的使用与开发,对人员、软硬件设备及客户需求进行有效的协调管理,有利于提高企业物流效益以及促进仓储标准化的发展。

(3)开展增值服务,提高仓储业竞争力。现代化仓储企业可以利用现有资源与条件,主动为客户提供流通加工、包装、配送和信息分析等增值服务,提高仓储企业的竞争力。

综上所述,仓储现代化是仓储业发展的环境、设备条件、信息化建设、管理水平以及业务能力等多方面的综合发展,并与物流其他环节有效配合,以实现提高仓储业竞争能力的目标。

2.2.4 物流储存设施设备简介

储存设施设备是辅助仓储各种作业顺利完成的各种机械设备的总称。常用的仓储设施设备如表2-2所示。

表2-2 常用的仓储设施设备

常见设备	设备种类	设备用途
货架设备	各种货架	存放货物
集装设备	托盘、集装箱	承装货物
装卸搬运设备	输送车、叉车、手推小车、AGV等	装卸和搬运货物
起重设备	巷道式堆垛机等	吊起、堆码货物
计量设备	地磅、电子秤、电子吊钩等	称重
保养、检验设备	空调、排风机等	调节仓库环境
消防、安全设备	防盗系统、灭火设备	确保库存储物的安全
自动识别设备	条形码打印机、扫描设备	进出库、盘点物资
管理设备	计算机、网络等	进行仓库管理
基础设施	线路、站台等	实现商品的出入

2.2.4.1 货架

(1)货架的概念。货架是以具有一定强度的材料,按一定的标准建成,用来存放货物的几何建筑体。货架在仓库中占有十分重要的地位。

(2)货架的种类。

第一种,层架式货架。层架式货架的应用非常广泛,按层架存放货物的重量分类,可以分为重型和轻型层架;按其结构特点分类,有层阁式与抽屉式等类型(参见图2-6)。这种货架层架结构简单,适用性强,有利于提高空间利用率,方便作业的存取,是人工作业仓库主要的存储设备。层格式货架主要用于存放规格复杂多样、必须互相隔开的物品;抽屉式层架主要用于存放比较贵重或防尘、防湿的小件物品。

第二种,托盘式货架。托盘式货架专门用于存放堆码在托盘上的货物,其基本形态与层架类似,但承载能力和每层空间适于存放整托盘货物。托盘式货架结构简单,可调整组合,安装简易,费用经济;入库不受先后顺序的限制;储物型态为托盘装载货物,配合升降

层阁式货架　　　　抽屉式货架

图 2－6　层阁式货架与抽屉式货架

式叉车存取。参见图 2－7。

图 2－7　托盘式货架

第三种，阁楼式货架。阁楼式货架是将储存空间做成上、下两层，利用钢架和楼板将空间间隙隔为两层，下层货架结构支撑上层楼板。阁楼式货架可以有效增加空间利用率，通常上层存放轻量物品，不适合重型搬运设备运行，上层物品搬运需配置垂直的输送设备。参见图 2－8。

图 2－8　阁楼式货架

第四种，悬臂式货架。悬臂式货架是在立柱上装设杆臂构成的，悬臂常用金属材料制造，其规格一般根据所存放物料规格的大小确定。为防止物料损伤，常在悬臂上加垫木质衬垫或橡胶带以起保护作用。悬臂式货架为开放式货架，不适宜机械化作业，需配合跨距较宽的设备。这种货架一般高度为 6 米以下，空间利用率较低，为 35% ~50% 之间。参见图 2－9。

图 2-9　悬臂式货架

第五种,移动式货架。移动式货架底部装有滚轮,通过开启控制装置,滚轮可沿轨道滑动。移动式货架平时密集相接排列,存取货物时通过手动或电力驱动装置使货架沿轨道水平移动,形成通道。移动式货架可以大幅度减少通道面积,地面使用率可达 80%,而且可直接存放每一箱货物,不受先进先出的限制,但相对来说电力驱动装置较多,建造成本较高,维护也比较困难。参见图 2-10。

第六种,重力式货架。与水平面形成一定的倾斜角度,低端作为出货端,高端作为入货端。重力式货架通常为密集型配置,能够大规模密集存放货物,减少了通道数量,可有效节约仓库面积;重力式货架能够保证先进先出,并且方便拣货,作为分拣式货架普遍应用于配送中心;重力式货架的拣货端与入货端分离,能够提高作业效率和作业的安全性;重力式货架还可以根据需要设计成适合托盘、纸箱、单件货物储存的结构和形式。参见图 2-10。

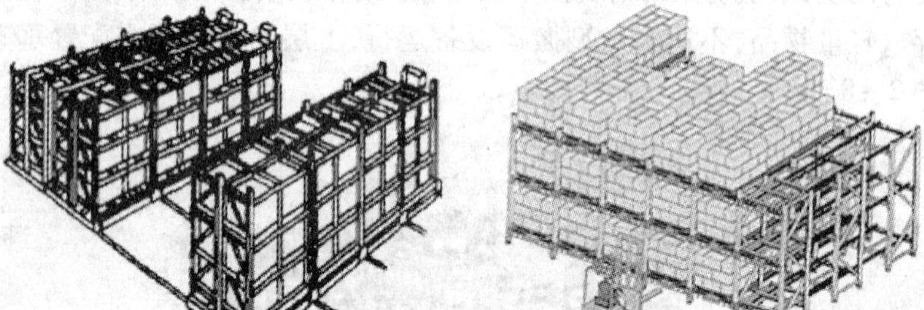

图 2-10　移动式货架与重力式货架

第七种,驶入、驶出式货架。驶入、驶出式货架采用钢质结构,钢柱上有向外伸出的水平的凸出构件或支撑导轨(亦称悬轨),叉车将托盘送入,由货架两边的悬轨托住托盘及货物。驶入、驶出式货架属高密度配置,高度可达 10 米,库容利用率高达 90% 以上,适用于大批量、少品种配送中心使用,但不太适合太长或太重的物品。驶入、驶出式货架存取货物时受先后顺序的限制。

2.2.4.2　托盘

(1)托盘的概念。托盘是为了使货物有效地装卸、运输、保管,将其按一定数量组合放置于一定形状的台面上，这种台面有供叉车从下部插入并托起的叉入口。以这种结构为基本结构的平台和在这种基本结构上形成的各种形式的集装器具均可称为托盘。

(2)托盘的种类。

第一种，平板托盘(又称平托盘)。这种托盘是水平平台的运输承载装置，平板下有供叉车插入并托起的叉入口。参见图2-11。

第二种，立柱托盘。立柱式托盘没有侧板，托盘上部的四个角有固定式或可卸式的立柱，有的柱与柱之间有连接的横梁，使立柱成门框型。参见图2-11。

图2-11 平板托盘与立柱式托盘

第三种，箱式托盘。其基本结构是沿托盘四个边有板式、栅式、网式等栏板和下部平面组成的箱体，有些箱体有顶板。箱板有固定式、折叠式和可拆卸式三种。参见图2-12。

第四种，塑料垫板托盘。这种托盘使用PE/PP等热塑性塑料，通过特殊工艺制成平板托盘。参见图2-12。

图2-12 箱式托盘与塑料垫板托盘

第五种，轮式托盘。轮式托盘是在柱式、箱式托盘下部装有小型轮子，在生产企业物流系统中可以兼做作业车辆。

第六种，特种专用托盘。这种托盘如航空托盘、平板玻璃托盘、油桶专用托盘、托盘货架式托盘和轮胎托盘等。

(3)托盘的标准与规格。我国托盘主要有三个规格：800mm×1 000mm，800mm×1 200mm，1 000mm×1 200mm。

美国主流托盘为48in×40in(约为1 200mm×1 000mm)。

日本主流托盘为1 100mm×1 100mm和1 200mm×1 000mm。

国际标准化组织规定的托盘规格有800mm×1 000mm，800mm×1 200mm，1 000mm×1 200mm三种，此外还有1 200mm×1 600mm，1 200mm×1 800mm的大型托盘。

国家标准规定的联运平托盘外部规格系列(GB/T2934—1982)为800mm×1 000mm，

800mm×1 200mm,1 000mm×1 200mm 三种。

2.2.4.3　叉车(详见本专题2.4.2.1“叉车”)

2.3　包装

2.3.1　物流包装的概念与类型

2.3.1.1　包装的概念

包装是对流通过程中保护产品、方便储运、促进销售,按一定技术方法而采用的容器、材料及辅助物等的总体名称,也指为了达到上述目的而采用容器、材料和辅助物的过程中施加一定技术方法等的操作活动(《物流术语 GB/T18354—2001》)。

2.3.1.2　包装的类型

现代商品的包装品种繁多,性能和用途也是多种多样。为了充分发挥商品包装的功能,必须对商品包装进行科学的分类。最典型的分类方法是按包装在物流中发挥的不同作用,将商品包装分为销售包装和运输包装。

(1)销售包装。销售包装又称商业包装或内包装,是直接接触商品并随商品进入零售网点与消费者或客户直接见面的包装,其主要目的是吸引消费者,促进销售。因此,这种包装的特点是造型美观大方,有必要的装饰,包装上有比较详细的商品说明。包装的规格适合于客户的购买以及商家柜台摆放的要求。

(2)运输包装。运输包装又称工业包装或外包装,是以满足运输储藏要求为主要目的的包装,在商品的运输、储存和装卸过程中起保护商品的作用。运输包装不像销售包装那样注重外表的美观,它更强调包装的实用性和费用的低廉性。

2.3.2　物流包装材料简介

用于物流包装的材料很多,从传统的纤维纸板到最新的记忆性塑料带,可谓应有尽有。按不同用途,包装材料可分为容器材料、内包装材料和包装用辅助材料等几个大类。

2.3.2.1　纸质包装材料

在包装材料中,纸的应用最为广泛,它的品种最多,耗量也最大。由于纸具有价格低、质地细腻均匀、耐摩擦、耐冲击、容易粘合、不受温度影响、无毒、无味并适于包装生产的机械化等优点,所以,目前在世界范围内,纸质包装占包装材料的比重比其他包装材料都大,约占40%。纸作为包装材料有纸袋、纸箱和瓦楞纸箱等。其中,瓦楞纸箱因为具有成本低、重量轻、容易进行机械加工、容易回收,具有一定的刚性,抗压、抗冲击能力较强等优点而颇受欢迎,但纸质包装材料防潮、防湿性能较差。

2.3.2.2　合成树脂包装材料

合成树脂包装材料是指塑料薄膜、塑料袋及塑料容器等产品包装材料。主要的合成树脂包装材料有聚乙烯、聚氯乙烯、聚丙烯和聚苯乙烯等,这些材料包装的综合性能较好。

2.3.2.3　木制容器包装材料

木制容器包装材料是指普通木箱、花栏木箱、木条复合板箱、金属网木箱以及木桶等木制包装容器。木制容器一般用在重物包装以及出口物品的包装等方面,但现在很大部分已被瓦楞纸箱所代替。

2.3.2.4　金属容器包装材料

金属容器包装材料是把金属压制成薄片，用于物品包装的材料，通常有金属圆桶、白铁内罐、储气瓶及金属丝网等。目前，在世界金属包装材料中，用量最大的是马口铁（镀锡薄钢板）和金属箔两大品种。

2.3.2.5　玻璃陶瓷容器包装材料

玻璃陶瓷容器包装材料主要是指耐酸玻璃瓶和耐酸陶瓷瓶等。这种包装耐腐蚀性比较好且化学性质比较稳定。

2.3.2.6　纤维容器包装材料

纤维容器包装材料主要是指麻袋和维尼纶袋等。

2.3.2.7　复合材料包装材料

复合材料包装材料主要是指利用两种以上的材料复合制成的包装材料，主要有纸与塑料、纸与铝箔等合成包装材料。

此外，还有以其他材料如竹、藤、苇等制成的包装，主要有各种筐、篓和草包等。

2.3.3　物流包装技术简介

2.3.3.1　一般包装方法

一般包装主要分为单个包装、内包装（中包装）和外包装三种。

单个包装也称小包装，是物品送到使用者手中的最小单位。单个包装用袋或其他容器对物品的一部分或全部包裹起来予以密封，并且印有作为商品的标记或说明等信息资料。

内包装是将单个包装后的物品归并为一个或两个以上的较大单位，或置于中间容器中，或为保护里面的物品。在中间容器中放入其他材料，目的是为了防止震动，防止货物在容器内发生移动和摩擦，避免货物与包装容器相撞。对于一些体积小的内包装还要进行中包装，以方便搬运及装箱，加强保护作用。

外包装的主要目的是方便储运，使物品获得足够的保护。一般说来，外包装容器需要有足够的强度，可以在储运中抗拒一切外力所带来的损害；并且，外包装的形状和规格必须方便储运作业。

2.3.3.2　特殊包装方法

特殊包装包括防震、防破损、防锈、防虫（鼠）、防霉腐和危险品包装等的包装技术。

（1）防震包装技术。防震包装技术是指为防止运输中震动或冲击而造成的物品损伤，采取在内包装材料中插入防震材料，以吸收外部冲击力的方法。防震包装主要有三种方法：全面防震包装、部分防震包装和悬浮式防震包装。

（2）防破损包装技术。缓冲包装有较强的防破损能力，因而是防破损包装技术中效果较好的包装。此外还可以采取其他几种防破损包装技术：①捆扎及裹紧技术：目的是使杂货、散货形成一个牢固的整体，以增加货物的整体性，便于防止散堆形成的破损；②集装技术：利用集装，减少与货体的接触，从而防止破损；③选择高强度的保护材料：通过外包装材料的高强度防止内装物受到外力冲击而破损。

(3)防锈包装技术。防锈包装技术一般是使用防锈剂,防锈剂有防锈油和气相缓蚀剂两类。

防锈油包装技术可以使金属表面与引起大气锈蚀的各种因素隔绝(即将金属表面保护起来),达到防止金属被大气锈蚀的目的。用防锈油封装金属制品,要求油层要有一定厚度,油层的连续性好,涂层完整。不同类型的防锈油要采用不同的方法进行涂复。

气相防锈包装技术是使用气相剂(挥发性缓蚀剂),在密封包装容器中对金属制品进行防锈处理的技术。气相缓蚀剂是一种能减慢或完全停止金属在侵蚀性介质中的破坏过程的物质,它在常温下即具有挥发性,在密封包装容器中,在很短的时间内挥发或生成的缓蚀气体就能充满整个包装容器内的每个角落和缝隙,同时被吸附在金属制品的表面,从而起到抑制大气对金属锈蚀的作用。

(4)防虫(鼠)包装技术。防虫(鼠)包装技术常用的是驱虫剂或杀虫剂,即在包装中放入有一定毒性和刺激性气味的药物,利用药物在包装中挥发气体杀灭和驱除各种害虫。常用驱虫剂有茶、对位二氯化苯和樟脑精等,也可采用真空包装、充气包装及脱氧包装等技术,使害虫无生存环境,从而防止虫害。

(5)防霉腐包装技术。防霉腐变质通常是采用冷冻包装、真空包装或高温灭菌方法。冷冻包装的原理是减慢细菌活动和化学变化的过程,以延长储存期,但不能完全消除食品的变质;高温灭菌法可消灭引起食品腐烂的微生物,可在包装过程中用高温处理防霉。有些经干燥处理的食品包装应防止水汽浸入以防霉腐,可选择防水汽和气密性好的包装材料,采取真空和充气包装。

(6)危险品包装技术。危险品有上千种,按其危险性质,交通运输及公安消防部门将危险品分为十大类,即爆炸性物品,氧化剂、压缩气体和液化气体、自燃物品、遇水燃烧物品、易燃液体、易燃固体、毒害品、腐蚀性物品和放射性物品,有些物品同时具有两种以上的危险性能。

对易燃、易爆物品,如有强氧化性的、遇有微量不纯物或受热急剧分解引起爆炸的物品,防爆炸包装的有效方法是采用塑料桶包装,然后将塑料桶装入铁桶或木桶中,并应有自动放气的安全阀。当桶内达到一定的气体压力时能自动放气。

在有毒商品的包装上要有明显的有毒标志。防毒的主要措施是包装严密不漏、不透气。例如,重铬酸钾(红矾钾)和重铬酸钠(红矾钠)为红色透明结晶,有毒,应当用坚固的铁桶包装,桶口要严密不漏,制桶的铁板厚度不能小于1.2毫米。对有机农药一类的商品,应当装入沥青麻袋,缝口严密不漏。如用塑料袋或沥青纸袋包装的,外面应当再用麻袋或布袋包装。用做杀鼠剂的磷化锌有剧毒,应当用塑料袋密封后再装入木箱中,箱内用两层牛皮纸、防潮纸或塑料薄膜衬垫,使其与外界隔绝。

对有腐蚀性的商品,要注意防止商品和包装容器的材质发生化学变化。金属类的包装容器,要在容器壁涂上涂料,防止腐蚀性商品对容器的腐蚀。例如,包装合成脂肪酸的铁桶内壁要涂有耐酸保护层,防止铁桶被商品腐蚀,从而商品也随之变质;再如,氢氟酸是无机酸性腐蚀物品,有剧毒,能腐蚀玻璃,不能用玻璃瓶做包装容器,应当装入金属桶或塑料桶,然后再装入木箱。

对黄磷等易自燃商品的包装,宜先装袋再将其装入壁厚不小于1毫米的铁桶中,桶内壁须涂耐酸保护层，桶内盛水，并使水面浸没商品，桶口严密封闭，每桶净重不超过50公斤。

2.3.4 物流包装标准化与绿色包装

2.3.4.1 物流包装标准化

物流包装标准化是以物流包装为对象，对包装类型、规格、容量、使用材料、包装容器的结构类型、印刷标志、产品的盛放、规格、缓冲措施、封装方法、名词术语和检验要求等制定统一的政策和技术措施。物流包装标准化是提高物流包装质量的技术保证和物质保证，同时它也是供应链管理中核心企业与节点企业及节点企业间无缝链接的基础。物流包装的标准化可以保证资源和原材料的合理利用，并提高包装制品的生产效率，保证物流在整个供应链中的通畅。我国加入世界贸易组织（WTO）后，包装标准化与国际接轨，可以减少贸易技术壁垒中的国际物流争端，降低损耗，减少运输费用，提高运输效率，进而提高产品在国际市场上的竞争力。

2.3.4.2 绿色包装

在当今社会，环保问题越来越引起人们的重视，保护环境，走可持续发展的道路已被各行各业所接受。因此，我们要大力提倡绿色包装，以减轻包装对环境造成的污染。

（1）绿色包装的定义。绿色包装又称无公害包装，是指能够循环复用、再生利用或降解腐化，且在产品的整个生命周期中对人体及环境不造成公害的适度包装。

（2）绿色包装材料的种类。①重复再用和再生的包装材料，如啤酒、饮料、酱油和食醋等包装采用玻璃瓶反复使用；②可降解材料，可降解塑料薄膜、水溶性塑料薄膜等是目前包装行业主要采用的可降解材料；③可食性包装材料，可食性包装材料在食品工业，尤其在果蔬保鲜方面具有广阔的应用前景，如可食性薄膜。

链接

可降解材料是指在特定时间内造成性能损失的特定环境中，其化学结构发生变化的一种塑料。可降解塑料既具有传统塑料的功能和特性，又可在土壤和水中微生物的作用下，或通过阳光中紫外线的作用，在自然环境中分裂降解和还原，最终以无毒形式重新进入生态环境中。可降解材料一般分为光降解塑料、生物降解塑料和生物或光降解塑料。光降解塑料以聚羟基丁酸酯（PHB）及聚羟基戊酸酯（PHV）居多；生物降解塑料主要包括乙交酯、丙交酯和 e－己内酯这三种可循环的单体制成的多种聚合体和共聚物（Birmingham Polymers，Inc）。

操作提示

绿色包装设计一般遵循的原则是"Reduce"（减少包装）、"Reuse"（重复利用）、"Recycle"（回收再生）和"Degradable"（可降解腐化），即当今世界公认的发展绿色包装的"3R，1D"原则。

2.4 装卸搬运

2.4.1 物流装卸搬运作业概述

2.4.1.1 装卸搬运的概念

装卸是指物品在指定地点进行的以垂直移动为主的物流作业;搬运是指在同一场所内将物品进行以水平移动为主的物流作业;装卸搬运是指在某一物流节点范围内进行的,以改变物料的存放状态和空间位置为主要内容和目的的活动。

装卸搬运是物流系统的一个重要构成要素。物流系统中装卸搬运作业所占比重较大,其作业的水平不仅影响物流成本,还与物流工作质量是否满足客户的服务要求密切相关。因此,装卸搬运作业的合理化是物流管理的重要内容之一。

2.4.1.2 现代装卸搬运作业的特点

(1)装卸搬运作业量大。据调查分析,我国机械工厂生产1吨产品,需要进行252吨次的装卸搬运。中国年产煤炭十几亿吨,年产钢材上亿吨,年工业生产总值5万多亿元,农业生产总值1万多亿元。在这些产品的生产过程中,装卸搬运的作业量非常大。同时,在远距离的货物供应中,装卸搬运也会随运输方法的变更、仓库的中转、货物的集疏、物流方式的调整等而使装卸搬运作业量增大。

(2)装卸搬运对象复杂。在物流过程中,货物是多种多样的,它们在性质、外形、重量、体积以及包装方法上都有很大的区别,因此,装卸搬运方法也有很大的不同。即使是同一种货物在装卸搬运前的处理方法也不一样,也可能会使用完全不同的装卸搬运方法。如单件作业和集装装卸、水泥的袋装装卸和散装装卸。

(3)装卸搬运作业不均衡。在流通领域,一方面,由于受到物资产需衔接和市场机制的制约,物流量会出现较大的波动,装卸搬运量也会出现忽高忽低的现象。从物流领域内部观察,运输路线上的"限制口""跑在中间、窝在两头"的现象广泛存在,装卸搬运量也会出现忽高忽低的现象。从另一方面看,各种运输方式由于运量上的差别和运速的不同,使得港口、码头、车站等不同的物流节点①也会出现集中到货或停工待货的不均衡装卸搬运。

(4)装卸搬运对安全性要求高。装卸搬运作业需要人与机械、货物和其他劳动工具相结合,工作量大,情况变化多,作业环境复杂,这些特点都导致了装卸搬运作业中的不安全因素和隐患。装卸搬运的安全性一方面直接涉及人身,另一方面涉及物资,如果出现安全事故,对这两方面都会造成巨大的损失。因此,应更加重视装卸搬运的安全性问题。

2.4.1.3 装卸搬运的原则

由于装卸搬运在物流活动中十分重要,以及其自身的若干特性,要求货物的现代装卸搬运作业必须满足六项准则:减少环节,作业程序化;文明搬运,运营科学化;集中作业,集

① 物流节点:广义的物流节点是指所有进行物资中转、集散和储运的节点,包括港口、空港、火车货运站、公路枢纽、大型公共仓库及现代物流(配送)中心、物流园区等;狭义的物流节点仅指现代物流意义的物流(配送)中心、物流园区和配送网点。

装散装化；省力节能，努力促"活化"；兼顾协调，通用标准化；巧装满载，安全效率化。也就是说，在整个物流过程中，应尽量减少装卸搬运的环节和次数，消灭重复无效、可有可无的装卸搬运作业。对必要的装卸搬运作业，尽量做到不停顿、不间断、流水作业；充分利用机械，实现"规模装卸"；充分利用商品本身的搬运活性，提高装卸搬运的合理化。

2.4.2 物流装卸搬运设施设备简介

2.4.2.1 叉车

叉车又称铲车或叉式取货机，以货叉作为主要取货装置，依靠液压起升机构升降货物，由轮胎行驶系统实现货物水平搬运。叉车是装卸搬运机械中应用最广泛的一种，是一种既可做短距离水平搬运，又可装卸、堆垛的机械，在配置其他取物设备后，还能用于散货和各种规格品种货物的装卸作业。

(1)叉车的技术参数。叉车的技术参数有多项：①载荷中心距：叉车设计规定的标准载荷中心到货叉垂直段前臂的水平距离；②额定起重量：货物的重心处于载荷中心距以内时，允许叉车举起的最大重量；③最大起升高度：在额定起重量、门架垂直、货物起升到最高位置时，货差水平段的上表面距地面的垂直距离；④最大起升速度：额定起重量和门架垂直时，货物起升的最大速度；⑤门架倾角：叉车在平坦、坚实的路面上，门架相对垂直位置的最大倾角；⑥满载最高行驶速度：叉车在平直干硬的路面上满载行驶时所能达到的最高车速；⑦满载最大爬坡度：在良好的干硬路面上，能够爬上的最大坡度；⑧叉车的制动性能：即叉车的安全性，我国内燃平衡重式叉车标准对制动性能作出的规定为：如果采用脚制动，叉车车速为20km/h，空载行驶时，紧急制动的制动距离不大于6米，叉车车速为10km/h，满载运行时，紧急制动的制动距离不大于3米；⑨最小转弯半径：在空载低速行驶、打满方向盘及转向轮处于最大偏转角时，瞬时转向中心距叉车纵向中心线的距离；⑩最小离地间隙：叉车轮压正常时，除车轮外车体上最低点距地面的距离；⑪通道宽度：叉车在平稳且无干涉的条件下进行存取或搬运作业所需的道路宽度。

(2)叉车的分类。一般而言，叉车可以按两种方法分类。

第一，按叉车动力装置的不同分为内燃式叉车和电动式叉车。

内燃式叉车采用的动力装置是内燃机，内燃式叉车又可分为汽油机式叉车、柴油机式叉车和液化气式叉车。内燃式叉车的优点是：燃料供应方便，能连续长时间作业；输出功率大，货物提升速度和行走速度均比电动式叉车大；对路面要求较低。缺点是：噪声大，排放的废气污染环境；内燃机和传动系统构造复杂，零部件容易磨损，机械故障较多，操作比较复杂。一般情况下，大吨位的叉车采用内燃式叉车做动力。

电动式叉车又称电瓶式叉车，它以蓄电池为动力，由直流电动机驱动。其优点是：噪声小，不污染环境，传动系统构造简单，操作较简单，营运费用低，适宜室内作业。

第二，按叉车的结构和功用的不同分为平衡重式叉车、手动托盘叉车、站驾式电动堆高车、座驾式叉车(见图2－13)以及集装箱叉车等。

2.4.2.2 起重机械

起重机械是用来垂直升降或兼有水平运移货物功能的机械设备。它可以减轻或代替人的体力劳动，提高生产率，保证作业质量，降低作业成本，改善劳动条件，是现代企业实

图2-13　各类叉车示意图

现生产过程、物流作业机械化和自动化不可缺少的重要机械设备，在港口、仓库、车站、工厂等各领域和各部门得到广泛应用。

(1)起重机械的工作特点。起重机的工作过程通常是吊挂或抓取货物，提升后进行一个或数个动作的运移，将货物放到卸载地点后卸载，然后返程为下一次运行做准备，这一过程称为一个工作循环。完成一个工作循环后，一般做短暂的停歇再进行下一次的工作循环。因此，起重机的动作特点是间歇、重复，在工作中，各工作机构经常处于反复启动、制动过程中，而稳定运行的时间相对于其他机械而言较为短暂。

(2)起重机械的分类。①按起重机的综合特征分为轻小型类、桥式类、臂架类、堆垛类和升降机。②按起重机的取物装置分为吊钩起重机、抓斗起重机、电磁起重机、集装箱专用起重机和集装箱吊钩两用起重机。③按起重机的用途分为通用吊钩起重机和堆垛起重机、装卸起重机、专用起重机和多用途起重机。④按起重机的使用场地分为港口起重机和船上起重机、货场起重机、仓库起重机、随车起重机和车间用起重机等。

(3)起重机械的技术性能参数。①额定起重量：起重机能吊起的物料连同可分吊具或属具(如抓斗、电磁吸盘、平衡梁等)质量的总和，单位为公斤(kg)或吨(t)。对于臂架类起重机，额定起重量是变值，随臂架长度和幅度而变化。②起升高度：一般是指起重机工作场地地面或起重机运行轨道顶面到取物装置上极限位置之间的垂直距离，单位为米(m)。③幅度和跨度：幅度是指臂架类起重机的旋转中心到取物装置中心线之间的水平距离，单位为米(m)；跨度是指桥式类型起重机大车运行轨道之间的水平距离，单位也为米(m)。④工作速度：起重机的工作速度包括起升速度、变幅速度、回转速度和运行速度。起升速度是指起重机起升额定起重量时，货物匀速上升或下降的速度，单位为米/分钟(m/min)或米/秒(m/s)；变幅速度是指起重机变幅机构从最大幅度到最小幅度沿水平方向运动的平均速度,单位为 m/min;回转速度是指回转起重机的转动部分在匀速转动状态下每分钟的转动圈数,单位为圈数/分钟(r/min);运行速度是指起重机或起重小车匀速运行时的速度,单位为 m/min 或公里/小时(km/h)。⑤生产率:起重机的生产率是指在规定的工作条件下连续工作时单位时间内装卸货物的总质量,是表明起重机装卸搬运能力的综合指标。起重机的生产率与起重量、机构工作速度、工作行程、货物的种类、工作条件、生产组织以及操作熟练程度等因素有关。

2.4.2.3 集装单元化器具

集装就是以最有效地实行物资搬运为基本条件,把若干物品和包装货物或者零散货物恰当地组合包装,以适合于装卸、存放、搬运及机械操作。集装单元化器具主要有托盘、集装箱和其他集装器具。

集装箱是指具有足够强度,可长期反复使用的适于多种运输工具而且容积在 $1m^3$ 以上(含 $1m^3$)的集装单元器具(《物流术语 GB/T 18354—2006》)。

集装箱有多种类型,按用途分为通用集装箱、保温集装箱、罐式集装箱、干散货集装箱、敞顶集装箱、汽车集装箱和动物集装箱等。其他集装器具有集装袋、集装网络和罐式集装箱等。

另外,为了提高装卸搬运作业的连续性,一些小型货物可通过输送带机械进行搬运。现代许多物流配送中心利用无人自动搬运车(AGV)进行货物搬运,以减少劳动力,提高作业效率。

2.5 流通加工

2.5.1 流通加工的概念与作用

2.5.1.1 流通加工的概念

流通加工又称流通过程的辅助加工活动,是指物品在从生产地到使用地的过程中,根据需要实施包装、分割、计量、分拣、刷标志、拴标签及组装等简单作业的总称。这种加工活动不仅存在于社会流通过程,也存在于企业内部的流通过程中。

2.5.1.2 流通加工的作用

目前,在世界许多国家和地区的物流中心或仓库经营中都大量存在流通加工业务。一些原本在工业企业进行的加工业务,现在由流通环节(包括新兴的现代物流企业)承担,改变了以往流通企业经营业务单一的情况。发展多种经营业务是现代经济发展趋势的要求,在流通过程中进行有关加工有着重要意义。

(1)能够提高原材料利用率。利用流通加工环节集中下料,是将生产厂运来的简单规格的产品,按使用部门的要求进行下料。例如,将钢板进行剪板、切裁;将钢筋或圆钢裁制成毛坯;将木材加工成各种长度及大小的板、方。集中下料可以优材优用、小材大用、合理套裁,有很好的技术经济效益。如北京、济南、丹东等城市对平板玻璃进行流通加工,玻璃利用率可从60%左右提高到85%~95%。

(2)进行初级加工,方便用户。用量小或临时需要加工的使用单位,缺乏进行高效率初级加工的能力,依靠流通加工可以使使用单位省去初级加工的投资、设备及人力,从而搞活供应,方便用户。

(3)能够提高加工效率和设备利用率。建立集中加工点可以采用效率高、技术先进、加工量大的专门机具和设备,从而提高加工效率。

2.5.2 流通加工类型

根据不同的目的,流通加工具有不同的类型。

2.5.2.1 为适应多样化需要的流通加工

生产部门为了实现高效率、大批量的生产,其产品往往不能完全满足用户的要求。为了满足用户对产品多样化的需要,同时又要保证高效率的大生产,就需要将生产出来的单一化、标准化的产品进行多样化的改制加工。例如,对钢材卷板的舒展、剪切加工;对平板玻璃按需要规格的开片加工;将木材改制成枕木、板材、方材等的加工。

2.5.2.2 为方便消费的流通加工

根据下游生产的需要将商品加工成生产直接可用的状态。例如,根据需要将钢材定尺、定型,按要求下料;将木材制成可直接投入使用的各种型材;将水泥制成混凝土拌和料,使用时只需稍加搅拌即可使用;等等。

2.5.2.3 为保护产品的流通加工

在物流过程中,为了保护商品的使用价值,延长商品在生产和使用期间的寿命,防止商品在运输、储存、装卸搬运和包装等过程中遭受损失,可以采取稳固、改装、保鲜、冷冻、涂油等方式。例如,水产品、肉类、蛋类的保鲜、保质的冷冻加工、防腐加工等;丝、麻、棉织品的防虫、防霉加工等。再如,为防止金属材料的锈蚀而进行的喷漆、涂刷防锈油等措施,运用手工、机械或化学方法除锈;木材的防腐朽、防干裂加工;煤炭的防高温自燃加工;水泥的防潮、防湿加工;等等。

2.5.2.4 为弥补生产领域加工不足的流通加工

由于受到各种因素的限制,许多产品在生产领域只能加工到一定程度,而不能完全实现终极加工。例如,木材如果在产地完成成材加工或制成木制品的话,就会给运输带来极大的困难,所以,在产地只能加工到圆木、板、方材这个程度,进一步的下料、切裁、处理等加工则由流通加工完成;钢铁厂大规模的生产只能按规格生产,以使产品有较强的通用性,从而使生产能有较高的效率,取得较好的效益。

2.5.2.5 为促进销售的流通加工

流通加工也可以起到促进销售的作用。比如,将过大包装或散装物分装成适合依次销售的小包装的分装加工;将以保护商品为主的运输包装改换成以促进销售为主的销售包装,以起到吸引消费者、促进销售的作用;将蔬菜、肉类洗净、切块以满足消费者的需求;等等。

2.5.2.6 为提高加工效率的流通加工

许多生产企业的初级加工由于数量有限,加工效率不高,而流通加工以集中加工的形式,解决了单个企业加工效率不高的缺陷。它以一家流通加工企业的集中加工代替了若干家生产企业的初级加工,促使生产水平有一定程度的提高。

2.5.2.7 为提高物流效率、降低物流损失的流通加工

有些商品本身的形态使之难以进行物流操作，而且商品在运输、装卸搬运过程中极易受损，因此，需要进行适当的流通加工加以弥补，从而使物流各环节易于操作，提高物流效率，降低物流损失。例如，造纸用的木材粉碎成木屑的流通加工，可以极大地提高运输工具的装载效率；自行车在消费地区的装配加工可以提高运输效率，降低损失；石油气的液化加工，使很难输送的气态物转变为容易输送的液态物，也可以提高物流效率。

2.5.2.8 为衔接不同运输方式、使物流更加合理的流通加工

在干线运输和支线运输的节点设置流通加工环节，可以有效解决大批量、低成本、长距离的干线运输与多品种、少批量、多批次的末端运输和集货运输之间的衔接问题。在流通加工点与大生产企业间形成大批量、定点运输的渠道，以流通加工中心为核心，组织对多个用户的配送，也可以在流通加工点将运输包装转换为销售包装，从而有效衔接不同目的的运输方式。比如，散装水泥中转仓库将散装水泥装袋，将大规模散装水泥转化为小规模散装水泥的流通加工就衔接了水泥厂大批量运输和工地小批量装运的需要。

2.5.2.9 生产—流通一体化的流通加工

依靠生产企业和流通企业的联合，或者生产企业涉足流通，或者流通企业涉足生产形成的对生产与流通加工进行合理分工、合理规划、合理组织和统筹进行生产与流通加工的安排，这就是生产—流通一体化的流通加工形式。这种形式可以促成产品结构及产业结构的调整，充分发挥企业集团的经济技术优势，是目前流通加工领域的新形式。

2.5.2.10 为实施配送进行的流通加工

这种流通加工形式是配送中心为了实现配送活动，满足客户的需要而对物资进行的加工。例如，混凝土搅拌车可以根据客户的要求，把沙子、水泥、石子、水等各种不同材料按比例要求装入可旋转的罐中，在配送路途中，汽车边行驶边搅拌，到达施工现场后，混凝土已经均匀搅拌好，可以直接投入使用。

2.5.3 流通加工合理化

流通加工合理化的含义是实现流通加工的最优配置，使流通加工有存在的价值，而且是最优的选择。为了避免各种不合理的加工，对是否设置流通加工环节，在什么地点设置，选择什么类型的加工，采用什么样的技术装备等都需要作出正确抉择。目前，国内在进行这方面合理化的考虑中已积累了一些经验，取得了一定成果。实现流通加工合理化需要考虑以下五个“相结合”。

2.5.3.1 加工与配送相结合

加工和配送相结合，是将流通加工设置在配送点中，一方面按配送的需要进行加工；另一方面加工又是配送业务流程中分货、拣货和配货中的一环，加工后的产品直接投入配货作业。这就无须单独设置一个加工的中间环节，使流通加工有别于独立的生产，从而使流通加工与中转流通巧妙结合在一起。同时，由于配送之前有加工，可使配送服务水平大大提高。这是当前对流通加工做合理选择的重要形式，在煤炭、水泥等产品的流通加工中已表现出较大的优势。

2.5.3.2 加工与配套相结合

在对配套要求较高的产品流通中，配套的主体来自各个生产单位，但是，完全配套有时无法全部依靠现有的生产单位。进行适当的流通加工，可以有效促成产品配套，大大提高流通的桥梁与纽带作用。

2.5.3.3 加工与合理运输相结合

前文已提到，流通加工能有效衔接干线运输与支线运输，促进两种运输形式的合理化。利用流通加工，在支线运输转干线运输或干线运输转支线运输的环节，不进行一般的支转干或干转支，而是按干线或支线运输合理的要求进行适当加工，从而大大提高运输及运输转载的水平。

2.5.3.4 加工与合理商流相结合

通过加工有效地促进销售，使商流合理化，也是流通加工合理化的考虑方向之一。加工与配送的结合，提高了配送水平，强化了销售，是加工与合理商流相结合的一个成功的例证。此外，通过简单地改变包装的结构，避免用户使用前需进行组装、调试的难处，都是有效促进商流的途径。

2.5.3.5 加工与节约相结合

节约能源、节约设备、节约人力和节约耗费是流通加工合理化重要的考虑因素，也是目前我国设置流通加工，考虑其合理化的较普遍形式。

综上所述，对于流通加工合理化的最终判断，是看其能否实现社会和企业的两个效益，而且是否取得了最优效益，从而实现社会资源和企业资源的最优配置。

2.6 物流信息

2.6.1 物流信息的概念与特点

2.6.1.1 物流信息的概念

物流信息是指与物流活动有关的信息，是反映物流各项活动内容的知识、资料、图像、数据和文件的总称。从狭义上讲，物流信息是指与物流活动（如运输、仓储、包装、装卸搬运以及流通加工）有关的信息。在物流活动中，物流信息与运输、仓储等各环节有着密切的关系，起着中枢神经系统的作用。从广义上讲，物流信息不仅是指与物流活动有关的信息，还包括与其他流通活动有关的信息，如商品信息和商场信息。商品信息主要包括与进行交易有关的信息，如货源信息、物价信息、资金信息及付款结算信息等；市场信息包括与市场有关的信息，如消费者需求信息、竞争者信息等。在现代企业的经营管理中，物流信息与商品交易信息、市场信息相互交叉、融合，有着密切的联系。

2.6.1.2 物流信息的特点

与其他领域的信息比较，物流信息的特殊性主要表现在三个方面。

(1)由于物流是一个大范围内的活动，物流信息源也分布于一个大范围内，信息源点多、信息量大。如果这个大范围未能实现统一管理或标准化，则信息便缺乏通用性。

(2)物流信息的动态性极强，信息的价值衰减速度很快，这就对信息工作的及时性要求较高。在大系统中强调及时性,对信息收集、加工和处理应当迅速。

(3)物流信息种类多,不仅本系统内部各个环节有不同种类的信息,而且由于物流系统与其他系统,如生产系统、销售系统和消费系统等密切相关,因而还必须收集这些系统的信息。这就使物流信息的分类、研究和筛选等难度增加。

不同类别的物流信息还有一些不同的特点,如物流系统产生的信息,由于需要向社会提供,因而收集信息力求全面、完整,而收集的其他系统的信息,则要根据物流的要求予以选择。

2.6.2 物流信息系统的概念与结构

2.6.2.1 物流信息系统的概念

物流信息系统是利用计算机硬件、软件、网络通信设备及其他设备,进行物流信息收集、储存、更新和维护,以支持物流管理人员和基层操作人员进行物流管理和运作的人机系统。

物流信息系统是整个物流系统的心脏,是现代物流企业的灵魂。物流信息系统在物流运作过程中非常关键,并且自始至终发挥着不可替代的中枢作用。

2.6.2.2 物流信息系统的结构

不同层次的部门和人员需要不同类型的信息。一个完善的物流信息系统应包含作业层、管理层和决策层三个层次(见图2-14)。

(1)作业层。将收集、加工的物流信息以数据库的形式加以存储,主要包括货代管理信息系统、运输管理信息系统、仓储管理信息系统、报关管理信息系统及配送管理信息系统。

(2)管理层。从事日常事务的管理,包括行政管理信息系统、合同管理信息系统、财务管理信息系统、客户管理信息系统、结算管理信息系统及数据交换管理系统。

(3)决策层。建立各种系统分析模型,辅助高层管理人员进行物流决策,包括统计管理信息系统和决策管理信息系统。

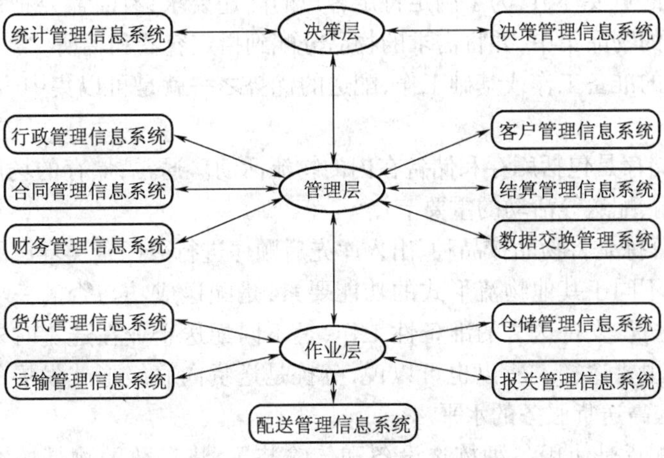

图2-14 物流信息系统的结构

2.7 配送

2.7.1 配送的概念与功能要素

2.7.1.1 配送的概念

配送是在经济合理区域范围内,根据用户的要求,对货物进行拣选、加工、包装、分割和组配等作业,并按时送达指定地点的物流活动。配送将"配"和"送"有机结合起来,是一种特殊的、综合的物流活动方式,是商流和物流相结合、包含物流若干功能要素的一种物流方式。

2.7.1.2 配送的功能要素

配送不同于一般的送货,配送的功能是多样化的。除了"运""送"之外,还包括大量分拣、配货等工作。一般而言,一个较为完整的配送工作流程包括集货、储存、分拣、配货、配装、配送运输和送达服务以及按照客户需要进行的配送加工。图 2-15 为常规配送流程。

图 2-15 常规配送流程

(1)集货。集货是将分散的或小批量的物品集中起来,以便进行运输、配送的作业。

集货是配送的重要环节,为了满足特定客户的配送要求,有时需要把从几家甚至数十家供应商处预订的物品集中,并将需求的物品分配到指定容器和场所。

集货是配送的准备工作或基础工作,配送的优势之一就是可以集中客户,形成一定规模的集拼运输。

(2)储存。储存是包括库存和储备在内的物流活动。通常,储存的场所有仓库、码头、堆场等,它是运输、配送等活动的重要节点。

(3)分拣。分拣是将物品按品种、出入库先后顺序进行分门别类堆放的作业。

分拣是配送不同于其他物流形式的功能要素,是配送成功与否的一项重要的支持性工作,也是完善送货、支持送货的准备性工作,是不同配送企业在送货时进行竞争和提高自身经济效益的主要途径。所以也可以说,分拣是送货向高级形式发展的必然要求。经过分拣,将大大提高送货服务的水平。

(4)配货。配货是使用各种拣选设备和传输装置,将存放的物品按客户要求分拣出来,配备齐全,送到指定的发货地点。

(5)配装。在单个客户配送数量达不到车辆的有效运载负荷时,就存在如何集中不同客户的配送货物,进行搭配装载以充分利用运能、运力的问题,这就需要配装。与一般送货不同之处在于,通过配装送货可以大大提高送货水平及降低送货成本,所以,配装是配送系统中有现代特点的功能要素,也是现代配送不同于以往送货的重要区别之一。

(6)配送运输。运输中的末端运输、支线运输和一般运输形态的主要区别在于:配送运输是较短距离、较小规模、额度较高的运输形式,一般使用汽车作为运输工具。与干线运输的另一个区别是,配送运输的路线选择是一般干线运输所没有的,干线运输的干线是唯一的运输线,而配送运输由于配送客户多,一般城市交通路线又较复杂,如何组合成最佳路线,如何使配装和路线有效搭配等是配送运输的特点,也是难度较大的工作。

(7)送达服务。将配置好的货物运送给客户还不是配送工作的结束。这是因为,送达货物和客户接收货物往往还会出现不协调,使配送前功尽弃。因此,要圆满地实现运到货物的移交,并有效、方便地办理相关手续并完成结算,还应讲究卸货地点和卸货方式等。送达服务也是配送独有的特点。

(8)配送加工。配送加工是按照配送客户的要求所进行的流通加工。在配送中,配送加工这一功能要素不具有普遍性,但往往是有重要作用的功能要素。因为,通过配送加工可以大大提高客户的满意程度。配送加工是流通加工的一种,但配送加工有其不同于流通加工的特点,即配送加工一般只取决于客户的需求,其加工的目的较为单一。

物流配送作业的一般流程如图 2-16 所示。

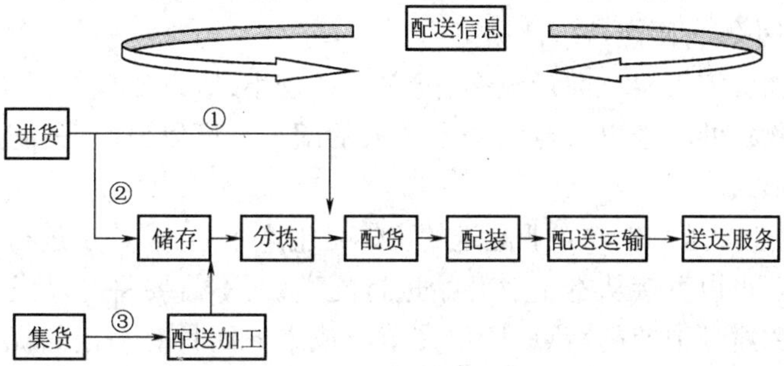

图 2-16 物流配送作业的一般流程

2.7.2 配送的分类与作用

2.7.2.1 配送的分类

配送可按不同形式进行分类。

(1)按实施配送的节点不同进行分类,可将配送分为以下四类:

第一,配送中心配送。配送中心配送的组织者是专职配送中心,规模比较大。其中,有的配送中心由于需要储存各种商品,储存量比较大;也有的配送中心专职组织配送,因此储存量较小,主要靠附近的仓库补充货源。

由于配送中心专业性较强，与用户之间存在固定的配送关系，因此，一般情况下都实行计划配送。需要配送的商品有一定的库存量，但是一般很少超出自己的经营范围。

配送中心是专门从事货物配送的流通企业，经营规模较大，其设施和工艺结构是根据配送活动的特点和要求专门设计和设置的，因而其专业化、现代化程度较高，设施和设备较齐全，货物配送能力较强，不仅可以远距离配送，还可进行多品种货物配送，不仅可以配送工业企业的原材料，还可以承担向批发商进行补充性货物的配送。

配送中心配送是重要的配送形式。从较为普遍实施配送的国家来看，作为配送主体形式的配送中心配送不但在数量上占主要部分，而且也是某些小配送单位的集散据点，因而发展较快。作为大规模配送形式的配送中心配送，其覆盖面较广，因此，必须有实施大规模配送的配套设施，比如，配送中心建筑、车辆、路线以及其他配送活动中需要的设备等。因此，配送中心一旦建成便很难改变用途，灵活机动性较差，投资较多。这就导致了在实施配送初期很难大量建立配送中心。因此，这种配送形式有一定的局限性。

第二，仓库配送。仓库配送一般以仓库为据点进行配送。它可以把仓库完全改造成配送中心，也可以在保持仓库原功能的前提下，以仓库原功能为主，再增加一部分配送功能。

第三，商店配送。商店配送形式的组织者是商业或物资的门市网点。这些网点主要承担商品零售，一般规模不大，但经营品种却比较齐全。除日常经营的零售业务外，这种配送方式还可根据用户的要求，将商店经营的品种配齐，或代用户外订外购一部分本商店平时不经营的商品，与商店经营的品种配齐一起运送给用户。

这种配送组织者实力有限，往往只是零星商品的小量配送，所配送的商品种类繁多，但是用户需用量不大，甚至有些商品只是偶尔需要，很难与大配送中心建立计划配送关系，所以常常利用小零售网点从事此项工作。

由于商业及物资零售网点数量较多、配送半径较小，所以比较灵活机动，可承担生产企业非主要生产物资的配送以及对消费者个人的配送。可以说，这种配送是配送中心配送的辅助及补充形式。

第四，生产企业配送。生产企业配送的主体是生产企业，尤其是进行多品种产品生产的企业。这些企业可以直接从本企业开始进行配送，而不需要将产品发运到配送中心进行配送，具有直接、避免中转的特点，所以在节省成本方面具有一定的优势。但这种配送方式多适用于大批量、单一产品的配送，不适用于多种产品“凑零为整”的配送方式，所以具有一定的局限性。

(2)按配送商品的种类和数量进行分类，可将配送分为以下三类：

第一，单(少)品种大批量配送。一般而言，对于工业企业需要量较大的商品，由于单独一个品种或几个品种就可达到较大的运输量，可以实行整车运输，在这种情况下就可以由专业性很强的配送中心实行配送，往往不需要再与其他商品进行搭配。由于配送量大，可使车辆满载并使用大吨位车辆。在这种情况下，由于配送中心的内部设置、组织和计划等工作也较为简单，因此配送成本较低。

第二，多品种少批量配送。多品种少批量配送是根据用户的要求，将所需的各种物品(每种物品的需要量不大)配备齐全，凑整装车后自配送站送达用户。

第三,配套成套配送。配套成套配送方式是指根据企业的生产需要,尤其是装配型企业的生产需要,把生产每一台件所需要的全部零部件配齐,按照生产流程定时送达生产企业,生产企业随即可将这些成套零部件送入生产线装配产品。

在这种配送方式中,配送企业承担了生产企业大部分的供应工作,使生产企业可以专门致力于生产,这与多品种、少批量的配送效果相同。

(3)按配送时间和数量进行分类,可将配送分为以下五类:

第一,定时配送。按规定时间和时间间隔进行配送,这一类配送形式称为定时配送。定时配送的时间,由配送的供给与需求双方通过协议确认。每次配送的品种及数量可预先在协议中确定,实行计划配送,也可以在配送之前以商定的联络方式(如电话、传真、计算机网络等)通知配送品种及数量。

定时配送的方式,由于时间确定,对用户而言,易于根据自己的经营情况,按照最理想的时间进货,也易于安排接货力量(如人员、设备等)。对于配送供给企业而言,这种服务方式易于安排工作计划,有利于对多个用户实行共同配送,以减少成本的投入,易于计划使用车辆和规划路线。采用这种配送服务方式时,如果配送物品种类、数量有比较大的变化,配货及车辆配装的难度则较大,会使配送运力的安排出现困难。

第二,定量配送。定量配送是指按规定的批量进行配送,但不规定严格的时间,只规定在一个指定的时间范围内配送。

第三,定时定量配送。定时定量配送是指按照规定的配送时间和配送数量进行配送,兼有定时、定量配送两种方式的优点,是一种精密的配送服务方式。

这种配送方式要求有较高的服务质量水平,组织工作难度很大,通常仅对固定客户提供这项服务。由于适合采用定时定量配送的对象不多,很难实行共同配送等配送方式,因而成本较高,仅在用户有特殊需求时才采用,不是一种普遍适用的方式。

第四,定时定路线配送。定时定路线配送在确定的运行路线上制定到达时间表,按运行时间表进行配送。用户可以在规定的地点和时间接货,可按规定路线及时间提出配送要求。

第五,即时配送。即时配送是指完全按照用户突然提出的时间、数量方面的配送要求,随即进行配送的方式。采用这种方式,客户可以将安全储备降低至零,以即时配送代替安全储备,实现零库存经营。

(4)按经营形式进行分类,可将配送分为以下三类:

第一,销售配送。销售配送是指配送企业是销售性企业,或销售企业作为销售战略的一环进行的促销型配送,或者是与电子商务网站配套的销售型配送。这种配送的配送对象往往是不固定的,用户也往往是不固定的,配送对象和用户依据对市场的占有情况而定,配送的经营状况也取决于市场状况,配送随机性较强而计划性较差。各种类型的商店配送、电子商务网站配送一般都属于销售配送。用配送方式进行销售是扩大销售数量,扩大市场占有率,更多地获得销售收益的重要方式。由于是在送货服务前提下进行的活动,所以也受到用户的欢迎。

第二,供应配送。供应配送往往是针对特定的用户,是运用配送方式满足特定用户的供应需求的配送方式。这种方式配送的对象是确定的,用户的需求是确定的,用户的服务要求也是确定的,所以,这种配送可以形成较强的计划性和较为稳定的渠道,有利于提高配送的科学性和强化管理。

第三,销售—供应一体化配送。销售—供应一体化配送是指对于基本固定的用户和基本确定的用户配送产品。销售企业可以在自己销售的同时,承担对用户有计划供应的职能,既是销售者同时又成为用户的供应代理人,起到用户供应代理人的作用。

2.7.2.2 配送的作用

配送的作用表现在多个方面:①完善输送及整体物流系统;②提高末端物流的经济效益;③通过集中库存使企业实现低库存或零库存;④简化订货程序,方便用户;⑤提高企业保证供应的程度。

2.7.3 配送中心的含义与特点

配送中心(Distribution Center)是指从事配送业务的物流场所或组织,配送中心应基本符合六项要求:①主要为特定的用户服务;②配送功能健全;③完善的信息网络;④辐射范围小;⑤多品种、小批量;⑥以配送为主,储存为辅。

配送中心是接收供货商的多品种、大批量的货物,按照多家需求者的订货要求,迅速、准确、低成本及高效率地将商品配送到各需求客户手中的物流节点设施,也是集"配"与"送"于一体的、功能全面、完整的流通型节点(《物流术语 GB/T18354—2001》)。

2.7.4 配送中心的分类与功能

2.7.4.1 配送中心的分类

按不同的分类标准,可对配送中心进行三种分类。

(1)按配送中心的经济功能分类,可将配送中心分为以下三种类型:

第一,供应型配送中心。供应型配送中心专门向某些用户供应货物,充当供应商角色的配送中心。这类配送中心类似于用户的后勤部门,其服务对象主要是生产企业和大型商业组织,所配送的货物以原料、元器件和其他半成品为主。

这类配送中心比较典型的有英国的 HONDA 汽车斯温登配件中心和我国上海地区 6 家造船厂组建的钢板配送中心。

第二,销售型配送中心。销售型配送中心是以销售商品为主要目的,以开展配送为手段而组建的配送中心。

根据隶属单位不同,销售型配送中心又可以细分为三种:①隶属于生产企业的销售配送中心;②隶属于流通企业的销售配送中心,如生产资料配送中心;③流通企业和生产企业联合建立的销售型配送中心。

第三,存储型配送中心。存储型配送中心有很强的存储功能。此类配送中心多起源于传统的仓库,是在发挥存储作用的基础上组织、开展配送活动,如中国物资储运总公司天津分公司的唐家港仓库即是存储型配送中心。

(2)按物流设施归属分类,可将配送中心分为以下三种类型:

第一,自有型配送中心。配送中心为一家企业或企业集团所有,它是企业的一个有机组成部分,它只服务于集团内部各个企业,通常不对外提供配送服务,如海尔集团的配送中心、沃尔玛的配送中心。

第二,公共型配送中心。公共型配送中心是指其物流设施具有一定的规模,从功能设计上可以只提供一种或少数几种具有明显竞争优势的物流服务,不仅可以提高物流服务的专业化水平,而且有利于提高物流行业的资源利用效率。

第三,合作型配送中心。合作型配送中心由几家企业合作兴建、共同管理,多为区域性配送中心。合作型配送中心也可以是企业之间的联合发展,如中小型零售企业联合投资兴建,实行共同配送,北京粮食系统的八百佳物流中心即为系统内联合配送中心。

(3)按服务范围分类,可将配送中心分为以下两种类型:

第一,城市配送中心。只能向城市范围内的众多用户提供配送服务的物流组织。

第二,区域配送中心。辐射能力较强,活动范围较大,是可以跨省市进行配送活动的配送中心。

(4)按运营主体不同分类,可将配送中心分为以制造商为主体的配送中心;以批发商为主体的配送中心;以零售商为主体的配送中心;以仓储运输业为主体的配送中心四种类型。

2.7.4.2 配送中心的功能

配送中心是配送活动的主要承担者,具有多方面的功能。

(1)集货。配送中心为实现按用户需要配送,须从众多供应商手中购进大量的、品种比较齐全的商品。一般来说,集货批量大于配送批量。

(2)储存保管。为保证正常配送的需要,配送中心应保持一定的储备,同时做好这些储备的保管工作。

(3)分货、拣货、配货。将储存货物按用户要求分拣配齐以后,送到指定的配货场,经配装送至用户,这是配送中心的主要功能之一。

(4)装卸搬运。集货、储存、分拣、配货等过程都需要进行装卸搬运。装卸搬运作业效率的高低、质量的优劣直接影响到配送的速度和质量。

(5)加工。配送过程中,为解决生产中大批量、少品种与消费中的小批量、多样化要求的矛盾,按照用户对商品的不同要求,应对商品进行分割、分装、配装和配载等加工活动。

(6)送货。将配好的商品按到达地点或到达路线进行送货。运输车辆可借用社会运输车辆,也可自配专业运输队。

(7)物流信息情报收集、汇总、储存及传递。配送中心必须有灵敏、完善的信息情报系统,这是保证配送中心业务顺利进行的关键。

本专题要点归纳

本专题主要讲述了物流的运输、储存、包装、装卸搬运、流通加工、信息和配送等活动要素的概念、作用以及与各类物流活动要素有关的设施设备。在学习过程中,学生应重点掌握各项物流活动要素所包含的内容及其合理化问题。

延伸阅读

我国烟草商业物流活动

根据运作对象划分，可将烟草物流划分为烟草生产环节物流和烟草流通环节物流。生产环节物流是指以生产卷烟所需的上游原料烟叶及辅料等原材料为运作对象，以卷烟生产企业为主体所对应的生产经营活动的物流。这种物流有四个子系统，即供应物流子系统、生产物流子系统、销售物流子系统及废弃物物流子系统。流通环节物流是指以卷烟为运作对象，以烟草专卖局、各级烟草公司和零售商为运作主体，将卷烟送到消费者手中的物流。

我国烟草物流的运作主要由烟草物流运作对象和运作主体构成。烟草物流运作对象包括卷烟和其上游原料烟叶及辅料等原材料，其中卷烟是主要部分。在运作主体方面，我国卷烟物流运作主体有三类：生产商、经销商及烟草物流企业。其中，烟草物流企业是指专门从事烟草物流的第三方物流企业。目前，这类企业还比较少，提供的物流服务业务主要集中在区域配送方面。

一、烟草商业物流活动的新业务模式

自21世纪初起，上海烟草公司逐渐推行了“以电话订货、网上配货、电子结算、现代物流为手段，以标准化、程序化、信息化管理为内容，以客户满意为追求”的新的业务模式。它体现了现代流通的本质特征，也代表着中国烟草行业网络建设的发展方向。随后，国家在全国逐渐推行这一新模式，加快传统商业向现代流通的转变。

以电话订货、网上配货、电子结算等为代表的“现代物流”的具体内容是：①电话订货。电话订货是由烟草公司客户服务中心的电访员主动拨打零售商电话，获取订单，然后将订单输入微机控制系统，传递到网上结算系统执行扣款，再由配送部门按订单进行配送。②网上配货。网上配货是通过在零售客户中安装POS收银机，并与有限公司后台联网，从而实现订单的快速获取和配送的自动服务。③电子结算、网上结算系统与银行账户通过一定方式联网，所有客户订单集中通过网上结算系统进行扣款操作，一次性将所有订单金额从相应客户的账户中划转。现代物流利用物流中心可实现信息流、商流和物流三方面资源的综合利用。

二、烟草商业物流活动构成要素分析

一般来说，烟草商业企业即烟草公司都会建立自己的物流中心，但这并不代表物流中心就完成了烟草商业物流的全部作业环节。按照目前烟草公司的组织结构，订单处理环节是由营销中心的订单部来完成的。在储配部，需要完成的物流活动有装卸搬运、分拣到户、送货。为了在送货过程中提高送货效率、保护卷烟、减少差错率，在分拣到户的过程中，每完成一户零售商所需卷烟的分拣就要对这些卷烟进行一次二次包装。最后将这些按户分拣完毕的卷烟装车，并运送到客户手中。

根据上述流程，可将企业一般物流活动构成要素进行细分和具体化，从而得出烟草商业物流活动构成要素由八个部分组成，分别是卷烟分拣、送货、仓储、二次包装、装卸搬运、订单处理、信息处理和电话订货。对于进行人工分拣的烟草公司还会增加流通加工这个环节,即贴激光防伪标签,其中卷烟分拣、送货和仓储是中心要素。

认知指导

认知目标:各种物流活动的延伸与配合。

认知方法:从一种商品或一个企业出发,以贯穿始末的全程物流活动为线索,分析这种商品的物流活动顺序与流程,以及各项活动在衔接与配合方面的注意事项。

认知检验:撰写分析报告并进行讲述。

【复习思考题】

1. 常见的物流运输方式有哪些?
2. 影响合理运输的"五要素"是什么?
3. 运输合理化的有效措施有哪些?
4. 按仓库保管条件分类,仓库可分为哪些类型?
5. 按库内形态分类,仓库可分为哪些类型?
6. 我国托盘规格主要有几种?分别是什么规格?
7. 绿色包装的定义是什么?绿色包装对我们的生产、生活有什么意义?
8. 装卸搬运的原则是什么?列举几种装卸搬运设备。
9. 流通加工是指哪些加工活动?流通加工的作用是什么?
10. 物流信息的概念和作用是什么?

【案例分析与应用】

香港报业物流方案简析

——不仅仅是送报纸那么简单

香港是世界各大城市中报纸发行量最大的城市之一,出版日报的有两家英文报社和10多家中文报社。每份报纸多达12~16大张不等,重量足有0.3~0.5公斤。报纸的发行量如此之巨,涉及物流量之大,可想而知。每天一大早,报纸从印刷厂运送到各区配送中心,再从配送中心配送到大街小巷的各零售点以及每座大厦的每层办公室。各报社的配送渠道和配送方法大同小异,本案例介绍的是香港某大型报业集团报纸印刷之前的原材料采购、运输、储存和配送等物流过程。

一、前期处理

在设计整个物流方案以前,必须充分了解客户所处的商业环境及其对物流服务的特殊要求。香港是完全市场化的商业社会,同业之间的竞争异常激烈,处理每一次交易的每一个环节都必须注意保守商业秘密,并且要绝对保障企业的正常运作,一旦发生了事故,期望同行的支援是不切实际的。因此,一要绝对保密;二要绝对安全;三要绝对保障正常运作。

二、包装和运输

香港报社用纸通常来自加拿大、印度尼西亚、马来西亚、澳大利亚和新西兰等国家。为安全起见，在同一时期，报社会向两个以上不同国家或地区的厂家订货。一旦某个供应商发生了事故，另一厂家可继续供货。报纸用纸内地称为“新闻纸”，香港运输行业称其为“大炮纸”，是重件货，每件包装成直径 90 厘米、高 76 厘米的圆柱体，每件重 550 公斤，适宜用 40 英尺集装箱装运，每箱可装 52 件。由于报社用纸量大，而且是长期物流消费者，对海运班轮公司来说是重要的长期客户。因此，作为报社的物流供应者，可向班轮公司争取到较优惠的海运条件，如班期、舱位保障、运价优惠及到港后长达 30 天的免费仓储期等等。如从加拿大和澳大利亚运到香港，报社选择实力强、信誉好、班期准以及运价合理的大型海运公司以门对集装箱堆场的条款完成海运。

三、仓储

利用班轮公司提供的 30 天免费仓储期，利用加拿大温哥华—香港—澳大利亚墨尔本—香港的周班集装箱船不断补充，货到香港后无须入仓，大大节约了物流成本。但是，海运班轮有时受不可抗力因素的影响，如遇台风和装货港工人罢工等导致延误船期，供货可能会中断。因此，还需要在香港货仓储存约 30 天的用量。要求货仓必须通风、干燥、不渗水，且消防设施齐备，保安严密，货物和车辆出入仓方便，备有装卸“大炮纸”的专用车。派集装箱车从班轮公司集装箱堆场提取集装箱到货仓拆箱、入仓，堆叠 4 层高，仓内整齐排列堆放，出仓时逐行逐件取出。仓储安排应遵循三个原则：一是储备，一旦班轮受阻，班轮公司集装箱堆场内的存货用完了才用储仓货；二是每批货储存最长不超过 180 天，入仓满 180 天之前需安排出仓使用，出完仓再安排一批新货补充；三是储量为 30 天用量，尽量节约仓租成本。

四、配送

由于印刷厂存放备用纸的空间有限，一般只可储备 2 天用量的存货，以防备码头工人罢工或交通阻塞或台风袭港，不能按时补充备用纸时不至于断货。因此，从班轮公司的集装箱堆场或货仓配送“大炮纸”到印刷厂，每天上午固定派出 4 台集装箱车提取 4 ×40 英尺重箱，于 12 时前送抵印刷厂拆箱。如因各种原因当天未能完成配送，第二天需多增派 4 台集装箱车补送。

五、相关信息处理

报社将每批订货计划和海运批量计划的指令及时通过电脑联网传递到珠江仓码运输有限公司。珠江仓码运输有限公司要将每一批量海运订舱结果、预计到港时间、储仓计划、配送计划及时规划好并反馈到报社。报社如有不清楚或不放心，可要求修订计划。集装箱抵港数据、出入仓数据和库存数据全部及时输入电脑并传递给报社物流主管，实现实时数据处理和交换。香港物业价格昂贵，仓租和货物出入仓成本高，加上物流环节多，操作复杂，大部分报社都把有限的人力资源用于采编业务上，而把自己不擅长的物流操作外包出去。香港物流市场化程度较高，竞争也比较激烈，物流公司为了提高竞争力，必须做到一切为客户着想，充分发挥专业知识和经验的优势，利用一切有利条件，做到既满足客户需要，又能将物流环节减到最少，商品库存量减至最小，成本减至最低。

请分析案例中的各项物流活动要素的活动流程和相互关系是怎样的?

根据你对物流活动要素与设施设备的认识,请尽你所能,举出一个你所知道的含有最多物流活动要素和使用最多物流设施设备的例子,并说明这些活动要素与设施设备在该案例中的作用。

专题三　物流系统

知识目标

掌握物流系统的概念与目标、供应物流、生产物流、销售物流、逆向物流的概念和特点;熟悉采购物流、库存控制原理、逆向物流的原则与重要性;了解供应物流改善与JIT采购、生产物流的组织管理、销售物流采购与库存控制、废弃和回收物流合理化遵循的原则。

案例导入

回顾专题一和专题二的案例导入及其讨论的内容。

由于你的建议对小李开办公司合理有效,于是,小李诚意聘任你为其物流服务有限公司的物流业务策划专员。他要求你上任后的第一天在全公司范围内做一个专题报告,分析“鲜速·李”物流服务有限公司所在物流系统的状况,以及物流系统中每个要素与“鲜速·李”的关系,从而进行企业定位和物流业务发展的拓展。

请你从“蔬菜籽及肥料供应物流和蔬菜生产物流、蔬菜销售物流和蔬菜逆向物流”分析蔬菜行业的物流系统结构,画一幅物流系统关系图。需要说明的是:“鲜速·李”物流服务有限公司在该地区蔬菜市场的物流系统中可以发挥哪些作用?该公司可以拓展哪些物流业务模块?

3.1　物流系统概述

3.1.1　物流系统的概念与目标

3.1.1.1　物流系统的概念

物流系统是指在一定的时间和空间里,由所需运输的物料、包装设备、装卸搬运机械、输送工具、仓储设施、相关人员以及通信联系等若干相互制约的动态要素构成的具有特定功能的有机整体。物流系统的目的是实现物资的空间效益和时间效益,并在保证社会再生产顺利进行的前提条件下,实现物流各环节的合理衔接,并取得最佳的经济效益。

3.1.1.2　物流系统的目标

物流系统的总体目标是要实现宏观效益和微观效益。宏观效益表现为对国民经济效益和社会生态环境的影响；微观效益是指企业效益，主要表现在利润上。具体来讲，物流系统要实现以下五个目标，称为“5S”目标。

（1）服务（Service）。要树立“客户第一”的观念，保质、保量、及时准确地满足客户对物品或信息的需要。近年来出现的“准时供应方式”、“柔性供货方式”等，是物流系统服务性的表现。

（2）快速反应（Speed）。在组织物流活动中，要求“力求用时间去消灭空间”，“把商品从一个地方到另一个地方所花费的时间缩短到最低限度”。快速反应既是一个传统目标，更是一个现代目标。在物流领域采取的诸如直达物流、联合一贯运输、高速公路、时间表系统等管理和技术就是这一目标的体现。

（3）节约（Saving）。物流过程被称为“第三利润源”，这一利润的挖掘主要依靠节约。节约流通时间、节约流通费用是实现利润的主要方式。

（4）规模优化（Scale Optimization）。规模优化是对物流系统的规模效益而言的。应当考虑物流设施集中与分散的最适均衡、机械化与自动化的合理程度、信息系统的集中化所要求的计算机等设备的利用率等。

（5）库存控制（Stock Control）。物流系统通过库存实现满足生产企业和消费者需求的保证作用。但库存过多，需要更多的保管场地，而且会造成资金的大量积压，影响企业的经营。库存控制是现代物流的一个重要组成部分，在物流领域中正确确定库存方式、库存数量、库存结构和库存分布是实现库存控制目标的体现。

3.1.2 物流系统的设计与分析

3.1.2.1 物流系统设计的6个基本元素

（1）商品（Products）的种类、品目等。

（2）商品的数量（Quantity），包括年度目标的规模、价格。

（3）商品的流向（Route），包括生产厂配送中心、消费者等。

（4）服务（Service）水平，包括速达性、商品质量的保持等。

（5）时间（Time），即不同的季度、月、周、日、时业务量的波动及特点。

（6）物流成本（Cost）。

3.1.2.2 物流系统分析的概念

系统分析是从系统最优出发，在选定系统目标和准则的基础上，分析构成系统的各级子系统的功能和相互关系，以及系统同环境的相互影响。物流系统分析就是运用科学的分析工具和方法，对系统的目的、功能、环境、费用和效益进行充分的调研、收集、比较、分析和数据处理，并建立若干替代方案和必要的模型，进行系统仿真实验；把试验、分析、计算的各种结果同早先制定的计划进行比较和评价，寻求使系统整体效益最佳和有限资源配备最佳的方案，为决策者的最后决策提供科学依据和信息。物流系统分析所涉及的问题范围很广，如系统布置、物流预测、生产—库存系统等。

3.1.2.3 物流系统分析的特点

（1）追求整体目标最优。在一个系统中，处于各个层次的分系统都具有特定的功能目标，只有彼此分工协作，才能实现系统整体目标最优。如进行物流系统设计时，既要考虑需求,又要考虑运输、储存、设备选型等;在进行物流中心选址时,既要考虑造价,又要考虑运输、能源消耗、环境污染以及资源供给等因素。

(2)以特定问题为对象。物流系统中许多问题含有不确定因素,而系统分析就是针对这种不确定的情况,研究解决问题的各种方案及其可能产生的结果。

(3)运用定量分析方法。解决问题,不应单凭想象、臆断、经验和直觉。在许多复杂的情况下,需要有精确可靠的数字、资料作为科学决策的依据,有时需要建立数学模型或计算机模型。

(4)凭借价值判断。从事系统分析时,必须对某些事物作某种程度的预测,或者用过去发生的事实做样本,以推断未来可能出现的趋势或倾向。由于所提供的资料有许多是不确定的变量,而客观环境又会发生各种变化,因此,在进行系统分析时,还要凭借各种价值观念进行判断和优选。

3.1.2.4 物流系统分析的过程

(1)界定问题。进行系统分析时,首先要明确问题的性质,划定问题的范围。通常,问题是在一定的外部环境作用和系统内部发展的需要中产生的,这不可避免地带有一定的本质属性并限定了其存在的范围。

(2)确定目标。为了解决问题,要确定出具体的目标。物流系统的目标包括物料费用、服务水平,即以较低的物流费用获得较高的物流水平,以确保物流系统整体效益最大。物流系统的总目标是通过各子系统的功能活动来实现的。在多目标情况下,要考虑各项目标的协调,防止发生冲突或顾此失彼;同时,还要注意目标的整体性、可行性和经济性。

(3)收集资料,提出方案。在目标确定之后,就要拟订分析大纲和决定分析方法,然后从搜集到的有关资料中找出其中的相互关系,寻求解决问题的各种可行方案。

(4)建立模型。建立模型就是找出说明系统功能的主要因素及其相互关系。通过建立模型,可确认影响系统功能和目标的主要因素及其影响程度,确认这些因素的相关程度以及总目标和分目标的实现途径及其约束条件。

(5)系统优化。系统的最优化是运用最优化的理论和方法,对若干替代方案的模型进行仿真和优化计算,求出几个替代解。

(6)系统评价。根据最优化所形成的有关方案,在考虑前提条件、假定条件和约束条件后,在结合经验和知识的基础上决定最优解,从而为选择最优系统方案提供足够的信息。

3.2 供应物流

3.2.1 供应物流的概述

3.2.1.1 供应物流概念

供应物流是指包括原材料等一切生产物资的采购、进货运输、仓储、库存管理、用料管理和供应管理,也称为原材料采购物流。它是生产物流系统中独立性相对较强的子系统,并且和生产系统、财务系统等生产企业各部门以及企业外部的资源市场、运输部门有密切的联系。供应物流是企业为保证持续生产，不断组织原材料、零部件、燃料和辅助材料供应的物流活动，这种活动对企业生产的正常、高效率进行起着保障作用。企业供应物流不仅要实现保证供应的目标，而且要在低成本、少消耗、高可靠性的限制条件下组织供应物流活动，因此难度很大。

现代物流是基于非短缺商品市场这样一个宏观环境来研究物流活动的，在这种市场环境中，在数量上保证供应是容易做到的，但重要的是，企业在供应物流领域的竞争，关键在于如何降低这一物流过程的成本，同时达到使用户（在企业中是下一道工序或下一个生产部门）满意的服务水平。这可以说是企业物流的最大难点。

3.2.1.2 供应物流系统的组成

（1）采购。采购工作是供应物流与社会物流的衔接点，是依据生产企业“生产—供应—采购”计划进行原材料外购的作业层，负责市场资源、供货厂家和市场变化等信息的搜集与反馈。

（2）生产资料供应。供应工作是供应物流与生产物流的衔接点，是依据供应计划和消耗定额进行生产资料供给的作业层，负责原材料消耗的控制。

（3）仓储、库存管理。仓储管理工作是供应物流的转换点，负责生产资料的接货和发货以及物料保管工作；库存管理工作是供应物流的重要部分，依据企业生产计划制订供应和采购计划，并负责制定库存控制策略及计划的执行与反馈修改。

（4）装卸搬运。装卸搬运工作是原材料接货、发货、堆码时进行的操作。虽然装卸搬运是随着运输和保管而产生的作业，但却是衔接供应物流中其他活动的重要组成部分。

3.2.2 采购物流

采购物流是企业在生产经营过程中，为了满足生产、基础建设对原材料、设备、备件的需求，定期或不定期地发生的采购行为，即商品从卖方转移到买方场所而进行的所有活动。采购物流是企业生产经营活动的一个重要组成部分，它占用了企业大部分的流动资金，形成了企业主要的流动资产，对企业的生产经营有着重要影响。所以，对企业的采购物流必须进行系统的、有效的控制，以实现企业生产经营利润最大化的目标。

3.2.3 供应商选择与评价

3.2.3.1 供应商选择

供应商选择是企业的一个重要决策，一个好的供应商是指拥有制造高质量产品的加工技术，拥有足够的生产能力，以及能够在获得利润的同时提供有竞争力的产品。同一产品在市场上的供应商越多，越需要一个规范的操作程序选择供应商的工作。

（1）选择供应商应考虑的因素。选择供应商时，有许多因素需要考虑，诸如产品或服务质量以及按时运送等。另外，各因素的重要程度因企业而异，甚至因同一企业中的不同产品或服务而异。因此，管理者必须分产品或服务为各因素分配权重，然后根据这些权重选择供应商。选择供应商，以下 10 项指标为最基本的指标。

第一，技术水平。技术水平是指供应商提供的商品的技术参数能否达到要求。选择具有高技术水准的供应商，对企业的长远发展是有益处的。

操作提示

供应商的技术水平评价可以从以下方面考虑：

供应商是否具有一支技术队伍和有能力制造或供应所需的产品；

供应商是否有产品开发和改进的项目；

供应商是否能够帮助改进产品。

第二，产品质量。供应商提供的产品的质量是否可靠是一个很重要的指标。供应商的产品必须能够持续、稳定地达到产品说明书的要求，供应商必须有一个良好的质量控制体系。对供应商提供的产品除了在工厂内进行质量检验以外，还要考察实际使用效果，即检查在实际环境中使用的质量情况。

第三，供应能力。供应能力即供应商的生产能力，企业需要确定供应商是否具备相当的生产规模与发展潜力，这意味着供应商的制造设备必须能够在数量上达到一定的规模，能够保证供应所需产品的数量。

第四，价格。供应商应当能够提供有竞争力的价格，这并不意味着必须是最低的价格。这个价格是考虑到要求供应商按照所需的时间，所需数量、质量和服务确定的。供应商还应当有能力向购买方提供改进产品成本的方案。

第五，地理位置。供应商的地理位置对库存量有相当大的影响，如果物品单价较高，需求量又大，距离近的供应商有利于管理。购买方总是期望供应商离自己近一些，或至少要求供应商在当地建立库存。地理位置近，送货时间就短，这意味着紧急缺货时可以快速补货。

第六，可靠性（信誉）。可靠性是指供应商的信誉。在选择供应商时，应当选择一家有较高信誉、经营稳定以及财务状况良好的供应商。同时，双方应当相互信任，讲究信誉，并把这种关系保持下去。

第七，售后服务。良好的售后服务是建立和维护供需双方的战略合作伙伴关系的关键，同时也能为供需双方在产品质量等其他方面的信息交流提供条件。

第八，提前期。为了应付一些紧急缺货情况的发生，不论在传统条件下还是在供应链管理条件下，供应商的供货都应当有一个合理的提前期，而在供应链管理的条件下，这种供货的提前期大大缩短了。

第九，交货准确率。由于供需双方间的信息沟通及时并建立了战略伙伴关系，供应商供应的商品的返退率也比以往大幅度降低，交货的准确率大幅度提高。

第十，快速响应能力。随着信息技术在供应链管理中的应用，供应商对客户的需求信息的响应力比传统管理条件下的供应商的响应力要高许多倍，从而大大提高了供应商对客户需求变化的适应能力。所以，供应商对客户信息的响应能力如何是评价供应商的一项重要因素。

（2）选择供应商的步骤。供应商的选择可以归纳为七个步骤。企业必须确定各个步骤的开始时间，每一个步骤对企业来说都是动态的（企业可自行决定步骤的先后和开始时间），并且每一个步骤对于企业来说都是一次改善业务的过程。

第一，分析市场竞争环境（需求、必要性）。在选择供应商时，企业应与其建立基于信任、合作、开放性交流的供应链采购长期合作关系，必须首先分析市场竞争环境，目的在于找到针对哪些产品市场开发供应链采购合作关系才有效，必须知道现在的产品需求是什么，产品的类型和特征是什么，以确认用户的需求，确认是否有建立供应链采购合作关系的必要；如果已建立供应链采购合作关系，则应根据需求的变化确认供应链采购合作关系变化的必要性，从而确认供应商评价选择的必要性，同时分析现有供应商的现状，分析、解决企业存在的问题。

第二，建立供应商选择目标。企业必须确定供应商评价选择程序的实施，而且必须建立实质性、符合企业实际的目标，其中，产品质量、降低成本是主要目标之一。供应商评价、选择不仅仅是一个简单的评价、选择过程，它本身也是企业自身和企业与企业之间的一次业务流程重构过程，这一过程实施得好，本身就可带来一系列的收益。

第三，建立供应商评价选择标准。供应商评价选择的指标体系是企业对供应商进行选择的依据和标准，是反映企业本身和环境所构成的复杂系统不同属性的指标，是按隶属关系、层次结构有序组成的集合。根据系统全面性、简明科学性、稳定可比性、灵活可操作性的原则建立供应商的评价指标体系。对不同行业、企业、产品需求以及不同环境中的供应商的评价应当是不一样的，但都会涉及供应商的业绩、设备管理、人力资源开发、质量控制、价格、成本控制、技术开发、用户满意度和交货协议等方面可能影响供应链合作关系的内容。

第四，建立评价小组。企业必须建立一个小组以控制和实施对供应商的评价与选择。组员以来自采购、质量、生产、工程及财务等与供应链采购合作关系密切的部门为主，组员必须具有团队合作精神和一定的专业技能。评价小组必须同时得到制造商企业和供应商企业最高领导层的支持。

第五，供应商参与。一旦企业决定实施供应商评价，评价小组必须与初步选定的供应商取得联系，以确认他们是否愿意与企业建立供应链采购合作关系，是否有获得更高业绩水平的愿望。企业应尽可能早地让供应商参与到评价的设计过程中来。然而，往往因为企业的力量和资源有限，企业只能与少数的、关键的供应商保持紧密的合作，所以参与的供应商应当是尽量少的。

第六，选择供应商。选择供应商的一个主要工作是调查、收集有关供应商的生产运作等各方面的信息。在收集供应商信息的基础上，可以利用一定的工具和技术方法对供应商进行评价，并可根据对供应商的评价结果，采用一定的技术方法选择合适的供应商。如果选择成功，则可开始与供应商实施供应链采购合作；如果没有合适的供应商可以选择，则重新开始评价选择。

第七，实施供应链采购合作关系。在实施供应链采购合作关系的过程中，市场需求将不断变化，可以根据实际情况的需要及时修改供应商评价标准，或重新开始供应商评价选择。在重新选择供应商时，应给予原供应商以足够的时间适应变化。

3.2.3.2 合理的供应商评价方法和手段

对供应商实施激励机制，必须对供应商的业绩进行评价，使供应商不断改进。没有合理的评价方法，就不可能对供应商的合作效果进行正确评价，这将大大挫伤供应商的合作积极性和合作的稳定性。对供应商的评价要抓住主要指标或问题（对供应商的考核指标见图 3－1），比如，交货质量是否提高了，提前期是否缩短了，交货的准时率是否提高了等等。通过评价,将结果反馈给供应商,和供应商一起共同探讨问题产生的根源,并采取相应的措施予以改进。

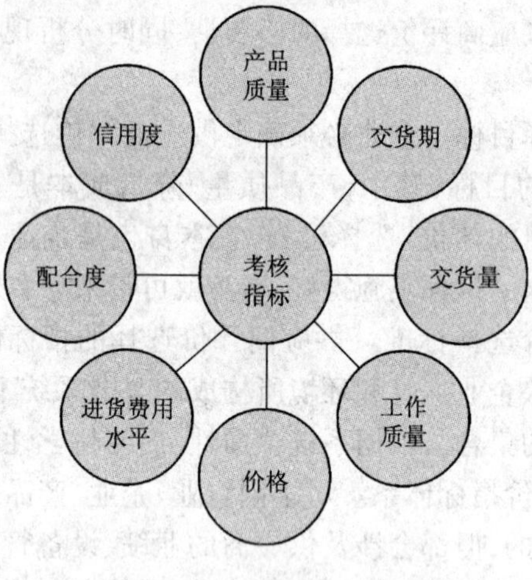

图 3-1　供应商考核指标

3.2.4　库存控制原理

3.2.4.1　库存控制的定义

库存控制(Inventory Control)是对制造业或服务业生产、经营全过程的各种物品、产成品以及其他资源进行管理和控制,使其储备保持在经济、合理的水平上。库存控制是使用控制库存的方法,得到更高盈利的商业手段。

库存控制是仓储管理的一个重要组成部分。它是在满足顾客服务要求的前提下通过对企业的库存水平进行控制,力求尽可能地降低库存水平,提高物流系统的工作效率,以提高企业的市场竞争力。

库存控制要考虑销量、到货周期、采购周期及特殊季节的特殊需求等。

库存控制需要利用信息化的手段,将每次进货都记录下来。要有盘库功能,库存的价值与市场同步涨跌;要有生产计划,根据生产计划和采购周期安排采购;要进行单件成本核算,对节约者给予奖励;对供货商的价格和服务、均衡采购进行管理,鼓励供货商之间的竞争,以得到优质的服务和低廉的价格。

3.2.4.2　库存控制管理

库存控制管理是在保障供应的前提下,使库存物品的数量最少而进行管理的技术经济措施。

库存控制是对库存据点设置及其所存物品的数量和质量管理、调整与确定所采取的技术措施。其主要功能有五个:①防止库存物品断档,缩短从接受订单到送达物品的时间,同时又要防止脱销;②保证适当的库存量,节约库存费用;③降低物流成本,用适当的时间间隔补充与需求量相适的物品量,以降低物流成本,消除或避免销售波动的影响;④保证生产的计划性、平稳性,以消除或避免销售波动的影响;⑤储备功能,在价格下降时大量储存,减少损失,以满足应急之所需。

3.2.4.3 库存控制的意义

库存量过大会产生诸多问题:增加仓库面积和库存保管费用,从而提高了产品成本;占用大量的流动资金,造成资金呆滞,既加重了货款利息等负担,又会影响资金的时间价值和机会收益;造成产成品和原材料的有形损耗和无形损耗;造成企业资源的大量闲置,影响其合理配置和优化配置;掩盖了企业生产经营全过程中的各种矛盾和问题,不利于企业提高管理水平。

库存量过小也会产生诸多问题:服务水平下降,影响销售利润和企业信誉;造成生产系统原材料或其他物料供应不足,影响生产的正常进行;使订货间隔期缩短,订货次数增加,使订货(生产)成本提高;影响生产过程的均衡性和装配时的成套性。

3.2.5 供应物流改善与 JIT 采购

3.2.5.1 JIT 采购的原则

JIT 采购坚持六项原则:①采购送货直接送到需求点上;②用户需要什么品种就送什么品种,品种规格符合客户需要;③用户需要什么质量就送什么质量,品种质量符合客户需要,杜绝次品和废品;④用户需要多少就送多少,不少送,也不多送;⑤用户什么时候需要就什么时候送货,不晚送,也不早送,保证准时;⑥用户在什么地点需要就送到什么地点。

3.2.5.2 JIT 采购的优点

JIT 采购是一种理想的物资采购方式。它设置了一个最高标准、一个极限目标,即原材料和外购件的库存为零、缺陷为零。同时,为了尽可能地实现这个目标,JIT 采购提供了一条不断改进的有效途径,即降低原材料和外购件库存—暴露物资采购问题—采取措施解决问题—降低原材料和外购件库存。

3.2.5.3 JIT 采购的作用

JIT 采购已经显现出良好的作用:可以大幅度减少原材料和外购件的库存;提高采购物资的质量;降低原材料和外购件的采购价格。

3.3 生产物流

3.3.1 生产物流概述

企业生产物流是指伴随企业内部生产过程的物流活动,即按照工厂布局、产品生产过程和工艺流程的要求,实现原材料、配件、半成品等物料在工厂内部供应库与车间、车间与车间、工序与工序、车间与成品库之间流转的物流活动。

广义的生产物流涉及的内容包括厂址的选择、工厂总平面的布置、车间布置、设备布置、工艺流程设计、生产过程的时间及空间组织、物料搬运等;狭义的生产物流一般是指在企业的生产过程中所发生的有关物料移动、加工成半成品、成品到最终成品入库的一系列有关原材料、配件等的空间移动的过程。

过去人们在研究生产活动时,主要关注一个又一个的生产加工过程,而忽视了将每一个生产加工过程串在一起的、并且又与每一个生产加工过程同时出现的物流活动。例如,不断离开上一工序、进入下一工序,便会不断发生搬上搬下、向前运动、暂时停止等物流活动。实际上,在一个生产周期中,物流活动所用的时间远多于实际加工的时间。所以,企业生产物流研究的潜力、时间节约的潜力和劳动节约的潜力是非常大的。

3.3.2 生产物流的组织管理

3.3.2.1 生产物流类型

企业的生产类型是生产的产品产量、品种和专业化程度在企业技术、组织和经济上的综合反映和表现,它在很大程度上决定了企业和车间的生产结构、工艺流程和工艺装备的特点、生产过程的组织形式及生产管理方法,同时也决定了与之匹配的生产物流类型。通常情况下,企业生产的产品产量越大,产品的品种则越少,生产专业化程度也越高,而物流过程的稳定性和重复性也就越大。反之,企业生产的产品产量越小,产品的品种则越多,生产的专业化程度越低,而物流过程的稳定性和重复性亦越小。可见,物流类型与决定生产类型的产品产量、产品品种和专业化程度有着内在的联系,并对生产组织产生不同的影响和要求。

按生产和物流的稳定性和重复性可以把各类生产过程分为大量生产、单件生产和成批生产。

(1)大量生产。生产品种单一,产量大,生产重复程度高。一般这类产品在一定时期内具有相对稳定的需求,生产与物流设备的专用性强。

(2)单件生产。生产品种繁多,但每种仅生产1件,生产重复度低;生产与物流设备必须采用通用设备。

(3)成批生产。介于上述两者之间,即品种不单一,每种都有一定批量,生产有一定的重复性。成批生产通常可划分为大批生产、中批生产、小批生产。划分三种生产类型的标准如表3-1所示。

表3-1 企业生产类型

生产类型	工作地所承担的工序数目	工作地负荷系数
大量生产	1~2	0.5以上
大批生产	2~10	0.1~0.5
中批生产	10~20	0.05~0.1
小批生产	20~40	0.025~0.05
单件生产	40以上	0.025以下

3.3.2.2 生产物流的组织方式

生产物流的组织是相对于企业生产区域而言的,目标是如何缩短物料在工艺流程中移动的距离。生产物流一般有三种专业化组织形式。

(1)按工艺专业化形式组织生产物流。工艺专业化形式也称工艺原则,即按照生产工艺的特点设置生产单位。在工艺专业化的生产单位内,集中着同种类型的生产设备和同工种的工人,对企业生产的各种产品或零件进行相同工艺方法的加工。

工艺专业化形式的优点是对产品品种的变化和加工顺序的变化适应能力强;便于充分利用生产设备和生产场地,提高了设备的利用率;工艺及设备管理较方便。缺点是物料在加工过程中物流次数及路线复杂;产品在生产过程中停放、等待时间增多,延长了生产周期,增加了在制品,占用了流动资金;各生产单位之间的往来频繁,使计划管理、在制品管理、质量管理以及产品的成套性等工作比较复杂。企业生产规模不大,生产专业化程度低,产品品种不稳定的单件小批生产,适宜按工艺专业化组织生产物流。

(2)按对象专业化形式组织生产物流。对象专业化也称对象原则,即以产品(零件、部件)为对象设置生产单位。在对象专业化的生产单位内,集中了为制造某种产品所需要的各种不同类型的生产设备和不同工种的工人,对其所负责的产品进行不同工艺方法的加工。每个生产单位基本上能独立完成该种产品的全部或大部分工艺过程,不必转给其他生产单位完成。

对象专业化的优点是可以大大缩短产品在生产过程中的运输路线,减少运输次数;减少产品在生产过程中的停放、等待时间,提高生产过程的连续性,缩短生产周期,减少生产中的在制品占用量,节约流动资金;有利于按期、按质、按量、完整地完成生产任务。其缺点是对品种的变化适应能力差;需要较多的生产设备,投资费用多;由于分散使用设备,设备的利用率较低。

在企业专业方向已经确定,产品品种比较稳定,生产类型属于大量、大批生产,设备比较齐全并能充分利用的条件下,适宜按对象专业化组织生产物流。

(3)按成组工艺形式组织生产物流。成组工艺形式是结合了上述两种形式的特点,按成组技术原理,把具有相似性的零件分成一个成组生产单元,并根据其加工路线组织设备。其主要优点是可以大大简化零件的加工流程,减少物流迂回路线,在满足品种变化的基础上有一定的批量生产,具有柔性和适应性。

3.3.2.3 生产物流系统认知

企业生产系统是企业大系统中的一个子系统,是支撑企业生产过程运行的物质基础。生产系统由系统的硬件和软件两部分组成:硬件通常是指生产机器设备、工具器具、生产场地、厂房、运输车辆及通信设施等,它构成生产系统的物质形式;软件是指生产组织形式、人员配备要求、工作制度、运行方式以及管理上的各种规章制度。

企业的生产系统实质上也是一个物流系统。企业的生产系统是用来支撑生产过程的,而产品生产过程是企业生产系统的核心部分。产品的生产过程就是一个典型的物流过程,它是企业物流系统的主要组成部分,同时也引导着其他的企业物流,如供应物流、销售物流和回收废弃物物流等。例如,汽车装配生产线是一个生产系统,这条生产线把车桥、发动机、车轮、变速箱、车厢等装配成一辆汽车,因此它是汽车的生产系统。但是,从物流的角度看,它又是一个物流系统:按照一定节奏运行的装配线传送带,载着汽车的骨架前行,经过各个装配工序,依次装配上发动机、车轮、变速箱、车厢等各个部件,最后形成一辆完整的汽车,下线后进入成品库暂存待售,如图 3-2 所示。

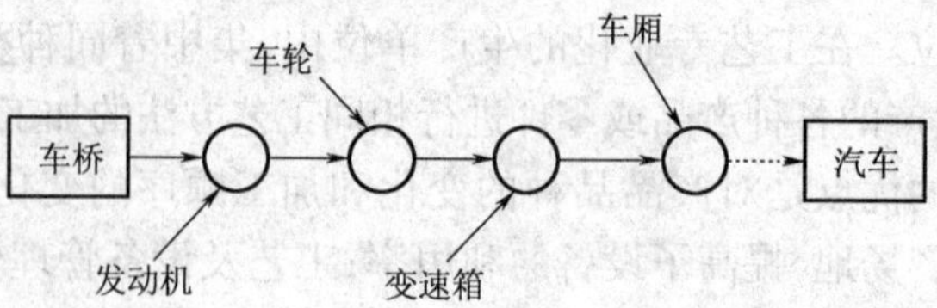

图 3-2　汽车装配示意图

3.4　销售物流

3.4.1　销售物流概述

销售物流是伴随销售活动,将产品实体转移给用户的物流活动。它是企业物流系统的最后一个环节。企业完成产品制造后,需要及时组织销售物流,使产品能够及时、准确、完好地送达客户。为了保证销售物流的顺利完成,实现企业以最少的物流成本满足客户的需求,企业需要通过包装、储存、运输和配送等一系列物流活动实现销售,这就需要研究送货方式、包装方式和运输路线,并采取各种方法,如少批量、多批次及定时定量等特殊的物流方式达到实现销售的目的。

3.4.2　供应链体系下的销售物流

销售物流有三种主要模式:生产企业自己组织销售物流;第三方物流企业组织销售物流;用户自己提货。

3.4.2.1　生产企业自己组织销售物流

生产企业自己组织销售物流是买方市场环境中主要的销售物流模式之一,也是我国当前绝大部分企业采用的物流形式。

生产企业自己组织销售物流,实际上是把销售物流作为企业生产的延伸或是生产的继续。生产企业销售物流成为生产企业经营的一个环节,而且,这个经营环节是和用户直接联系、直接面向用户提供服务的一个环节。在企业从"以生产为中心"转向"以市场为中心"的情况下,这个环节逐渐成为企业的核心竞争环节,已经不再是生产过程的继续,而是企业经营的中心,生产过程成为这个环节的支撑力量。

生产企业自己组织销售物流的优势在于,可以将自己的生产经营和用户直接联系起来,信息反馈速度快、准确程度高,信息对于生产经营的指导作用和目的性强。企业往往把销售物流环节看成是开拓市场、进行市场竞争中的一个环节,尤其是在买方市场的环境中,企业格外看重这个环节。

生产企业自己组织销售物流,可以对销售物流的成本进行大幅度的调节,充分发挥"成本中心"的作用,同时能够从整个生产者企业的经营系统角度,合理安排和分配销售物流环节的力量。

在生产企业规模可以达到销售物流的规模效益的前提下,采取生产企业自己组织销售物流的办法是可行的,但不一定是最好的选择。主要原因有三个:一是生产企业核心竞争力的培育和发展问题,如果生产企业的核心竞争能力在于产品的开发,销售物流可能占用过多的资源和管理力量,对企业核心竞争能力造成影响;二是生产企业销售物流专业化程度有限,自己组织销售物流缺乏优势;三是一个生产企业的规模终归有限,即便是分销物流的规模达到经济规模,延伸到配送物流之后就很难再达到经济规模,因此可能反过来影响市场更广泛、更深入的开拓。

3.4.2.2 第三方物流企业组织销售物流

由专门的物流服务企业组织企业的销售物流,实际上是生产企业将销售物流外包,将销售物流社会化。

由第三方物流企业承担生产企业的销售物流,其最大优点在于:第三方物流企业是社会化的物流企业,它向很多生产企业提供物流服务,因此,可以将企业的销售物流和企业的供应物流一体化,可以将很多企业的物流需求一体化,采取统一解决的方案。这样可以实现专业化和规模化。这两者可以从技术方面和组织方面强化成本的降低和服务水平的提高。

在网络经济时代,"第三方物流"是一个发展趋势。

3.4.2.3 用户自己提货

用户自己提货实际上是将生产企业的销售物流转嫁给用户,变成用户自己组织供应物流的形式,这对销售方而言已经没有了销售物流的职能。这是在计划经济时期广泛采用的模式,将来除非在十分特殊的情况下,这种模式不再具有生命力。

3.4.3 零售配送中心与物流联盟

3.4.3.1 零售配送中心

零售配送中心是以零售经营为目的,以配送为手段的配送中心。零售配送中心大体有三种类型。

第一种类型是生产企业将自己生产的产品直接销售给消费者的配送中心。国外有很多这种类型的配送中心。

第二种类型是流通企业作为经营的一种方式,建立配送中心以扩大销售。我国目前拟建的配送中心大多属于这种类型,国外也有很多这种配送中心。

第三种类型是流通企业和生产企业联合的协作性配送中心。

比较起来看,国外和我国的发展趋向都是以零售配送中心为主。

3.4.3.2 物流联盟(Logistics Alliance)

联盟是介于独立的企业与市场交易关系之间的一种组织形态,是企业间由于自身某些方面发展的需要而形成的相对稳定的、长期的契约关系。物流联盟是以物流为合作基础的企业战略联盟,它是指两个或多个企业,为了实现自己的物流战略目标,通过各种协议、契约而结成的优势互补、风险共担、利益共享的松散型网络组织。在现代物流中,是否组建物流联盟,作为企业物流战略的决策之一,其重要性是不言而喻的。由于我国的物流水平还处于初级阶段,组建联盟便显得尤为重要。

(1)物流联盟的兴起。20 世纪 80 年代发展伙伴关系和联盟关系的思想已成为最佳的物流实践的基础。企业经营者将发展业务关系的重点由争取权益的谈判向发掘合作的潜力转移。合作的最基本的形式是发展有效的组织间的作业安排。厂商们甚至更进一步开始考虑将顾客和供应商都作为业务伙伴,从而减少重复劳动和资源浪费,把注意力集中在业务上,以有助于共同取得成功。

联盟的发展超越了各种范畴的研究,并超越了业务组织之间及其与政府组织之间的作业领域。美国1984年制定的"国家合作研究和开发条例"(National Cooperative Research and Development)以及1993年的"生产修正案"(Production Amendment of 1993)使发展合作性作业安排的普遍想法制度化。这部法规及其随后的修正案发出信号,表示司法部门所执行的传统的反托拉斯法发生了根本性的变化。厂商们对此迅速作出反应,采取了范围很广的各种创新安排。20世纪80年代中期,基于物流的联盟与合作的兴起,专家们选择了物流活动作为其外延实践,而使之迅速发展。许多物流联盟是以提供有效的作业系统,把买方与卖方联系起来为目的,围绕着特定的服务厂商的能力建立起来的。

概括地说,从1980年至1995年,这15年间代表了物流的复兴时期。规章制度的标志性变化、低成本计算的可得性、信息技术革命、质量创新理念的推广,以及普遍接受的联盟等,所有这一切结合起来,使物流的每一个领域不断创新、快速发展。

(2)物流联盟的优势。大企业通过物流联盟迅速开拓全球市场,如劳拉·爱什莉(Laura Ashley,是一个极具代表性的英国优雅品牌,主营家饰、服饰等商品的设计与生产)正式与联邦快递联盟,完成了全球物流配送,从而使其业务在全球范围内展开。

长期供应链关系发展成为联盟形式,有助于降低企业的风险。单个企业的力量是有限的,它对一个领域的探索失败了损失会很大,如果几个企业联合起来,在不同的领域分头行动就会减少风险。而且,联盟企业在行动上也有一定的协同性,因此,对于突如其来的风险能够共同分担,这样便减少了单个企业的风险,提高了抵抗风险的能力。

企业(尤其是中小企业)通过物流服务提供商结成联盟,能有效地降低物流成本(通过联盟整合,可节约成本10%~25%),提高企业竞争能力。由于我国物流业存在着诸多不利因素,这些企业进行联盟就能够在物流设备、技术、信息、管理和资金等各方面互通有无,优势互补,减少重复劳动,降低成本,达到共同提高、逐步完善的目的,从而使物流业朝着专业化、集约化的方向发展,提高整个行业的竞争能力。此外,物流联盟有助于物流合作伙伴之间在交易过程中减少相关交易成本。物流合作伙伴之间经常沟通与合作,互通信息,建立起相互信任和承诺,减少履约风险,即使在服务过程中产生冲突也可通过协商解决,从而避免无休止的讨价还价,甚至因提出法律诉讼而产生费用。

第三方物流公司通过联盟有利于弥补在业务范围内服务能力的不足。如联邦快递公司发现自己在航空运输方面存在明显的不足,于是决定把一些不是自己核心竞争力的业务外包给弗里茨(Fritz)公司(弗里茨公司是一家经营全球货物运输代理的企业,以航空运输代理见长),与弗里茨公司联盟,作为它的第三方物流提供商。

3.5 逆向物流

3.5.1 逆向物流的概念与特点

3.5.1.1 逆向物流的概念和本质

目前,理论界对逆向物流概念的表述有很多,比较专业、准确地概括了其特点的定义是:与传统供应链反向,为价值恢复或处置合理而对原材料、中间库存、最终产品及相关信息从消费地到起始点的有效实际流动所进行的计划、管理和控制过程。

可见,逆向物流的表现是多样化的,从使用过的包装到经过处理的电脑设备,从未售商品的退货到机械零件等等。也就是说,逆向物流包含来自于客户手中的产品及其包装品、零部件、物料等物资的流动。简而言之,逆向物流就是从客户手中回收用过的、过时的或者损坏的产品和包装开始,直至最终处理环节的过程。但是现在越来越被普遍接受的观点是,逆向物流是在整个产品生命周期中对产品和物资的完整的、有效的和高效的利用过程的协调。

根据我国《物流术语 GB/T18354—2001》,逆向物流包括回收物流和废弃物物流两个方面,具体表述如下:

“回收物流(returned logistics)是指不合格物品的返修、退货以及周转使用的包装容器从需方返回到供方所形成的物品实体流动”,即企业在生产、供应、销售的活动中总会产生各种边角余料和废料,这些东西的回收是需要伴随物流活动的。

“废弃物物流(waste material logistics)是指将经济活动中失去原有使用价值的物品,根据实际需要进行收集、分类、加工、包装、搬运和储存等,并分送到专门处理场所时形成的物品实体流动”。

综上所述,逆向物流是指对那些由于环境问题或产品已过时的原因而将产品、零部件或物料回收的过程。它是将废弃物中有再利用价值的部分加以分拣、加工、分解,使其成为有用的资源重新进入生产和消费领域,其最终目标是减少资源使用,并通过减少使用资源达到废弃物减少的目标,同时使正向以及回收的物流更有效率。

3.5.1.2 逆向物流的特点

逆向物流作为企业价值链中特殊的一环,与正向物流比较,既有共同点,也有各自不同的特点。二者的共同点在于都具有包装、装卸、运输、储存和加工等物流功能。但是,逆向物流与正向物流相比又具有其鲜明的特殊性。

(1)分散性。逆向物流产生的地点、时间、质量和数量是难以预见的。废旧物资流可能产生于生产领域、流通领域或生活消费领域,涉及任何领域、任何部门和任何个人,在社会的每个角落都在日夜不停地发生,正是逆向物流这种多元性使其具有分散性。而正向物流则不然,按量、准时和指定发货点是其基本要求。这是由于逆向物流发生的原因通常与产品的质量或数量的异常有关。

(2)缓慢性。人们不难发现,开始时逆向物流数量少,种类多,只有在不断汇集的情况下才能形成较大的流动规模。废旧物资的产生也往往不能立即满足人们的某些需要,它需要经过加工、改制等环节,甚至只能作为原料回收使用,这一系列过程的时间是较长的。同时,废旧物资的收集和整理也是一个较复杂的过程。这一切都决定了逆向物流缓慢性的这一特点。

(3)混杂性。回收的产品在进入逆向物流系统时往往难以划分为产品,因为不同种类、不同状况的废旧物资常常是混杂在一起的。当回收产品经过检查、分类后,逆向物流的混杂性随着废旧物资的产生而逐渐衰退。

(4)多变性。由于逆向物流的分散性及对退货、产品召回等回收政策的滥用,有的企业很难控制产品的回收时间与空间,这就导致了逆向物流的多变性。多变性主要有四种表现: ①逆向物流具有极大的不确定性; ②逆向物流的处理系统与方式复杂多样; ③逆向物流技术具有一定的特殊性; ④逆向物流需支付相对高额的成本。

3.5.2 逆向物流的原则与重要性

3.5.2.1 逆向物流的原则

(1)"事前防范重于事后处理"原则。逆向物流实施过程中的基本原则是"事前防范重于事后处理",即"预防为主、防治结合"的原则。因为,对回收的各种物料进行处理往往为企业带来许多额外的经济损失,这势必增加供应链的总物流成本,与物流管理的总目标相悖。因而,对生产企业来说,要做好逆向物流,一定要注意遵循"事前防范重于事后处理"的基本原则。循环经济、清洁生产都是实践这一原则的重要途径。

(2)绿色原则("5R"原则)。绿色原则即将环境保护的思想观念融入企业物流管理过程之中。

(3)效益原则。生态经济学认为,在现代经济、社会条件下,现代企业是一个由生态系统与经济系统复合组成的生态经济系统。物流是社会再生产过程中的重要一环,物流过程中不仅有物质循环利用、能源转化,而且有价值的转移和价值的实现。因此,现代物流涉及经济与生态环境两大系统,理所当然地架起了经济效益与生态环境效益之间彼此联系的桥梁。经济效益涉及目前和局部的更密切相关的利益,而环境效益则关系更宏观和长远的利益。经济效益与环境效益是对立统一的。后者是前者的自然基础和物质源泉,而前者是后者的经济表现形式。

(4)信息化原则。尽管逆向物流具有极大的不确定性,但是通过信息技术的应用(如使用条形码技术、GPS 技术和 EDI 技术等),可以帮助企业大大提高逆向物流系统的效率和效益。例如,使用条形码可以储存更多的商品信息,这样,有关商品的结构、生产时间、材料组成、销售状况及处理建议等信息就可以通过条形码加注在商品上,也便于对进入回收流通的商品进行有效和及时的追踪。

(5)法制化原则。尽管逆向物流作为产业而言还只是一个新兴产业,但是逆向物流活动从其来源可以看出,它就如同环境问题一样并非新生事物,它是伴随着人类的社会实践活动而产生的,只不过是在工业化迅猛发展的过程中使这一"暗礁"浮出水面而已。然而,正是由于人们以往对这一问题的关注较少,所以市场自发产生的逆向物流活动难免带有盲目性和无序化的特点。如近年来我国废旧家电业异常火爆,据调查分析,一些人是通过给旧家电"穿"新衣来牟利的,这是以侵犯广大农户和城市低收入家庭等低收入消费群体的合法权益为基础的，亟须政府制定相应的法律、法规，引导和约束废旧家电业。而具有暴利的“礼品回收”则会助长腐败，是违法的逆向物流，应坚决予以取缔。还有废旧轮胎的回收利用，我国各大城市街区垃圾箱受损、井盖丢失、电缆被盗割、固体废物走私犯罪活动等，如废旧机电、衣物及车辆的流通，汽车黑市等违法的逆向物流活动等都亟须国家制定相关的法规进行约束。

(6)社会化原则。从本质上讲，社会物流的发展是由社会生产的发展带动的，当企业物流管理达到一定水平时，对社会物流服务就会提出更高的数量和质量要求。企业回收物流的有效实施离不开社会物流的发展，更离不开公众的积极参与。在国外，企业与公众参与回收物流的积极性较高，在许多民间环保组织如绿色和平组织的巨大影响力下，已有不少企业参与了绿色联盟。

3.5.2.2 逆向物流的重要性

(1)提高潜在事故的透明度。逆向物流在促进企业不断改善品质管理体系上具有重要的地位。ISO9001(2000 版)将企业的品质管理活动概括为一个闭环式活动——计划、实施、检查、改进，逆向物流恰好处于检查和改进两个环节上，承上启下，作用于两端。企业在退货中暴露出的品质问题，将通过逆向物流资讯系统不断传递到管理层，提高潜在事故的透明度，管理者可以在事前不断地改进品质管理，以根除产品的不良隐患。

(2)提高顾客价值，增强竞争优势。在当今顾客驱动的经济环境中，顾客价值是决定企业生存和发展的关键因素。诸多企业通过逆向物流提高顾客对产品或服务的满意度，赢得顾客的信任，从而增强其竞争优势。一方面，对于最终顾客来说，逆向物流能够确保不符合订单要求的产品及时退货，有利于消除顾客的后顾之忧，增强其对企业的信任感，扩大企业的市场份额；另一方面，对于供应链上的企业客户来说，上游企业采取宽松的退货策略，能够减少下游客户的经营风险，改善供需关系，促进企业间的战略合作，强化整个供应链的竞争优势，特别是对于过时性风险比较大的产品，退货策略所带来的竞争优势更加明显。

(3)降低物料成本。减少物料耗费，提高物料利用率是企业成本管理的重点，也是提高企业效益的重要手段。然而，传统管理模式的物料管理仅局限于企业内部物料，不重视企业外部废旧产品及其物料的有效利用，造成大量可再用资源的闲置和浪费。由于废旧产品的回购价格低、来源充足，对这些产品回购加工可大幅度降低企业的物料成本。

(4)改善企业环境行为，塑造企业形象。随着生活水平和文化素质的提高，人们的环境意识日益增强，消费观念发生了巨大变化，顾客对环境的期望越来越高。另外，由于不可再生资源的稀缺以及环境污染的日益加重，各国都制定了相关的环境保护法规，为企业的环境行为规定了一个约束性标准。企业的环境业绩已成为评价企业运营绩效的重要指标。为了改善企业的环境行为，提升企业在公众中的形象，许多企业纷纷采取逆向物流战略，以减少产品对环境的污染及资源的消耗。

3.5.3 逆向物流系统流程

3.5.3.1 有关商品逆向物流系统的作业环节

商品逆向物流系统的作业环节如图 3－3 所示。

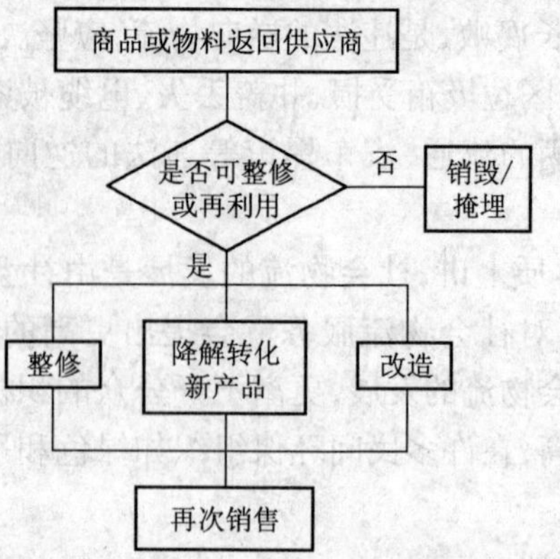

图 3-3　逆向物流系统的作业环节

3.5.3.2　有关商品包装物逆向物流的作业环节

商品包装物逆向物流的作业环节如图 3-4 所示。

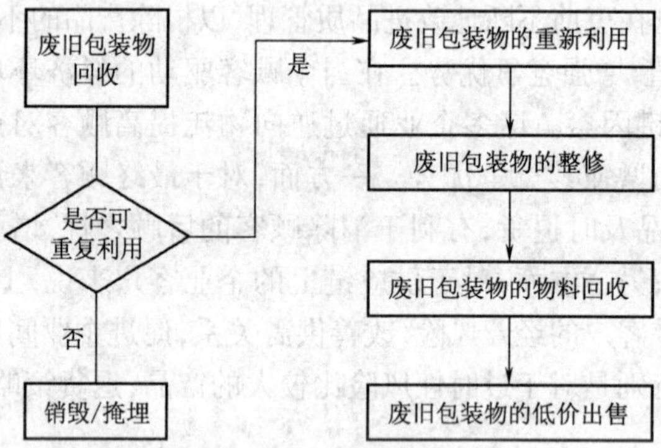

图 3-4　商品包装物逆向物流的作业环节

3.5.4　促进回收物流合理化应采取的措施

3.5.4.1　企业逆向物流管理应采取的措施

企业逆向物流合理化要有切实可行的措施：①加强逆向物流的起始点控制；②缩短回流商品的处理周期；③加强逆向物流的信息系统管理；④建立集中式的回流商品处理中心；⑤采用零返回商品流；⑥企业重新制造、整修回流商品。

3.5.4.2　我国逆向物流发展现状以及与国外的差距

我国物流业的起步较晚，逆向物流还刚刚出现，在逆向物流的服务水平和研究方面还处于起步阶段，人们对它的认识还非常有限；另外，逆向物流运作缺少法律规范，经营尚不规范，与国际上先进国家相比，在逆向物流的观念上、政策上以及技术上均存在较大的差距。

(1)观念上的差距。一方面，领导和政府的逆向物流的思想观念还未确立，对物流的正、反向的概念和意义了解不多，还缺乏发展的前瞻性，与时代的步伐存在差距；另一方面，经营者只意识到逆向物流的环境效益和社会效益，而对它的经济效益却少有认识。大多数经营者迫于环保法规和社会公众的压力，虽然已经认识到逆向物流运作的必要性，但是他们认为，运作逆向物流业务的投入大于产出，没有经济效益。

(2)政策上的差距。逆向物流是当今经济可持续发展的一个重要组成部分，它对社会经济的不断发展和人类生活质量的不断提高具有重要的意义。正因为如此，逆向物流的实施不仅是企业的事情，而且还必须从政府约束的角度，对现有的物流体制强化管理，构筑逆向物流建立与发展的框架，做好逆向物流的政策建设。一些发达国家的政府十分重视逆向物流的政策性引导，如日本在1966年就制定了《流通业务城市街道整备法》，以提高大城市的流通功能，增强城市逆向物流的功能。尽管我国自20世纪90年代以来也一直在致力于环境污染方面的政策与法规的制定和实施，但针对物流行业的还不是很多。从总体上来说，目前国内缺少相应的对企业逆向物流业务运作的初步探索，缺少对逆向物流进行管理规范的政策法规。

(3)技术上的差距。逆向物流的发展，不仅依赖逆向物流观念的建立，物流政策的制定和实施，更离不开逆向物流技术的掌握和应用，而我国现有的物流技术与物流需求还有较大的差距。例如，我国物流业的规模不大，而且基本上是各自为政，没有很好的规划，存在物流行业内部的无序发展和无序竞争，对环保造成很大的压力；物流机械化的程度和先进性与逆向物流的要求还有距离；在物流材料的使用与逆向物流中生产设计的趋势——可重用性、可降解性方面也存在巨大的差距。另外，逆向物流在自动化、信息化和网络化建设方面还是空白。

3.5.5 循环物流与循环经济

3.5.5.1 循环物流的提出

物流系统是联系经济系统与生态系统的重要桥梁。物流过程中既有价值的转移和增值，又有物质的循环利用、能源转化。随着经济的快速发展，物流活动对生态环境的破坏越来越严重，如废弃物污染、噪声污染、资源浪费、交通堵塞以及废物增加等。因此，我们有必要把环境问题作为物流规划的一个影响因素，形成绿色物流。进而，绿色物流从正向物流扩展到逆向物流，逐渐形成循环物流(Cycle Logistics)的概念和体系。

物流有两种流向：一种是正向物流，是指物流通过"生产—流通—消费"的途径，满足消费者的需求，它是物流流向的主渠道；另一种是逆向物流，其流动的方向与前者相反，它是合理处置物流衍生物所产生的物流流向渠道，如回收、分拣、净化、提纯、维修退回、包装再加工和再利用以及废弃物的处理等。循环理论强调要从循环经济和环境保护的角度对物流体系进行改进，在物流活动中融入资源、环境可持续发展的理念，谋求降低环境污染、较少资源消耗，形成环境共生型的物流系统。

3.5.5.2 循环物流的实施策略

循环物流是当今经济可持续发展的一个重要组成部分，循环物流的全面实施，需要政府、企业和消费者一齐行动。

(1)政府要把社会经济全过程的绿色环保作为施政的基本策略，不能只强调生产和消费的绿色化，而忽视物流的绿色化。政府在物流绿色化起步阶段要给予高度重视、积极支持，采取措施全面引导，使物流企业绿色化能顺利实施。在宏观上，政府要对物流体制进行管理和控制。

第一，控制物流活动中的污染发生源。物流活动引起环境污染的主要原因在于货车运输量的增加。政府应当采取有效措施，从源头上控制物流企业的发展造成的环境污染。例如，治理车辆的废气排放、限制城区货车行驶路线以及发挥经济杠杆作用，收取车辆排污费、促进低公害车的普及等。

第二，限制交通量。通过发挥政府指导的作用，促进企业选择合适的运输方式，发展共同配送，统筹建立现代化的物流中心，最终通过有限的交通量提高物流效率。

第三，控制交通流。通过道路与铁路的立体交叉发展、建立都市中心环状道路、制定道路停车规则以及实现交通管制系统的现代化等措施，减少交通堵塞，提高配送效率。

(2)对于企业来说，绿色物流替代非绿色物流是大势所趋。物流企业应积极应对，进行物流流程的绿色再造，包括运输装卸方面的及时和安全性、保管加工方面的保质保鲜性、包装信息处理方面的健康环保性以及任何一个环节上的无损毁。

第一，企业要选择绿色运输策略，实施联合一贯制运输。物流业对环境影响最大的莫过于由于运输特别是公路运输造成的废气排放、噪声和交通堵塞等，而联合一贯制运输是指以件杂货为对象，以单元装载系统为媒介，有效地组合各种运输工具，从发货方到收货方始终保持单元货物状态而进行的系统化运输方式。通过运输方式的转换削减总行车辆，包括转向铁路、海上和航空运输，通过有效利用车辆、降低车辆运行、提高配送效率，如合理规划网点及配送中心、优化配送路线、提倡共同配送、提高往返载货率等，使用"绿色"运输工具，降低废气排放量。

第二，要开展共同配送，减少污染。共同配送统一集货、统一送货可以明显地减少货流，有效地消除交错运输，缓解交通拥挤状况；可以提高市内货物运输效率，减少空载率；有利于提高配送服务水平，使企业库存水平大大降低，甚至实现"零"库存，降低物流成本。

第三，要提倡绿色经营策略。物流企业要围绕绿色环保和可持续发展的理念开展经营，不能安于现状，不思进取，更不能存在"环保不经济，绿色等于花费"的思想。要积极加强企业绿色化建设，要使用绿色包装，采用可降解的包装材料，设计简易包装，减少一次性包装，提高包装废弃物的回收再利用率，加强绿色包装宣传等；要开展绿色流通加工，由分散加工转向专业集中加工，以规模作业方式提高资源利用率，减少环境污染；集中处理流通加工中产生的边角废料，减少废弃物污染；要全面开展物流企业的科学技术改造，通过第三方物流的建立和对物流流程、环节以及各种设施、器械的技术创新、技术引进和技术改造，提高企业的营运能力和技术水平，最大限度地降低物流的能耗和货损，增强环保能力，防止二次污染。21 世纪的物流必须从系统构筑的角度，建立废弃物的回收再利用系统。企业不仅仅要考虑自身的物流效率，还必须与供应链上的其他关联者协同起来，从整个供应链的视野组织物流，最终在整个经济社会建立起包括生产商、批发商、销售商和消费者在内的循环物流系统。

(3)对于消费者来说，要积极倡导绿色需求、绿色消费。通过绿色消费方式倡导企业实施绿色物流管理，通过绿色消费行为迫使企业自律绿色物流管理，通过绿色消费舆论要求政府规制绿色物流管理。

3.5.5.3 循环物流系统的概念和结构

循环物流系统（Cycle Logistics System）是指物流及其物流衍生物发生的空间和时间上的位置移动的循环系统，是由正向物流与逆向物流相互联系构成的物流系统。对这一概念有四点说明。

（1）循环物流系统中流动的物，一种是消费者需要的物品，另一种不是消费者需要的物品，而是物流过程中形成的衍生物。衍生物分为两类：一类是直接衍生物，主要是指物流活动直接造成的废旧物品和退货，包括旧物品、报废物品、破碎物品、损坏物品以及汽车尾气污染物等；另一类是间接衍生物，主要是指在物流管理过程中间接形成的衍生物，如库存管理，如果库存数量少，虽然节约了库存费用，但因此产生较多的运输次数，增加了对运输燃料的消耗和环境污染，从而对社会经济的持续发展产生消极影响。

（2）循环物流系统中物流由两种流向渠道构成：一种物流是通过生产—流通—消费的途径满足消费者的需要，这是物流流向的主渠道，称为正向物流或动脉物流；另一种是合理处置物流衍生物所产生的物流流向渠道，如回收、分拣、净化、提纯、商业或维修退回、包装等再加工、再利用和废弃物处理等，其流动的方向与前者相反，称为逆向物流或静脉物流，有时也称为绿色物流或环保物流。

（3）循环物流系统结构。从物流系统可持续发展的角度看，不仅要考虑物流资源的正常、合理使用，发挥物流主渠道的作用，保持系统的革新与发展，同时还需要实现物流资源的再使用（回收处理后再使用）、再利用（不用的物品处理后转化成新的原材料或产品使用）。为此，应当建立起生产、流通、消费的物流循环往复系统。衍生物逆向物流的治理系统分成两个部分：一部分是由提供物的生产企业治理，如退货、维修等逆向物流活动；另一部分是由专业衍生物物流公司或政府监督控制部门治理，因为不少逆向物流问题是社会问题，不是哪一家企业能够处理好的，由公共的专业衍生物物流公司通过提供有偿服务、国家税收财政资助等手段，实现逆向物流的有效治理。

（4）循环物流系统的动力来自三个方向的拉动和制约：一个是物流利益的驱动，物流被视为“第三利润源”“一块经济界的黑暗大陆”；二是物流成本的推动，减少浪费、降低能耗已被企业所广泛认识，但是有些企业对物流的环境成本认识不足是不重视逆向物流的重要原因；三是物流环境限制的压力，如政府、行业的法规政策。要促使企业有积极性治理逆向物流，当企业感到治理成本大于正向物流所带来的利益时，它就没有积极性从事治理逆向物流的活动。所以，关键在于要建立逆向物流治理的动力机制。

3.5.5.4 循环经济

循环经济（Cyclic Economy）即物质闭环流动型经济，是指在人、自然资源和科学技术的大系统内，在资源投入、企业生产、产品消费及其废弃的全过程中，把传统的依赖资源消耗的线型增长的经济转变为依靠生态型资源循环而发展的经济。要以资源的高效利用和循环利用为目标，以“减量化、再利用、资源化”为原则，以物质闭路循环和能量梯次使用为特征，实行按照自然生态系统物质循环和能量流动方式运行的经济模式。它要求运用生态学规律指导人类社会的经济活动，其目的是通过资源的高效利用和循环利用，实现污染的低排放甚至零排放,保护环境,实现社会、经济与环境的可持续发展。循环经济是把清洁生产和废弃物的综合利用融为一体的经济,本质上是一种生态经济,它要求运用生态学规律,指导人类社会的经济活动。

循环经济按照自然生态系统物质循环和能量流动规律重构经济系统,使经济系统和谐地纳入自然生态系统的物质循环的过程中,建立起一种新形态的经济。循环经济在本质上就是一种生态经济,要求运用生态学规律指导人类社会的经济活动,在可持续发展的思想指导下,按照清洁生产的方式,对能源及其废弃物实行综合利用的生产活动过程。它要求把经济活动组成一个"资源—产品—再生资源"的反馈式流程;其特征是低开采、高利用、低排放。在本质上,这是一种生态经济,它要求运用生态学规律指导人类社会的经济活动。

本专题要点归纳

本专题从物流系统的概念和特征入手,介绍物流系统的基本模式,在此基础上学习如何对物流系统进行分析和评价,重点介绍企业物流的基本内容,包括企业供应物流、生产物流、销售物流和逆向物流等,对各种物流形式进行了详尽分析。

延伸阅读

发达国家及地区物流标准化发展现状

一、美国

作为北大西洋公约组织的成员之一,美国参与制定的北大西洋公约组织物流标准包括物流结构、基本词汇、定义、物流技术规范、海上多国部队物流和物流信息识别系统等。美国国防部建立了军用和民用物流的数据记录、信息管理等方面的标准规范;美国国家标准协会积极推进物流的运输、供应链、配送、仓储、电子数据交换(EDI)和进出口等方面的标准化工作。

在美国,与物流相关的标准约有1 200余条,其中运输91条,包装314条,装卸8条,流通33条,仓储487条,配送121条,信息化123条。

在参加国际标准化活动方面,美国积极加入ISO/TC104技术委员会,在国内设立了相应的分委会。同时,美国还加入了ISO/TC122和ISO/TC154管理,商业及工业中的文件与数据元素等委员会,并参加了ISO/TC204技术委员会,由美国智能运输系统协会为其提供技术咨询,负责召集所有制定智能运输系统相关标准的机构成员共同制定美国国内的ITC标准。

美国统一代码委员会为给供应商和销售商提供一种标准化的库存单元数据,早在1996年就发布了UPC数据通信指导性文件,美国标准协会也于同年制定了装运单元和运输包装的标签标准,用于物流单元的发货、收货、跟踪及分拣,规定了如何在标签上应用条码技术,通过标签传递各种信息,实现EDI报文的传递,即所谓的"纸面EDI",实现了物流和信息流的统一。

二、日本

日本是对物流标准化比较重视的国家之一,实施标准化的速度也很快。日本在标准体系研究中注重与美国和欧洲进行合作,将重点放在标准的国际通用性上。

日本政府工业技术院委托日本物流管理协会用4年时间对物流设备的标准化进行调查研究。目前,已经提出日本工业标准关于物流方面的若干草案,包括物流模数体系、集装箱的基本尺寸、物流用语、物流设施的设备基准、输送用包装的系列尺寸(包装模数)、包装用语、大型集装箱、塑料制通用箱、平托盘和卡车车厢内壁尺寸等。

在日本现有的标准体系中,与物流相关的标准约有400余条,其中运输24条,包装29条,流通4条,仓储38条,配送20条,信息化302条。

三、欧洲

欧洲标准化委员会是1961年由欧盟16国成立的标准化组织。该组织目前设立了第320技术委员会,负责运输、物流和服务的标准化工作;第278技术委员会负责道路交通和运输的信息化。该组织分成14个工作组进行与ISO/TC204技术委员会内容大致相同的标准制定工作。这些技术委员会共同推动了物流标准化的进程,并在标准制定过程中起到了联系与沟通的作用。

在英国现有的标准体系中,与物流相关的标准约2 500条,其中运输733条,包装432条,装卸51条,流通51条,仓储400条,配送400条,信息400条;德国也形成了较为完善的物流标准体系,该体系包括与物流相关的标准约2 500条,其中运输788条,包装40条,流通124条,仓储500条,配送499条,信息化499条。

案例推演

【案例一】 VMI案例推演——雀巢与家乐福实施VMI的案例

背景资料

关系:单纯买卖关系,家乐福是雀巢一个重要客户,家乐福决定购买的产品和数量。

人员:双方都有对应的专属业务人员。

系统:内部各有独立的ERP系统,彼此不兼容。

时机:家乐福正在进行与供货商以EDI联机方式的推广计划;雀巢的VMI计划也打算以EDI的方式进行联机。

实施目标

1. 雀巢对家乐福物流中心产品到货率达90%。
2. 家乐福物流中心对销售店面产品到货率达95%。
3. 家乐福物流中心库存持有天数下降至预设标准。
4. 家乐福对雀巢建议订货单修改率下降至10%等具体目标。

链接

VMI 库存管理模式

供应商管理库存(Vendor Managed Inventory,VMI)是一种以用户和供应商双方都获得最低成本为目的,在一个共同的协议下由供应商管理库存,并不断监督协议执行情况和修正协议内容,使库存管理得到持续改进的合作性策略。这种库存管理策略打破了传统的各自为政的库存管理模式,体现了供应链的集成化管理思想,适应市场变化的要求,是一种新的、有代表性的库存管理思想。目前,VMI 在分销链中的作用十分重要,因此被越来越多的人所重视。

VMI 运作方式是供应链管理的这种理念要求的产物。它要求供应商对下游企业库存策略、订货策略以及配送策略进行计划和管理。所以,不同环境中采用什么模式运作 VMI 就成为当前要解决的问题。

实施步骤

阶段一:可行性评估、认可

阶段二:方案实施

1. 评估。

评估:双方的运作方式与系统在合作上的可行性。

实施:合作前双方评估各自的运作能力和系统整合与信息实时程度等以及彼此配合的步调是否一致,以此判定合作的可行性。

2. 认可。

认可:高层主管承诺与团队建立。

实施:双方在最高主管的认可下,由部门主管出面协商细节以及取得内部投入的承诺,并且建立初步合作的范畴和对应的窗口,开始进行合作。

3. 密切的沟通与系统建立。双方合作人员开始进行至少每周一次的会议,讨论具体细节,并且逐步确立合作方式与系统,包括补货依据、时间、决定方式、评量表建立、系统选择与设置等。

4. 同步化系统与自动化流程。不断的测试,使双方系统与作业方式与程序趋于稳定,成为每日例行性的工作,并针对特定问题作出处理。

5. 持续性训练与改进。回到合作计划本身,除了使相关作业人员熟悉作业方式和不断改进作业程序外,对库存的管理与策略也不断思考问题的性质,以求改进并长期持续下去。

日常运作

1. 每日 9:30 前,家乐福以 EDI 方式传送结余库存与出货资料等信息至雀巢公司。

2. 9:30~10:30,雀巢公司将收到的资料合并至 EWR 的销售数据库系统中,并产生预估的补货需求,系统将预估的需求量输入后端的 BPCS ERP 系统中,依实际库存量计算出可行的订货量,产生建议订单。

3. 10:30 前,雀巢公司以 EDI 方式将建议订单传送给家乐福。

4.10:30~11:00,家乐福在确认订单并进行必要的修改(量与品种)后回传至雀巢公司。

5.11:00~11:30,雀巢公司依照确认后的订单进行拣货与出货。

实施效果

1.目标对比(见表3-2)。

表3-2 雀巢公司、家乐福VMI项目实施目标对比表

实施目标	实施前数据	中期检查数据	项目验收数据	备注
物流中心到货率(%)	80	95	90	
商售店面到货率(%)	70	90	95	继续改善中
库存周转(天)	25	低于目标值	15	
订单修改率(%)	60~70	10以下		
销售额		增加20%		

2.合作关系。过去与家乐福是单向的买卖关系,顾客要什么就给什么,甚至是尽可能地推销商品,彼此都忽略了真正的市场需求,以致卖得好的商品经常缺货,而不畅销的商品却有很高的库存量。这次合作双方达成了共同解决问题的意愿,从而有利于从根本上改进供应链的整体运作效率,并使雀巢公司容易掌握家乐福的销售资料和库存动态,以便更好地进行市场需求预测和采取有效的库存补货计划。

3.增值。雀巢公司开始了推动将VMI系统运用到其他代送商的计划,在原来与家乐福的VMI计划上也进一步考虑针对各店降低缺货率以及促销合作等计划的可行性。

【案例二】 生产物流案例——丰田公司的JIT生产

丰田公司将JIT(准时生产方式)的生产体制和销售网络相结合,将日本全国经销商的电脑和丰田总公司的电脑联网,销售人员可以将客户订货的内容准时通知生产线,从而形成一个大规模的信息系统,订货手续大为简化,订单当天就可以传入总公司的系统中,交货时间就可以减少10天以上,而且经销商的库存也减少70%~80%,大幅度降低了存货成本。由于建立了"灵活的销售体系",将产品分成小批量,以更快的速度销售出去,进一步降低了产品在流通领域的费用。在运输方面,对于出口海外的产品,丰田公司所在的丰田市距海岸只有50公里,汽车可以一直由生产线开到码头,而远洋轮也准时地等待装船,从而消除了由于必须凑齐一定数量的汽车才能装船的库存费用。到岸以后,由系统进行分配,直接交至各经销商手中,中间不需要存储。丰田公司实施以人为本的准时制生产战略,对全体经销商进行教育培训,根据市场反馈的信息,对经销商的促销政策和经营上的问题给以适当的指导,以提高销售效率,如商品知识指导、推销员培训、经营管理或财务指导、店铺设计以及广告发布指导等,并从人员和技术上协助他们进行销售和售后服务。在经济不景气的时期,通过协商,共同承担利润减少带来的负面影响,形成一种风险共担、利益共享的关系。

链接

JIT 生产方式

准时生产方式(Just In Time, JIT)是日本丰田汽车公司在20世纪60年代实行的一种生产方式,其后引起其他国家生产企业的重视。现在,这一生产方式与源自日本的其他生产、流通方式一起被西方企业称为“日本化模式”。近年来,JIT不仅作为一种生产方式,也作为一种通用管理模式在物流、电子商务等领域得到推行。准时生产方式是指将必要的零件以必要的数量在必要的时间送到生产线,并且只将所需要的零件、只以所需要的数量、只在正好需要的时间送到生产线。这是为适应20世纪60年代消费需求变得多样化、个性化而建立的一种生产体系以及为这一生产体系服务的物流体系。所以,准时生产制的出发点就是不断消除浪费,进行不间断的、持续的改进。

准时生产方式的基本思想可概括为“在需要的时候,按需要的量生产所需的产品”。也就是通过生产的计划和控制及库存的管理,追求一种无库存,或库存达到最小的生产系统。准时生产方式的核心是追求一种无库存的生产系统,或使库存达到最小的生产系统,为此而开发了包括“看板”在内的一系列具体方法,并逐渐形成了一套独具特色的生产经营体系。

准时生产方式以准时生产为出发点,首先暴露出生产过量和其他方面的浪费,然后对设备、人员等进行筛选、调整,达到降低成本、简化计划和提高控制的目的。在生产现场控制技术方面,准时生产方式的基本原则是在正确的时间,生产正确数量的零件或产品,即时生产。它将传统生产过程中前道工序向后道工序送货,改为后道工序根据“看板”向前道工序取货,看板系统是准时生产方式生产现场控制技术的核心,但准时生产方式不仅仅是看板管理。准时生产方式是一种理想的生产方式,这其中有两个原因:一是因为它设置了一个最高标准,一种极限,即“零”库存。实际上,生产可以无限地接近这个极限,但却永远不可能达到零库存。二是因为它提供了一个不断改进的途径,即降低库存—暴露问题—解决问题—降低库存—不断改善与循环。这是一个无限循环的过程。

JIT对生产制造的影响表现为生产流程化、生产均衡化和资源配置合理化。

【复习思考题】

1. 物流系统的含义及目的是什么?
2. 企业物流系统有哪些要素?
3. JIT采购的原理是什么?
4. 根据所学知识判断:汽车装配适合按哪种方式组织生产物流活动?汽车零配件的大量生产呢?
5. 什么是销售物流?
6. 什么是物流联盟?
7. 逆向物流的概念和本质是什么?
8. 描述循环物流的物流系统。

【案例分析与应用】

7－11的物流系统

全球最大的连锁便利店7－11通过其集中化的物流管理系统成功地削减了相当于商品原价10%的物流费用，7－11共设立了23 000个销售点，业务遍及四大洲20个国家及地区，每天为接近3 000万的顾客服务，75年来一直稳居全球最大连锁便利店的宝座。7－11与中国广州地铁二号线全面合作，在地铁二号线首期开通的9个站内同时开张9家店铺，使7－11在南中国地区的总店数达到127家，其中广州91家，深圳36家。在店铺扩张的同时，7－11先进的物流管理系统也一并延伸至内地，从而为其带来了另一个利润增长点。

一、物流路径集约化

对销售业而言，中国目前物流服务水准或多或少在短期内是由处于上游的商品生产商和经销商决定的，要改变他们的经营意识和经营方法无疑要比企业自身的变革困难、复杂并漫长。这种情景与当初日本7－11在构筑物流体系时所处的环境类似。为此，7－11改变了以往由多家特约批发商分别向店铺配送的物流经营方式，转为由各地区的窗口批发商统一收集该地区各生产厂家生产的同类产品，并向所辖区内的店铺实行集中配送。

二、设立区域配送中心

对于盒饭、牛奶等每天配送的商品，各产品窗口企业向各店铺的配送费用依然很高。对于这一点，7－11开始将物流路径集约化转变为物流共同配送系统，即按照不同的地区和商品群划分，组成共同配送中心，由该中心统一集货，再向各店铺配送。地域划分一般是在中心城市商圈附近35公里，其他地方市场为方圆60公里，各地区设立一个共同配送中心，以实现高频度、多品种、小单位配送。实施共同物流后，其店铺每天接待的运输车辆从70多辆下降为12辆。另外，这种做法令共同配送中心充分掌握了商品销售、在途和库存的信息，7－11逐渐掌握了整个产业链的主导权。在连锁业价格竞争日渐激烈的情况下，7－11通过降低成本费用，为整体利润的提升争取了相当大的空间。

三、度身定造物流体系

当然，值得指出的是，经营规模的扩大以及集中化物流体制的确立虽然由7－11主导，但物流体系的建设却是由合作生产商和经销商根据7－11的网点扩张，根据其独特的业务流程与技术而量身打造的。这些技术有订发货在线网络、数码分拣技术、进货车辆标准化系统及专用物流条形码技术等。

在日本，7－11的点心配送都是由批发商A公司承担的。起初，A公司利用自己的一处闲置仓库为7－11从事物流活动，并安排了专门的经营管理人员。但随着7－11的急剧扩张，A公司为了确保它的商品供应权，加大了物流中心的建设和发展，在关东地区建立了四大配送中心。每个配送中心为其临近的约500家店铺配送所有点心，品种在650～700个之间。

每天早上8点至10点半，配送中心从生产企业进货，进货的商品在中午之前入库。为了保证稳定供货，每个配送中心拥有4天的安全库存，在库水准根据销售和生产情况及时补充。中午11点半左右配送中心开始安排第二天的发货，将配送路线、配送店铺、配送品种、发货通知书等及时地打印出来，交给各相关部门。同时，通过计算机向备货部门发出数码备货要求。

四、设置配送流程以分钟计算

从配送中心一个配送小组的物流活动时间看,一个店铺的备货时间大约要 65 秒,货物搬运时间 5 ~6 分钟。从分拣到结束需要 15 分钟,所有 170 ~ 180 个店铺的备货时间需要 4 个多小时,即整个物流活动时间大约为 4 小时(货车在配送中心停留等待出发的时间除外)。货车一般在配送中心停留一晚,第二天早上 4 点半至 5 点半,根据从远到近的原则配送到各店。最早一个到店的货车时间应当是上午 6 点,运行无误的话,店铺之间的运行为 15 分钟,加上 15 分钟的休息时间,每个店铺商品配送需要的时间为半个小时,也就是最迟在早上 9 点半或 10 点半,完成所有店铺的商品配送任务。从每辆车的配送效率看,除了气候特殊原因,平均每辆车配送商品金额为 75 万日元,装载率能稳定达到 80%。配送中心每月平均商品供应为 50 亿日元,相当于为每个店铺供应 100 万元的商品。货车运行费用每天为 2.4 万日元,相当于供应额的 3.2%,处于成本目标管理值3.0% ~3.5% 的范围之内,为 7 – 11 减少了大量的物流成本。

现在,7 – 11 已经实现一日三次配送制度,其中包括一次特别配送,即当预计到第二天会发生天气变化时对追加商品进行配送。这一做法使 7 – 11 及时向其所有网点店铺提供高鲜度、高附加值的产品,从而为消费者提供了更便利、更新鲜的食品,实现了与其他便利店的经营差异化。

请分析案例,画出 7 – 11 的物流系统结构与运行流程,并找出该系统中的核心要素。

根据你对物流系统的理解,请举出一个生产企业物流系统的例子,并对比零售企业和生产企业物流系统有哪些异同。

专题四 物流信息化

知识目标

掌握信息、信息技术和物流信息技术；掌握电子商务与物流的关系；了解物联网及云计算在物流中的应用；熟悉物流信息技术（EDI、EOS、POS、条形码、射频技术和 GPS）及物流信息系统（WMS、ERP、POS）。

案例导入

回顾你为“鲜速·李”物流服务有限公司设计过的方案与种种努力。

在“鲜速·李”物流团队的共同努力下，公司红红火火地开办起来了，逐步发展成为一个能为蔬菜农户、蔬菜批发商、零售商、大客户服务的专业蔬菜物流企业。公司规模不断扩大，并研究出一套行之有效的配送方案，蔬菜物流的服务区域也逐步扩大，配送和服务区域不局限于本市，同时覆盖周边 800 公里以内的省、市区。他们划出 5 小时配送大区和 8 小时配送边缘区。配送大区专送新鲜度要求较高的易腐蔬菜，边缘区输送一些新鲜度要求不太高的蔬菜，使蔬菜农户足不出户即扩大了销售范围。同时，由于听取了你的建议，“鲜速·李”还将蔬菜运送到自己的配送中心进行简单的清洗、分级分拣等流通加工和包装，使蔬菜看起来新鲜、卫生；采用恒温车辆运送蔬菜，也延长了运输中蔬菜的保质期，提高了蔬菜的新鲜度，使客户更加信赖“鲜速·李”。这些做法都直接提高了蔬菜的质量和销售价格，获得的较高利润则由蔬菜农户和物流公司双方分享。

面临迅速扩张的态势，小李发现，公司的信息传递速度开始下降，车辆的控制效率也开始下滑，管理效率低下，导致员工不满，客户也开始有所抱怨，每天的供需信息、物流信息和客户信息爆炸似的增长，这使他十分头疼。

请你为他想想办法，在物流信息化方面应当做哪些努力。

4.1 信息技术发展与现代物流

4.1.1 信息的概念

现代经济生活中每天都产生大量的各式各样的信息，根据人们不同的研究目的和定义的不同角度，信息可以有很多种定义。一般来讲，大多数学者都认为，信息是指能够反映事物内涵的知识、资料、情报、图像、数据、文件、语言和声音等。信息是事物的内容、形式及其发展变化的反映。

信息普遍存在于人类社会和自然界中，它是物质形态及其运动形式的体现。在科学技术高速发展的今天，信息的开发和利用越来越成为经济发展和社会进步的关键，它已成为人类不可或缺的资源之一。人们对信息及时、准确、完整的掌握和处理的程度会直接影响到他们的行为。

4.1.2 信息的特征

(1)识别性。信息是可以识别的，识别又可分为直接识别和间接识别：直接识别是指通过感官的识别；间接识别是指通过各种测试手段的识别。不同的信息源有不同的识别方法。

(2)存储性。信息是可以通过各种方法存储的。

(3)扩充性。信息随着时间的变化将不断扩充。

(4)压缩性。人们对信息进行加工、整理、概括和归纳就可使之精练，从而浓缩信息的有效成分。

(5)传递性。信息的可传递性是信息的本质特征。

(6)转换性。信息可以由一种形态转换为另一种形态。

(7)特定范围有效性。信息在特定的范围内是有效的，否则是无效的。

4.1.3 信息技术的概念

信息技术(Information Technology，IT)是指获取、传递、处理、再生和利用信息的技术，泛指凡能拓展人们处理信息能力的技术。现代信息技术主要包括传感技术、计算机技术、通信技术和网络技术等，它代替或辅助人们完成对信息的检测、识别、变换、存储、传递、计算、提取、控制和利用。

4.1.4 物流信息技术

物流信息技术(Logistics Information Techniques)是指运用于物流领域的信息技术。现代物流的重要特征是物流的信息化。现代物流通常被看做是物质实体流通与信息流通的结合。计算机和信息技术被用来支持物流已经有多年的历史，随着20世纪80年代初微型计算机的引入，物流发展迅速，信息技术被视为影响物流增长与发展的关键因素。信息技术正以非凡的速度向前发展，通过使用计算机技术、通信技术和网络技术等技术手段，大大加快了物流信息的处理和传递速度，从而使物流活动的效率和快速反应能力得到提高。

根据物流的功能和特点，物流信息技术主要包括电子数据交换、计算机网络技术、智能标签技术、信息交换技术、数据库技术、数据挖掘技术、Web技术、条形码与射频技术、地理信息技术和全球卫星定位技术等。在这些信息技术的支撑下，形成了以移动通信、资源管理、监控调度管理、自动化仓储管理、业务管理、客户服务管理、财务管理等多种业务集成的一体化现代物流信息系统。

4.1.5 物流信息技术在物流中的作用

与其他资源不同,信息技术正在不断提高速度和能力,同时又在降低成本。许多信息技术已经显示其在物流方面的广泛应用。物流信息技术对于物流活动犹如灵魂和生命一样重要。可以说,物流活动中没有物流信息技术的支撑,如同没有物流系统。例如,在运输环节中,由于使用了全球卫星定位系统(GPS),可以对地面运输车辆和水运船只进行精确的跟踪定位,同时还提供交通气象信息、异常情况报警信息和指挥信息,不仅能确保车辆、船只的运营效率与运营安全,而且也能进行各种运输工具的优化组合、运输网络的合理编织,大幅度提高运输效率;在货物保管环节中,由于使用了条形码信息技术,使商品的出入库、库存保管、商品统计查询、托盘利用等所有保管作业实现了自动检测、自动操作和自动管理,大幅度降低了保管成本,提高了仓储的效率;在装卸搬运和包装环节中,由于使用了电子数据信息和条形码技术,实现了自动化装卸、模块化单元包装、机械化分类分拣和电子化显示作业,大幅度提高了装卸和包装作业的效率,加强了对用户的服务。有效地把信息技术特别是互联网技术融合在物流管理过程中能带来以下四个方面的效果。

(1)建立新型的客户关系。物流管理者通过与客户之间构筑信息流和知识流,建立新型的客户关系。

(2)了解物流信息需求的新途径。运用互联网络等信息技术交换有关物流信息,成为企业获得物流活动所需要的信息的有效途径。例如,物流活动的各参与方通过信息网络交换库存、运输和配送等信息,使各参与方共同努力,提高物流活动效率,提高客户满意度。对于全球经营的跨国企业来说,信息技术的发展可以使它们的业务延伸到世界的各个角落。

(3)改变产品和服务的存在形式和流通方式。产品和服务的实用化趋势正在改变它们的流通和使用方式。例如,音像等软件产品多年来一直是以CD或磁盘等方式投入市场进行流通销售的,这需要进行大量的分拣和包装。现在,许多软件产品通过互联网直接向客户进行销售,无须分拣、包装和运送等物流作业。

(4)具有及时决策和模拟结果的能力。信息技术的发展使得物流管理者在进行决策时可以利用大量有效的信息,基于这些信息可以对物流活动进行有效的管理。例如,企业在转移仓库设施时,通过模型可计算出会出现什么结果,从而作出最佳决策。

4.2 电子商务与物流

随着电子商务的快速发展,物流在电子商务中的地位越显重要,也越来越被人们所关注。由于互联网的普及,客户可以通过互联网直接面对销售商并获得个性化服务,这对传统的物流提出了挑战。

由于电子商务的"零距离"很难被带入流通领域,物流始终是电子商务的瓶颈问题之一。对于大多数产品和服务来说,仍然要经由商品实体化的流通渠道。如何实现在用户点击后，迅速组织物流服务，满足电子商务环境中用户的购物需求，是许多电子商务网站面临的问题。

过去，人们对电子商务过程的认识往往只局限于信息流、商流和资金流的电子化、网络化，而忽视了物流的电子化过程，认为对于大多数商品和服务来说，物流仍然是在传统的经销渠道中流动。但随着电子商务的进一步推广与应用，物流的重要性对电子商务活动的影响日益明显。

4.2.1 物流与电子商务

随着经济全球化和信息技术的快速发展，越来越多的传统企业开始进入电子商务领域。它们在互联网上建造网上商店的时候，发现在网络前端的背后存在着物流的制约，缓慢的物流已成为网上交易的障碍，物流已成为电子商务能否顺利进行和发展的一个关键因素。同时，随着电子商务的发展，也对物流提出了更高的要求。

4.2.1.1 物流是电子商务的基本要素

电子商务中的任何一笔交易都包含着几种基本的"流"，即信息流、商流、资金流和物流。信息流既包括商品信息的提供、行销方式、技术支持、售后服务等内容，也包括价格、技术、质量以及服务等相关信息，还包括交易方的支付能力、支付信誉等。商流是指商品在购、销之间进行交易和商品所有权转移的运动过程，具体是指商品交易的一系列活动。资金流主要是指资金的转移过程，包括付款、转账等过程。商流一般指的是交易行为本身，只要这个交易行为表现为通过交易实现商品所有权的转移或服务的效果。

在电子商务领域，对上述三种"流"的处理都可以通过计算机和网络通信设备实现。而物流作为四"流"中最为特殊的一种，是指物质实体的流动过程，具体是指运输、储存、配送、装卸、保管以及物流信息管理等各种活动。尽管对于少数商品和服务来说，可以直接通过网络传输的方式实现，如各种电子出版物、信息咨询服务和有价信息软件等，但对于大多数商品和服务来说，物流仍要经由物理方式，通过专用的运输装卸工具完成实体的位移。

4.2.1.2 物流保证电子商务的实现

无论是在传统的贸易方式下，还是在电子商务方式下，生产都是商品流通之本，而生产各环节的顺利进行需要各类物流活动的支持。生产的全过程从原材料的采购开始便要求有相应的供应物流活动使所采购的材料到位，否则生产就难以进行；在生产的各工艺流程之间也需要原材料、半成品的物流过程，即所谓的生产物流，以实现生产的流动性；部分余料、可重复利用的物资的回收需要回收物流；废弃物的处理则需要废弃物物流。可见，整个生产过程实际上就是系列化的物流活动。合理化、现代化的物流，通过降低费用从而降低成本、优化库存结构、减少资金占压和缩短生产周期，保障了现代化生产的高效进行。相反，缺少现代化的物流，生产将难以顺利进行，无论电子商务是多么便捷的贸易形式，也将是无米之炊。

物流是实现"以顾客为中心"理念的根本保证。电子商务的出现，在最大程度上方便了最终消费者，他们不必再跑到拥挤的商业街，一家又一家地挑选自己所需的商品，而只需在因特网上搜索、查看和挑选，就可以完成他们的购物过程。但如果他们所订购的商品没有物流体系保证送达，消费者最终仍然会放弃这种便捷的方式，转向他们认为更安全的传统购物方式。物流是电子商务中实现“以顾客为中心”理念的根本保证，缺少了现代化的物流技术，电子商务带给消费者的购物便捷将无从体现。

4.2.1.3 物流配送制约着电子商务的发展

“成也物流，败也物流”，物流问题几乎成为不可逾越的障碍。

一个完整的商务过程分为三个阶段，即信息查询、货款交割和货物送达。物流虽然只是若干环节中的一部分，但往往是商品和服务价值的最终体现。如果处理得不好，前端环节的价值就无法实现。

电子商务交易的绝大多数产品都是有形产品，交易是否成功在很大程度上依赖于实际物流的操作，即能否及时把货物送到顾客手中。而目前物流配送体系的不完善严重阻碍了电子商务的发展，电子商务快速、便捷的优势得不到发挥，物流成为制约电子商务发展的瓶颈，特别是对于一些交易规模小的网站。

4.2.2 电子商务物流

电子商务物流就是利用电子化的手段，尤其是利用因特网完成物流全过程的协调、控制和管理，实现从网络前端到最终客户的所有中间过程服务，它是软件技术与物流服务的有机结合。电子商务活动对物流的影响主要表现在以下方面。

4.2.2.1 电子商务改变传统的物流观念

传统的物流和配送企业需要置备大面积的仓库，而电子商务系统网络化的虚拟企业将散置在各地的、分属于不同所有者的仓库通过网络连接起来，使之成为“虚拟仓库”，进行统一管理和调配，从而服务半径和货物集散空间都放大了。这样的企业在组织资源的速度、规模、效率和资源的合理配置方面都是传统的物流和配送所不可比拟的，相应的物流观念也必须是全新的。

电子商务作为一种新兴的商务活动，为物流创造了虚拟的运作空间。人们在进行物流活动时，物流的各种职能及功能可以通过虚拟化的方式表现出来。在这种虚拟化的过程中，可以通过各种组合方式寻求物流的合理化，使商品实体在实际的运行过程中达到效率最高、费用最省、距离最短且时间最少。

4.2.2.2 电子商务改变物流的运作方式

传统的物流和配送过程是由多个业务流程组成的，受人为因素和时间的影响很大。传统的物流活动在其运作过程中，不管是以生产为中心，还是以成本或利润为中心，其实质都是以商流为中心，都从属于商流活动，因而物流的运作方式是紧紧伴随着商流运作的。而在电子商务方式下，物流的运作是以信息为中心的，信息不仅决定着物流的运作方向，而且决定着物流的运作方式。在实际运作过程中，通过网络上的信息传递，可以有效地实现对物流的实时控制，实现物流的合理化。网络的应用可以实现整个过程的实时监控和实时决策，而且这种物流的实时控制是以整体物流进行的。新型的物流和配送的业务流程都由网络系统连接。当系统的任何一个环节收到一个需求信息时，该系统都可以在极短的时间内作出反应，并拟订详细的配送计划，通知各相关环节开始工作。这一切工作都是由计算机根据人们事先设计好的程序自动完成的。

4.2.2.3 电子商务改变物流企业的经营管理

首先,电子商务将改变物流企业对物流的组织和管理。在传统经济条件下,物流往往是从某一企业的角度进行组织和管理,为企业自身服务的,而电子商务则要求物流从社会的角度实行系统的组织和管理,以打破传统物流分散的状态。这就要求企业在组织物流的过程中,不仅要考虑本企业的物流组织和管理,更重要的是要考虑全社会的整体系统。

其次,电子商务将改变物流企业的竞争状态。在传统经济活动中,物流企业之间存在着激烈的竞争,这种竞争往往是依靠本企业提供优质服务、降低物流费用等方式进行的。在电子商务时代,这些竞争内容虽然依然存在,但有效性却大大降低了。原因在于电子商务需要一个全球性的物流系统,以保证商品实体的合理流动。对于一个企业来说,它的规模再大,也是难以达到这一要求的。这就要求物流企业联合起来,在竞争中形成一种协同竞争的状态,以实现物流高效化、合理化和系统化。

4.2.2.4 电子商务促进物流设施与技术的进步

首先,电子商务将促进物流基础设施的完善。电子商务高效率和全球性的特点,要求物流也达到这一目标。而物流要达到这一目标,良好的交通运输网络、通信网络等基础设施则是最基本的保证。

其次,电子商务将促进物流技术的进步。物流技术主要包括物流硬技术和物流软技术。物流硬技术是指在组织物流过程中所需的各种材料、机械和设施等;物流软技术是指组织高效率的物流所需的计划、管理以及评价等方面的技术和管理方法。物流技术水平的高低是实现物流效率高低的一个重要因素。要建立一个适应电子商务运作的高效率的物流系统,加快提高物流的技术水平有着重要的作用。

再次,电子商务将促进物流管理水平的提高。物流管理水平的高低直接决定和影响着物流效率的高低,也影响着电子商务高效率优势的实现。只有提高物流的管理水平,建立科学、合理的管理制度,将科学的管理手段和方法应用于物流管理当中,才能确保物流的畅通运行,实现物流的合理化和高效化,促进电子商务的发展。

4.2.2.5 电子商务对物流人才要求高

电子商务不仅要求物流管理人员具备较强的物流管理能力,而且要求物流管理人员掌握较多的电子商务知识,并在实际的运作过程中能有效地将二者有机地结合在一起。

电子商务将为人类带来一次史无前例的产业革命,这场革命的结果是将人类真正带入信息社会。同时,电子商务的发展也为物流企业创造了新的发展空间。借助于电子商务,物流理论将逐步形成一种新型的物流模式。然而,目前在电子商务的发展过程中,作为支持有形商品网上商务活动的物流,不仅已成为有形商品网上商务活动的一个障碍,而且也已成为有形商品网上商务活动能否顺利进行的一个关键因素。可见,物流是实现电子商务的关键。但是,我们依然可以设想到电子商务的明天:随着信息技术的不断发展、网络技术的不断完善,电子商务势必得到充分的应用和发展,物流也将实现真正意义上的"货能畅其流"。

4.3 物联网技术

物联网(The Internet of Things),顾名思义,就是物物相连的互联网。这里有两层意思:其一,物联网的核心和基础仍然是互联网,是在互联网基础上的延伸和扩展的网络;其二,其用户端延伸和扩展到任何物品之间都可以进行信息交换和通信。物联网就是"物物相连的互联网"。物联网通过智能感知、识别技术与普适计算进行网络融合的应用,被称为继计算机、互联网之后世界信息产业发展的第三次浪潮。

4.3.1 物联网的定义

关于物联网,1999 年的一项研究给出的定义是:通过射频识别(RFID)、红外感应器、全球定位系统、激光扫描器和气体感应器等信息传感设备,按约定的协议,把任何物品与互联网连接起来,进行信息交换和通信,以实现智能化识别、定位、跟踪、监控和管理的一种网络。简而言之,物联网就是"物物相连的互联网"。

4.3.2 物联网的关键技术

4.3.2.1 传感器技术

传感器技术是计算机应用中的关键技术。众所周知,截至目前绝大部分计算机处理的都是数字信号。自从有计算机以来就需要传感器把模拟信号转换成数字信号,计算机才能处理。

4.3.2.2 RFID 标签

RFID 标签也是一种传感器技术,RFID 技术是融合了无线射频技术和嵌入式技术为一体的综合技术,RFID 在自动识别、物品物流管理方面有着广阔的应用前景。

4.3.2.3 嵌入式系统技术

嵌入式系统技术是综合了计算机软硬件、传感器技术、集成电路技术及电子应用技术为一体的复杂技术。经过几十年的演变,以嵌入式系统为特征的智能终端产品随处可见,小到人们身边的 MP3,大到航空航天的卫星系统。嵌入式系统正在改变着人们的生活,推动着工业生产以及国防工业的发展。如果把物联网简单地比喻为人体,传感器就相当于人的眼睛、鼻子、皮肤等感官,网络就是人的神经系统,用来传递信息,嵌入式系统则是人的大脑,在接收到信息后要进行分类处理。

4.3.3 物联网在物流中的应用

4.3.3.1 物流生产和运输领域

基于物联网的支持,电子标签承载的信息可以实时获取,从而清楚地了解到产品的具体位置,进行自动跟踪。对制造商而言,原材料供应管理和产品销售管理是其管理的核心,物联网的应用使得对产品的动态跟踪运送和信息的获取更加方便,对不合格的产品可及时召回,降低产品退货率,提高了生产者的服务水平,同时也提高了消费者对产品的信任度。另外,制造商与消费者信息交流的增进使其对市场需求做出更快的响应,在市场信息的捕捉方面就夺得了先机,从而有计划地组织生产,调配内部员工和生产资料,降低甚至避免因"牛鞭效应"带来的投资风险。对运输商而言,通过电子产品代码 EPC 可自动获取数据,进行货物分类,降低取货和送货成本。并且,EPC 电子标签中编码的唯一性和仿造的难度可以用来鉴别货物真伪。由于其读取范围较广,可实现自动通关和运输路线的追踪,从而保证了产品在运输途中的安全。即使产品在运输途中出现问题,也可以准确地定位,做出及时的补救,使损失尽可能地降到最低。这就大大提高了运输商送货的可靠性和效率,提高了服务质量。此外,运输商通过EPC可以提供新信息增值服务,从而提高收益率,维护其资产安全。

4.3.3.2 物流仓储领域

因为物联网技术的应用,出入库产品信息的采集被嵌入相应的数据库,经过数据处理,实现对产品的拣选、分类堆码和管理。若仓储空间设置相应的货物进出自动扫描记录,则可防止货物的盗窃或因操作人员疏忽引起的物品流失,从而提高库存的安全管理水平。如今,物联网技术已经广泛使用于货物和库存的盘点及自动存取货物等方面。

4.3.3.3 销售管理领域

物联网系统具有快速的信息传递能力,能够及时获取缺货信息,并将其传递到卖场的仓库管理系统,经信息汇总传递给上一级分销商或制造商。及时准确的信息传递,有利于上游供应商合理安排生产计划,降低运营风险。在货物调配环节,RFID技术的支持大大提高了货物拣选、配送及分发的速度,在此过程中还可以实时监督货物流向,保障其准时到达,实现了货物销售环节的畅通。对零售商而言,实施EPC保证了合理的货物仓储数量,从而提高订单供货率,降低脱销的可能性和库存积压的风险。由于自动结算速度的大幅提高,卖场就可以降低最小安全存货量,促进资金流动。由于可以实现单品识别,每个产品都具有特殊代表性,它们在货架上的具体位置、所处状态,可通过信息阅读随时传递至互联网,在信息处理之后反馈给管理人员,可以有效防盗,避免销售损失。

4.3.3.4 商品消费领域

物联网的出现使个性化购买、缩短排队等候时间变为现实。消费者随时掌握所购买产品及其厂商的相关信息,对有质量问题的产品进行责任追溯。事实上,由于产品在生产之初直至消费者手中的全过程中都经由实时的质量和数量追踪,并依据情况做出补救,到消费者手中的残次产品几乎为零。这样,即保证消费者购买到满意的商品,还可以防止残次产品因不能及时有效处理而对周围环境带来威胁。特别是有毒有害的危险品,随意丢弃将可能造成严重的环境污染,酿成巨大的损失。

4.4 云计算

云计算由一系列可以动态升级和被虚拟化的资源组成,这些资源被所有云计算的用户共享并且可以方便地通过网络访问,用户无须掌握云计算的技术,只需要按照个人或者团体的需要租赁云计算的资源。云计算是继20世纪80年代大型计算机到客户端/服务器的大转变之后的又一种巨变。

4.4.1 云计算的定义

云计算是一种通过网络、以服务的方式提供动态可伸缩的虚拟化资源的计算模式。

美国国家标准与技术研究院(NIST)对云计算的定义是:云计算是一种按使用量付费的模式,这种模式提供可用的、便捷的、按需的网络访问, 进入可配置的计算资源共享池(资源包括网络、服务器、存储、应用软件和服务),这些资源能够被快速提供,只需很少的管理工作,或与服务供应商进行很少的交互。云计算的服务架构见图 4 - 1。云计算概念被大量运用到生产环境中,目前,我国的“阿里云”与云谷公司的 XenSystem,以及在国外已经非常成熟的 Intel 和 IBM,各种云计算的服务范围正日渐扩大,影响力也无可估量。

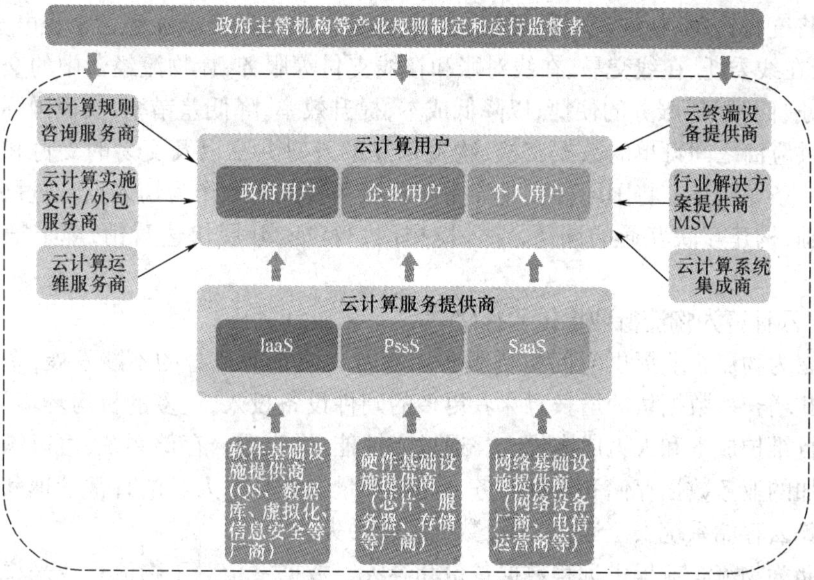

图 4 - 1　云计算的服务架构

4.4.2　云计算的优势与作用

4.4.2.1　云计算为物流行业有效整合信息资源

目前,我国物流服务市场基本上还处于分散、割裂、封闭和无序竞争的状态,物流信息化水平相对滞后,多数物流企业缺乏规范的物流流程和信息化标准,资源配置不当严重限制了物流活动向专业化、信息化方向发展。究其原因在于物流企业没有形成优势互补、强强联合、共同发展的局面,而且分散单一的功能也不能满足一体化的物流需要。结合当前互联网的发展趋势,实现物流信息的资源整合势在必行。

通过云计算对信息资源进行统一整合,提高了物流企业对整个系统信息资源的有效管理,同时对业务进行支撑的可用性也大大提高了。云计算架构灵活的扩展性,随着整个系统资源和需求的部署而动态进行。云计算的基础本身就是虚拟化,能够把单个的物理资源整合起来划分给更多的用户使用。云计算高效的资源整合为物流企业带来的成本优势也是非常明显的。现在 IT 设备的淘汰率比较高,更新周期缩短,后期的维护费用也较高。以云计算的理念整合资源,投资相对减少很多,不用多占建筑资源,设备更新相对节省,人员的配置也将减少。

4.4.2.2 云计算为物流行业构建云平台

物流行业足够大，涉及面广，天生具有全球化的特点，以服务为核心业务的网络遍布全国和全球。其中，国际货代、报关行、仓储和集卡运输等物流公司以及相关链条上的公司，由于与国外机构紧密合作，平均信息化水平已经高于其他行业，但是公司与公司之间、同一个公司不同的分公司之间，信息不能互联互通，尚未通过互联网实现全程服务。

要解决这些问题，正是云计算平台的优势。云计算平台采用云计算核心集成技术“单点登录、统一认证、数据同步、资源集成”，以及云计算物联网互融技术“端、传、网、计、控五联”，一切将变得简单、便捷、高质、低价、有效、安全。实现物流企业经营全程电子化，实现在线询价、在线委托、在线交易、在线对账和在线支付等服务，让物流经营中的交易双方尽享电子商务“门到门”服务的便捷，以降低成本，提升效率，降低差错率，实现国际物流各类服务商和供应商之间订单的数据交换、物流信息的及时共享以及交易的支付和信贷融资等完整的一条龙服务。将国际物流业务操作系统和服务平台作为切入点，通过云平台，建立用户基础，构建互联互通的网络，深入挖掘用户特征，开展快速营销，牢牢把握住客户资源。

4.4.2.3 云计算为物流行业提供云存储

云存储为物流企业提供空间租赁服务。随着物流企业自身的不断发展，企业的数据量随之不断增长。数据量的增长意味着更多的硬件设备投入，更多的机房环境设备投入，更多的运行维护成本和人力成本投入。通过高性能、大容量云存储系统，可以满足物流企业不断增加的业务数据存储和管理服务，同时，大量专业技术人员的日常管理和维护可以有效地保障云存储系统安全运行，确保数据不会丢失。

云存储为物流企业提供远程数据备份和容灾。数据安全对于物流行业来说是至关重要的，大量的客户资源、平台资源、应用资源、管理资源、服务资源和人力资源不仅要有足够的容量空间可以存储，还需要实现数据的安全备份和远程容灾；不仅要保证本地数据的安全性，还要保证当本地发生重大的灾难时，可通过远程备份或远程容灾系统进行快速恢复。通过高性能、大容量云存储系统和远程数据备份软件，可以为物流企业提供空间租赁和备份业务租赁服务，物流企业也可租用 IDC 数据中心提供的空间服务和远程数据备份服务功能，建立自己的远程备份和容灾系统。

云存储为物流企业提供视频监控系统。通过云存储、物联网等技术建立的视频监控平台，所有监控视频集中托管在数据中心，在远程服务器上运行应用程序，应用客户端通过互联网访问它，并通过在服务器层级将数据处理的计算能力和存储端的海量数据承载能力整合到单一的监控中心或多个分级监控中心。客户通过网络登录管理网页，即可及时、全面和准确地掌握物品的可视化数据和信息，可以远程、随时查看已录好的监控录像。

4.5 物流管理中的信息技术与设备

据国外统计，物流信息技术的应用，可为传统的运输企业带来诸多实效：降低空载率 15% ~20%；提高对在途车辆的监控能力，有效保障货物安全；网上货运信息发布及网上下单可增加商业机会 20% ~30%；无时空限制的客户查询功能，有效地满足客户对货物在运情况的跟踪监控，可提高业务量40%；对各种资源的合理综合利用，可减少运营成本15% ~30%。对传统仓储企业带来更多的实效：配载能力可提高20% ~30%；库存和发货准确率可超过99%；数据输入误差减少，库存和短缺损耗减少；可降低劳动力成本约50%，提高生产力30% ~40%，提高仓库空间利用率。下面介绍五种现代物流信息技术。

4.5.1 EDI(电子数据交换)

在国际贸易中，由于买卖双方地处不同的国家和地区，因此，在大多数情况下，不是简单、直接地面对面地交易，而必须由银行进行担保，以各种纸面单证为凭证，方能达到商品与货币交换的目的。这时，纸面单证就代表了货物所有权的转移，因此，从某种意义上讲，“纸面单证就是外汇”。

全球贸易额的上升带来了各种贸易单证、文件数量的激增。虽然计算机及其他办公自动化设备的出现可以在一定程度上减轻人工处理纸面单证的劳动强度，但由于各种型号的计算机不能完全兼容，实际上又增加了对纸张的需求。美国森林及纸张协会曾经作过统计，得出了用纸量超速增长的规律：即年国民生产总值每增加10亿美元，用纸量就会增加8万吨。此外，在各类商业贸易单证中有相当大的一部分数据是重复出现的，需要反复地输入。有人对此也作过统计，计算机的输入平均70%来自另一台计算机的输出，且重复输入也使出差错的概率增大。据美国一家大型分销中心的统计，有5%的单证中存在着错误。同时，重复录入浪费人力、浪费时间，也降低效率。因此，纸面贸易文件成了阻碍贸易发展的一个比较突出的因素。另外，市场竞争也出现了新的特征，价格因素在竞争中所占的比重逐渐减小，而服务性因素所占比重增大。销售商为了降低风险，要求小批量、多品种、供货快，以适应瞬息万变的市场行情。而在整个贸易链中，绝大多数的企业既是供货商又是销售商，因此，提高商业文件传递速度和处理速度成为所有贸易链中成员的共同需求。同样，现代计算机的大量普及和应用以及功能的不断增加，已使计算机应用从单机应用走向系统应用；同时，通信条件和技术的完善以及网络的普及又为EDI的应用提供了坚实的基础。

正是在这样的背景下，以计算机应用、通信网络和数据标准化为基础的EDI应运而生。EDI一经出现便显示出了强大的生命力，迅速地在世界各主要工业发达国家和地区得到广泛的应用。

4.5.1.1 EDI的概念

EDI是英文Electronic Data Interchange的缩写，中文可译为“电子数据交换”（见本书第33页“链接”）。它是一种在公司之间传输订单、发票等作业文件的电子化手段。它通过计算机通信网络，将贸易、运输、保险、银行和海关等行业信息，以国际公认的标准格式，实现各有关部门或公司与企业之间数据的交换与处理，并完成以贸易为中心的全部过程，它是20世纪80年代发展起来的一种新型的电子化贸易工具，是计算机、通信和现代管理技术相结合的产物。国际标准化组织（ISO）将EDI描述成“将贸易（商业）或行政事务处理按照一个公认的标准变成结构化的事务处理或信息数据格式，从计算机到计算机的电子传输”。而ITU—T（原CCITT）将EDI定义为“从计算机到计算机之间的结构化的事务数据互换"。又由于使用 EDI 可以减少甚至消除贸易过程中的纸面文件,因此,EDI 又被人们通俗地称为"无纸贸易"。

对比手工条件下贸易单证的传递方式和 EDI 条件下贸易单证的传递方式,图 4-2 和图 4-3 作出了清晰的说明。

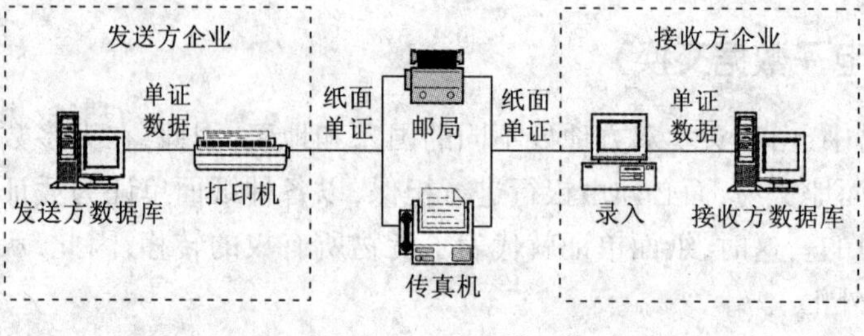

图 4-2 传统手工条件下贸易单证的传递方式

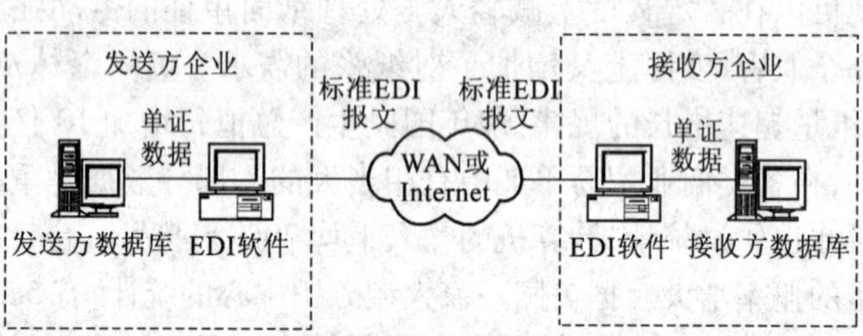

图 4-3 EDI 条件下贸易单证的传递方式

4.5.1.2 EDI 的构成

构成 EDI 系统的三个要素是 EDI 软件和硬件、通信网络以及数据标准化。一个部门或企业若要实现 EDI,首先必须有一套计算机数据处理系统;其次,为使本企业内部数据比较容易地转换为 EDI 标准格式,须采用 EDI 标准;另外,通信环境的优劣也是关系到 EDI 成败的重要因素之一。

EDI 是为了实现商业文件、单证的互通和自动处理,采用的是不同于人机对话方式的交互式处理,而且是计算机之间的自动应答和自动处理。因此,文件结构、格式、语法规则等方面的标准化是实现 EDI 的关键(见图 4-4)。世界各国开发 EDI 得出一条重要经验,就是必须把 EDI 标准放在首要位置。EDI 标准主要分为基础标准、代码标准、报文标准、单证标准、管理标准、应用标准、通信标准和安全保密标准。

4.5.1.3 物流 EDI 技术的应用

(1)采购的 EDI 应用。当公司监测物料库存状态或根据 MRPII 生成的采购请求时,应用程序就通知翻译软件,创建一个 EDI 采购订单,并传送给供应商。供应商收到该采购订单即回传一份已收到采购订单的通知,同时把相关的数据传输到供应商的仓库系统和供应商的发票系统。

供应商备好物料后,产生一张运输通知单并通知公司准备接收货物。当公司收到货物以后,运输通知单进入接收系统,自动地转到应付款和发票系统,供应商的发票就自动地输出并传给公司。

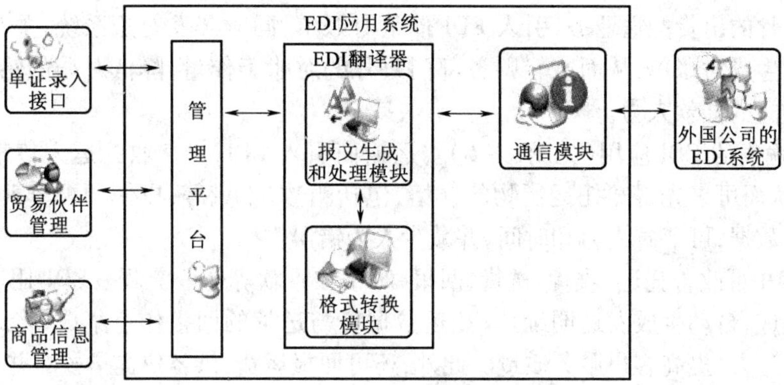

图 4-4　EDI 应用系统

公司计算机收到发票后，将其转换成公司的格式，并把它和接受通知单、采购订单自动匹配（取消会计审计这一步）。一旦匹配成功就自动地产生付款授权并传到应付款系统，同时通知供应商应收款系统可以收款，并同时通过银行自动转账到供应商的银行账户，这时一份自动汇款通知单就传给了供应商，一个完整的物料采购过程就此完成。在这个过程中，最多只需 3~4 次手工录入。

（2）配送中心的 EDI 应用（见图 4-4）。配送中心引入 EDI 可改善作业流程，如引入 EDI 出货单后，可与自己的拣货系统集成，生成拣货单，这样就可以加快内部作业速度，缩短配货时间；在出货完成后，可将出货结果通过 EDI 通知客户，使客户及时了解出货情况，也可尽快处理缺货情况。

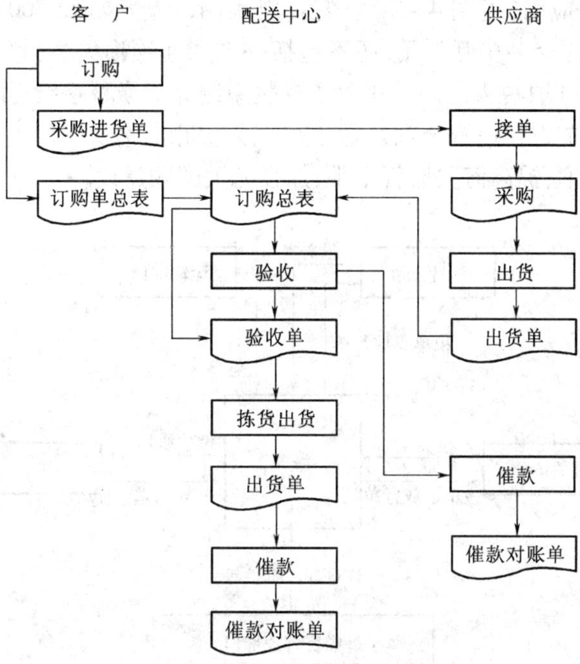

图 4-5　配送中心 EDI 应用流程

对于每月的出货配送业务，引入 EDI 催款对账单，同时开发对账系统，并与出货配送系统集成而生成对账单，从而减轻财务部门每月的对账工作量，降低对账的错误率，以及减少业务部门的催款人力。

(3)运输商的 EDI 应用(见图 4－6)。运输商引入 EDI，可接收托运人传来的 EDI 托运单报文，从而可事先得知托运货物的详情，包括箱数、重量等，以便调配车辆；不需重新输入托运单数据，可节省人力和时间，并减少人为错误。

引入 EDI 可改善托运、收货、送货、回报、对账和收款等作业流程。EDI 托运数据可与发送系统集成，自动生成发送明细单；托运数据可与送货的回报作业集成，将送货结果及早回报给托运人，提高客户服务质量。此外，还可回报运费，供客户提早核对并可运用 EDI 催款对账单向客户催款。

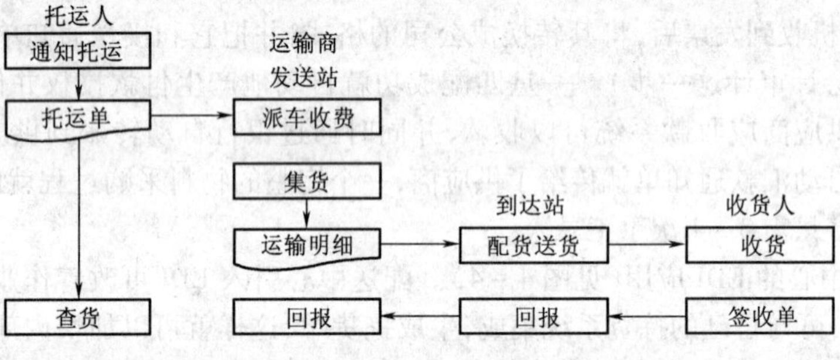

图 4－6　运输商的 EDI 应用流程

(4)海关的 EDI 应用(见图 4－7)。有资料表明，一艘装运2 700个集装箱的远洋货轮，压港一天就要损失 5～6 万美元，还不包括一系列连锁损失。另外，如果海关与中央银行国库以及进出口纳税人之间采用电子支付系统完成缴税手续，仅就税款提前入库一项，每年就可为国家节省在途资金利息数十亿元人民币。海关 EDI 应用效益体现在三方面：加快海关通关速度；提高海关监管水平；加强海关廉政建设。

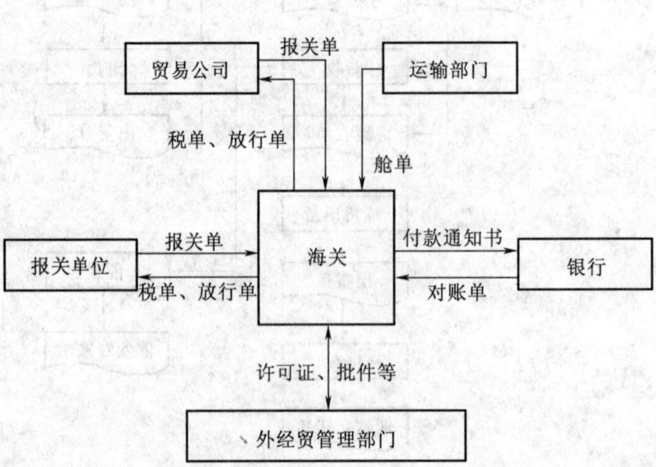

图 4－7　海关的 EDI 应用流程

（5）商检的 EDI 应用（见图 4－8）。外贸公司通过 EDI 与商检局进行产地证的电子单证传输，无须再为产地证的审核签发往返商检局，既节约了时间和费用，同时也节约了纸张。对商检局来说，有了 EDI 单证审批系统，不仅减轻了商检局录入数据的负担，减少了手工录入出差错的机会，同时也方便了对大量各种单证的统一管理。

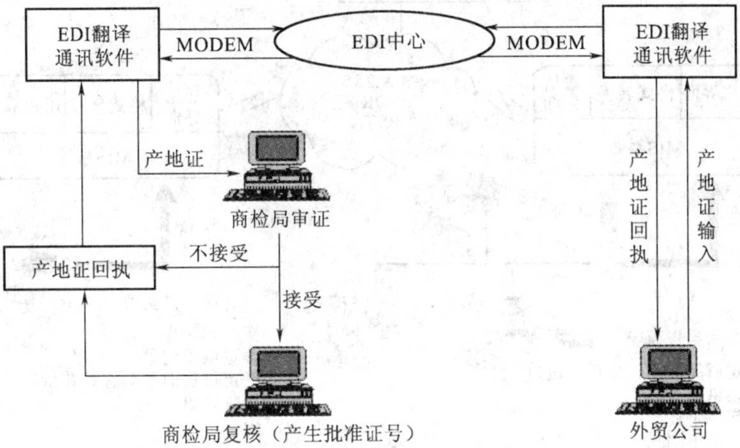

图 4－8 商检的 EDI 应用流程

4.5.2 EOS（电子订货系统）

4.5.2.1 EOS 的概念

EOS（Electronic Ordering System）即电子订货系统，是指不同组织间利用通信网络和终端设备以在线连接方式进行订货作业与订货信息交换的体系。电子订货系统是将批发、零售商场所发生的订货数据输入计算机，通过计算机通信网络连接的方式将资料及时传送至总公司、批发商、商品供货商或制造商处。因此，EOS 能处理从新商品资料的说明直到会计结算等所有商品交易过程中的作业，可以说 EOS 涵盖了整个商流。

4.5.2.2 EOS 的分类

EOS 按应用范围可分为三类：企业内的 EOS（如连锁店经营中各个连锁分店与总部之间建立的 EOS 系统）、零售商与批发商之间的 EOS 系统，以及零售商、批发商和生产商之间的 EOS 系统。在激烈的市场竞争环境中，若要有效地管理企业的供货、库存等经营管理活动，并且使供货商及时补足售出商品的数量且不能缺货，就必须采用 EOS 系统。由于 EDI/EOS 有着许多先进的管理方法，因此在国际上使用非常广泛。随着 EDI/EOS 的不断推广普及，使我们更有必要对其进行全面的分析与掌握。

4.5.2.3 EOS 系统的构成

EOS 系统并非单个的零售店与单个的批发商组成的系统，而是许多零售店和许多批发商组成的大系统的整体运作方式。EOS 系统结构如图 4－9 所示。

（1）EOS 的作用。从图 4－9 中可看出，EOS 的批发和零售商场、供货商、商业增值网络中心在商流中各有其位置和作用。

第一，批发和零售商场。采购人员根据 MIS 系统提供的功能，收集并汇总各机构要货

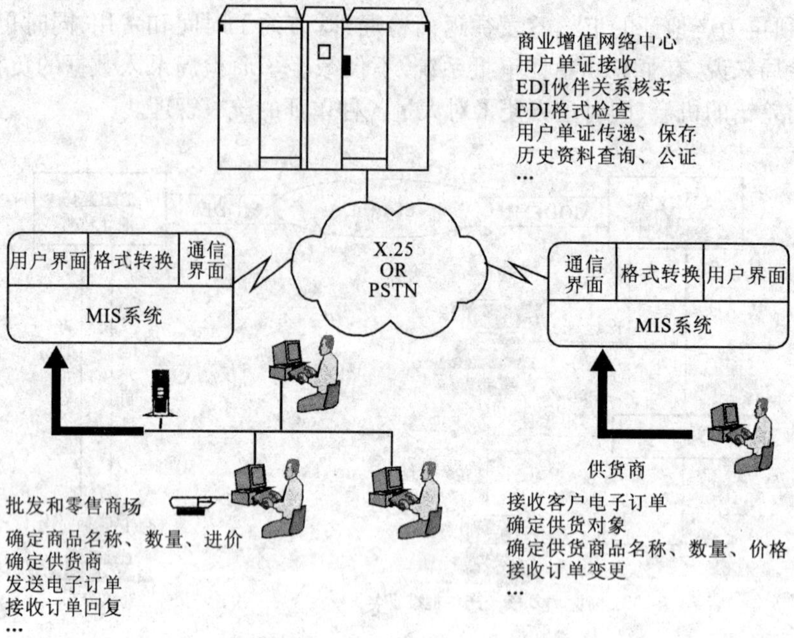

图 4－9　EOS 系统结构

的商品名称、要货数量，根据供货商的可供商品货源、供货价格、交货期限、供货商的信誉等资料，向指定的供货商下达采购指令。采购指令按照商业增值网络中心的标准格式填写，经商业增值网络中心提供的 EDI 格式转换系统而成为标准的 EDI 单证，经由通信界面将订货资料发送至商业增值网络中心，然后等待供货商发回有关信息。

第二，商业增值网络中心。这一网络中心不参与交易双方的交易活动，只提供用户连接界面，每当接收到用户发来的 EDI 单证时，自动进行 EOS 交易伙伴关系的核查，只有互有伙伴关系的双方才能进行交易，否则视为无效交易。确定有效交易关系后还必须进行 EDI 单证格式检查，只有交易双方均认可的单证格式才能进行单证传递，并对每笔交易进行长期保存，供用户今后查询或在交易双方发生贸易纠纷时，可以根据商业增值网络中心所储存的单证内容作为司法证据。

第三，供货商。根据商业增值网络中心传来的 EDI 单证，经商业增值网络中心提供的通信界面和 EDI 格式转换系统而成为一张标准的商业订单，根据订单内容和供货商的 MIS 系统提供的相关信息，供货商可及时安排出货，并将出货信息通过 EDI 传递给相应的批发和零售商场，从而完成一次基本的订货作业。

当然，交易双方交换的信息不仅仅是订单和交货通知，还包括订单更改、订单回复、变价通知、提单、对账通知、发票及退换货等许多信息。

（2）VAN（商业增值网络中心）。VAN 是公共情报中心，它是通过通信网络使不同机构的计算机或各种连线终端相通，促进情报的收发更加便利的一种共同的情报中心。VAN 不仅负责资料或情报的转换工作，而且可以与国内外其他地域 VAN 相连并交换情报，从而扩大了客户资料交换的范围。

4.5.2.4　EOS 的基本流程

(1)在零售店的终端用条码阅读器获取准备采购的商品条码,并在终端机上输入订货材料;利用网络传到批发商的计算机中。

(2)批发商开出提货传票,并根据传票同时开出拣货单,实施拣货,然后依据送货传票进行商品发货。

(3)送货传票上的资料成为零售商的应付账款资料及批发商的应收账款资料。

(4)将上述资料连接到应收账款的系统中去。

(5)零售商对送到的货物进行检验后,便可以陈列与销售了。

4.5.2.5　EOS 与物流管理

物流作业流程见图 4－10,该流程将供货商发运作业过程中的业务往来划分为四个步骤。

(1)供货商根据采购合同要求将发货单通过商业增值网络中心发给仓储中心。

(2)仓储中心对接收到商业增值网络中心传来的发货单进行综合处理,或要求供货商送货至仓储中心或发送至批发和零售商场。

(3)仓储中心将送货要求发送给供货商。

(4)供货商根据接收到的送货要求进行综合处理,然后根据送货要求将货物送达指定地点。

上述四个步骤完成了一个基本的物流作业流程,通过这个流程,将物流与信息流紧密地结合在一起。

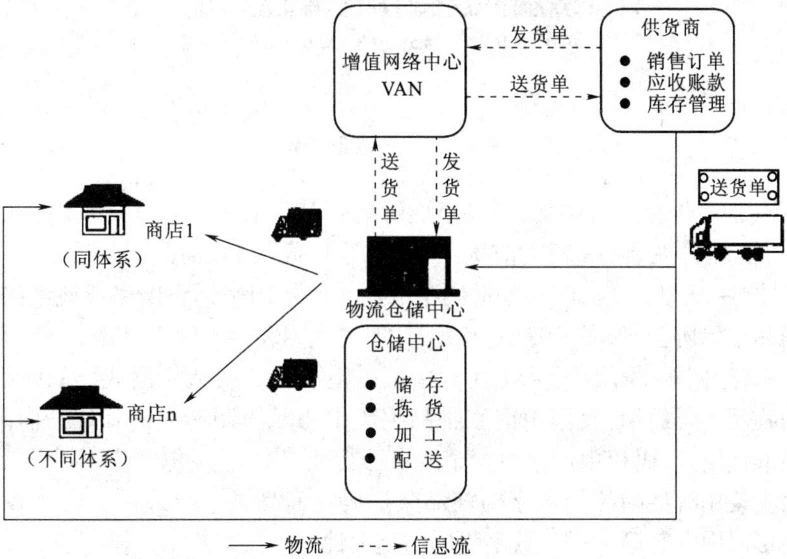

图 4－10　物流作业流程

4.5.3　条形码技术

条形码(Bar Code)技术是在计算机应用和实践中产生并发展起来的一种广泛应用于

商业、邮政、图书管理、仓储、工业生产过程控制、交通等领域的自动识别技术(见本书第33页“链接”),具有输入速度快、准确度高、成本低和可靠性强等优点,在当今的自动识别技术中占有重要的地位。

4.5.3.1 商品条形码

商品条形码一般为一维条形码,它是指由一组规则排列的条、空及其对应字符组成的标识,用以表示一定的商品信息的符号。其中条为深色、空为白色,用于条形码识读设备的扫描识读。其对应字符由一组阿拉伯数字组成,供人们直接识读或通过键盘向计算机输入数据使用。这一组条空和相应的字符所表示的信息是相同的。

(1)一维条形码的内容。一维条形码(如图4-11所示)是由一组规则排列的条、空以及对应的字符组成的标记。“条”是指对光线反射率较低的部分;“空”是指对光线反射率较高的部分。这些条和空组成的数据表达一定的信息,并能够用特定的设备识读,转换成与计算机兼容的二进制和十进制信息。通常,对于每一种物品,它的编码是唯一的,对于普通的一维条形码来说,还要通过数据库建立条形码与商品信息的对应关系,当条形码的数据传到计算机上时,由计算机上的应用程序对数据进行操作和处理。因此,普通的一维条形码在使用过程中仅作为识别信息,它的意义是通过在计算机系统的数据库中提取相应的信息而实现的。

图4-11 一维条形码

(2)EAN(国际物品编码协会)商品条形码。EAN商品条形码包括EAN-13(标准版)和EAN-8(缩短版)两种,一般由前缀部分、制造厂商代码、商品代码和校验码组成(如图4-12和图4-13所示)。商品条形码中的前缀码是用来标识国家或地区的代码,赋码权在国际物品编码协会,如00~09代表美国、加拿大,45~49代表日本,690~695代表中国内地,471代表中国台湾地区,489代表中国香港特区。制造厂商代码的赋权在各个国家或地区的物品编码组织,我国由国家物品编码中心赋予制造厂商代码。商品代码是用来标识商品的代码,赋码权由产品生产企业自己行使,生产企业按照规定自主决定在自己的何种商品上使用哪些阿拉伯数字为商品条形码。商品条形码最后1位为校验码,用来校验商品条形码中左起第1~12数字代码的正确性。

商品条形码的编码遵循唯一性原则,以保证商品条形码在全世界内不重复,即一个商品项目只能有一个代码,或者说一个代码只能标识一种商品项目。不同规格、不同包装、不同品种、不同价格、不同颜色的商品只能使用不同的商品代码。

商品条形码的标准尺寸是37.29mm×26.26mm,放大倍率是0.9~2.0。当印刷面积允许时,应选择1.0倍率以上的条形码,以满足识读要求,放大倍数越小的条形码,印刷精

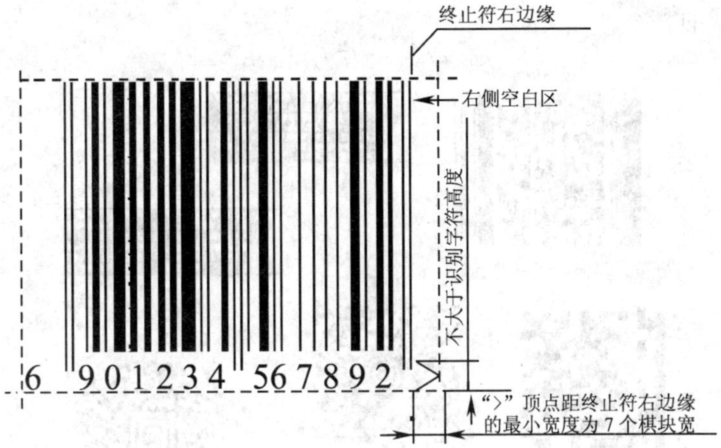

图 4－12　EAN－13 商品条形码

图 4－13　EAN－8 商品条形码

度要求越高,当印刷精度不能满足要求时,易造成条形码识读困难。

由于条形码的识读是通过条和空的颜色对比实现的,因此,一般情况下,只要能够满足对比度(pcs 值)要求的颜色即可使用。通常,采用浅色做空的颜色,如白色、橙色、黄色等,采用深色做条的颜色,如黑色、暗绿色、深棕色等。最佳搭配是黑条白空。根据条形码检测的实践经验,红色、金色、浅黄色不宜做条的颜色,透明、金色不能做空的颜色。

4.5.3.2　二维条形码

有别于一维条形码所用的粗细黑白空间,二维条形码是以矩阵般的黑白方块代表文字和数字数据,如图 4－14 所示。二维条形码目前以 PDF417 为主。PDF 是可携资料文件(Portable Data File)的简称,也就是将条形码视为一个数据文件,可储存较多数据约1 108 个字节(Bytes),并且可以随身携带或随着产品走。至于"417"则是它的编码方式,表示每个字码(Code Word)包含 17 个模块(Modules),而 17 个模块是由 4 个线条(Bar)及 4 个空白(Space)组成的。

图 4-14　各种二维条形码

(1)二维条形码的特点。二维条形码主要有以下三个特点:

第一,储存量大。一个二维条形码可以容纳 1 100 ~ 2 000 个文字和数字,为同面积密度的一维条形码的千倍以上,因此可以记录大量的产品相关数据,成为可以带着走的数据库。

第二,安全性高。一维条形码是由线条的空间单位组成数字,编码方式较简单,肉眼较易辨识;二维条形码的编码方式特殊,且较微小,肉眼不易辨识,在编码或译码时可以加上密码,故又称为安全条形码。

第三,辨识性强。二维条形码设计时便有"错误纠正码"的技术,若有污损、断裂、打洞、折叠或者磨损率高达 15% 的条形码仍然可以正确地读出,因此也可以使用传真、影印等方式传送。在制作二维条形码时,人们可以自行设定其大小比例,大到无法扫瞄、小到无法辨识为止,不过也须考虑其显像质量是否超过可辨识的磨损范围。

(2)二维条形码的应用。一维条形码虽然提高了资料收集与资料处理的速度,但由于受到资料容量的限制,一维条形码仅能标识商品,而不能描述商品,因此要依赖电脑网络和资料库。在没有资料库或不便联网的地方,一维条形码很难派上用场,而二维条形码正好弥补了这方面的不足,它不仅可以标识商品,还可以描述商品。由于二维条形码具有储存量大、安全性高、追踪性强、抗损性好、成本低廉等特性,这些特性特别适用于 web(窗体)、安全保密、追踪、证照、存货盘点和数据备份等方面。如今我国新一代火车票都以印制二维条形码储存信息,如图 4-15 所示。

第一,web 应用。如应用于公文 web 流转、商业 web 交易、进出口通关单据、舱单等数据的传送交换,可减少人工重复输入 web 数据,避免人为错误,降低人力成本。

第二,保密应用。如应用于商业情报、经济情报、政治情报、军事情报和私人情报等机

图 4－15　火车票上的二维条形码

密数据的加密及传递。

第三，追踪应用。如应用于公文自动追踪、生产线零件自动追踪、客户服务自动追踪、邮购运送自动追踪、维修记录自动追踪、危险物品自动追踪、后勤补给自动追踪、医疗体检自动追踪和生态研究（动物、鸟类等）的自动追踪。

第四，证照应用。如护照、身份证、挂号证、驾照和会员证等证照数据登记及自动输入，发挥“随到随读、立即取用”的信息管理效应。

第五，盘点应用。如物流中心、仓储中心的货品及固定资产的自动盘点，发挥“立即盘点、立即决策”的效应。

第六，备份应用。web 文件的数据若不愿或不能以磁盘、光盘等电子媒体储存备份时，可利用二维条形码储存备份，携带方便，不怕折叠，保存时间长，又可影印传真，做更多备份。

4.5.3.3　条形码在供应链中的应用

（1）条形码在流通企业中的应用。货物的条形码是建立整个供应链的最基本条件，它是实现仓储自动化的第一步，也是为 POS 系统快速、准确收集销售数据的手段。借助条形码，POS 系统可以实现商品从订购、送货、内部配送、销售、盘货等零售业循环的一元化管理，使商业的管理模式从传统的依靠经验管理转变为依靠精确的数字分析管理；从事后管理（隔一段时间进行结算，盘点）转变为“实时”管理（对每一商品项目，如品种、规格、包装样式等细账的管理）。这样一来，销售商可随时掌握商品的销售情况，以调整进货计划，组织适销货源，从而减少脱销、滞销带来的损失，并可以加速资金周转，有利于货架安排的合理化，提高销售额。

（2）条形码在加工制造业中的应用。加工制造业范围很广，这里仅以汽车制造业为例来说明。汽车制造是通过作业流水线完成的，一辆汽车要由成千上万个零件装配而成，汽车型号不同，所需要的零部件的品种和数量也不同。有的要空调，有的要后备箱，有的要机械换挡变速箱，有的要液压变速箱等等。为了能按订单生产，在先进的工业化国家，不同型号的汽车是要在同一生产线上装配的。为了避免差错，在零部件进入装配线前，要用扫描器识别零部件的条形码，确认它与所要装配的汽车相匹配。在汽车装配完毕后还要识别整车上的条形码。一方面，对生产完成情况进行记录；另一方面，不同型号的车辆要通过不同的试验程序。试验机可以根据整车的条形码信息自动完成所需要的试验项目。

(3)条形码在物流作业中的应用。条形码的物流应用包括配送中心的订货、进货、存放、拣货和出库。这里以便利店订货簿的方式为例来说明。连锁总部定期将订货簿发给各便利店，订货簿上有商品名称、商品货号、商品条形码、订货点、订货单位和订货量等，工作人员拿着订货簿巡视各商品以确认所剩陈列数，计入订货量；或用条形码扫描器扫描预订商品的条形码并输入订货量，再用调制器传出订货数据。

在物流配送中心的进货验收作业中，在整箱进货的商品包装箱上有条形码，放在输送带上经过固定式条形码扫描器的自动识别，可按照指令传送到存放位置附近；对整个托盘进货的商品，叉车驾驶员用手持式条形码扫描器扫描外包装箱上的条形码标签，利用计算机与射频数据通信系统，可将存放指令下载到叉车的终端机上。

在补货作业中，基于条形码进行补货，可确保补货作业的正确性。有些拣货错误源于前项的补货作业错误。商品进货验收后送到保管区，需适时、适量的补货到拣货区；为避免补货错误，可在储位卡上印上商品条形码与储位码的条形码，当商品移动到位后，以手持式条形码扫描器读取商品条形码和储位码条形码，由计算机核对是否正确，这样就可保证补货作业的正确。

在拣货作业中，不论是按客户拣取的摘取式拣货，还是播种式拣货，都先将所有客户对各商品的订货汇总一次拣出，再按客户分配各商品量，即整批拣取，二次分拣。条形码的应用将提高物流效率。对于摘取式拣货作业，在拣取后用条形码扫描器读取刚拣取商品上的条形码，即可确认拣货的正确性。对于播种式拣货作业，可使用自动分货机，当商品在输送带上移动时，由固定条形码扫描器判别商品货号，指示移动路线与位置。

在交货时的交点作业中，通常分为两种形式：一种是由配送中心出货前即复点数量；另一种是交由客户当面或事后确认。对于配送中心出货前的复点式作业，由于在拣货的同时已经以条形码确认过，因此无须再进行此复点作业。对于客户的当面或事后确认，由于拣货时已用条形码确认过，无须交货时双方再逐一核对。

在仓储配送作业中，大多数的储存货品都具备条形码，所以用条形码做自动识别与资料收集是最便捷的方式。商品条形码上的资料经条形码读取设备读取后，可迅速、正确、简单地将商品资料自动输入，从而达到自动化登录、控制、传递和沟通的目的。

总之，条形码技术已经成为物流现代化的一个重要组成部分；同时，它还有力地促进了物流体系各环节作业的机械化、自动化，对物流各环节的计算机管理起着基础性的作用。条形码在现代化物流管理中起着直接、高效的信息媒体作用，它使现代化的管理和现代化的技术相结合。以条形码技术的应用为基础的信息流将是未来信息技术的重要特征。控制了信息流就控制了物流，信息技术的现代化必然促进物流技术和管理的现代化。

4.5.4 无线射频(RF)与射频识别(RFID)技术

随着高科技的蓬勃发展，智能化管理已经走进了人们的社会生活，诸如门禁卡、二代身份证以及每天都在使用的公交卡，这些人们已经习惯使用的卡片，使其身份被轻松地获得认同，其实秘密就在于这些卡片使用了射频识别技术(Radio Frequency Identification,

RFID),可以说,RFID 已成为人们日常生活中最简单的身份识别系统。如智能停车场管理系统、井下人员及设备定位系统、非接触人员自动识别系统、高速公路 ETC 自动收费系统和物流管理系统等基于 RFID 技术的产品,已被广泛应用于国内外各类智能化的管理系统中。

4.5.4.1 无线射频的概念

射频技术(Radio Frequency,RF,也称无线射频或无线电射频技术)是一种无线电通信技术,其基本原理是电磁理论,利用无线电波对记录媒体进行读写。目前,RF 使用较多的是 IEEE802.11b 标准,且 2.4GHz 的高频道使服务器与终端之间的通信速度可达 12Mbps,这段频道干扰小,在绝大部分国家都不受无线管制。

RF 技术以无线信道作为传输媒介,建网迅速,通信灵活,可以为用户提供快捷、方便、实时的网络连接,也是实现移动通信的关键技术之一。

RF 技术的应用已经渗透到商业、工业、运输业、物流管理、医疗保险、金融和教学等诸多领域。

4.5.4.2 射频识别的概念

RFID 是 Radio Frequency Identification 的缩写,即射频识别,是一种非接触式的自动识别技术,它通过射频信号自动识别目标对象,可快速地进行物品追踪和数据交换。识别工作无须人工干预,可工作于各种恶劣环境。RFID 技术可识别高速运动物体并可同时识别多个标签,操作快捷方便,为 ERP 和 CRM 等业务系统完美实现提供了可能,并且对业务与商业模式有较大提升。RFID 技术诞生于第二次世界大战期间,它是传统条形码技术的继承者,又称为“电子标签”。

4.5.4.3 RFID 系统的组成

一个典型的射频识别技术系统一般由 RFID 标签、阅读器以及计算机系统等部分组成,如图 4－16 所示:

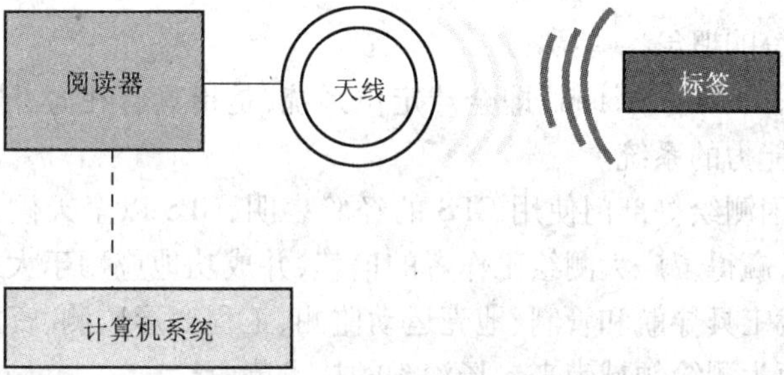

图 4－16 RFID 系统的组成

阅读器:读取(在读写卡中还可以写入)标签信息的设备。

天线:在标签和阅读器间传递射频信号,有些系统还通过阅读器的 RS232 或 RS485 接口与外部计算机(上位机主系统)连接,进行数据交换。

标签(Tag,即射频卡):由耦合元件及芯片组成,标签含有内置天线,用于和射频天线进行通信。

计算机系统:根据逻辑运算判断该标签的合法性。

以上过程都可自动完成。

4.5.4.4 RFID的技术特征

(1)数据的读写(Read Write)机能。只要通过射频识别读写器(RFID Reader),即可不需接触,直接读取信息至数据库内,且可一次处理多个标签,并可以将物流处理的状态写入标签,供下一阶段物流处理使用。

(2)容易小型化和多样化的形状。RFID在读取上并不受规格大小与形状的限制,不需为了读取精确度而配合纸张的固定规格和印刷品质。此外,RFID电子标签更可小型化与应用在不同产品上。因此,可以更加灵活地控制产品的生产,特别是在生产线上的应用。

(3)耐环境性。纸张被脏污就会看不清字迹,但RFID对水、油和药品等物质却有强力的抗污性。RFID在黑暗或脏污的环境中也可以读取数据。

(4)可重复使用。由于RFID为电子数据,可以被反复覆写,因此可以回收标签重复使用。

(5)穿透性。RFID若被纸张、木材和塑料等非金属或非透明的材质包覆的话,也可以进行穿透性通信。不过,如果是铁质金属就无法进行通信。

(6)数据的记忆容量大。数据容量会随着记忆规格的发展而扩大,未来物品所需携带的资料量越来越大,对卷标所能扩充容量的需求也相应增加,对此RFID不会受到限制。

(7)系统安全。将产品数据从中央计算机中转存到工件上将为系统提供安全保障,大大地提高系统的安全性。

(8)数据安全。通过校验或循环冗余校验的方法保证射频标签中存储的数据的准确性。

4.5.5 GPS系统(全球定位系统)

4.5.5.1 GPS系统的概念

GPS(Global Positioning System)即全球定位系统,是指具有在海、陆、空进行全方位实时三维导航与定位能力的系统。

近10年来,我国测绘等部门使用GPS的经验表明,GPS以全天候、高精度、自动化和高效益等显著特点,赢得了广大测绘工作者的信赖,并成功地应用于大地测量、工程测量、航空摄影测量、运载工具导航和管制、地壳运动监测、工程变形监测、资源勘察和地球动力学等多种学科,从而为测绘领域带来一场深刻的技术革命。

4.5.5.2 GPS系统在物流领域的应用

(1)用于汽车自定位、跟踪调度。日本车载导航系统的市场在1995~2000年间平均每年增长35%以上,全世界在车辆导航上的投资平均每年增长60.8%。因此,车辆导航将成为未来全球卫星定位系统应用的主要领域之一。我国已有数十家公司在开发和销售车载导航系统。

(2)用于铁路运输管理。我国在铁路运输管理方面开发的基于GPS的计算机管理信息系统,可以通过GPS和计算机网络实时收集全路列车、机车、车辆、集装箱及所运货物的动态信息，可实现列车、货物追踪管理。只要知道货车的车种、车型、车号，就可以立即从近10万公里的铁路网上流动着的几十万辆货车中找到该辆货车，还能得知这辆货车现在何处运输或停在何处，以及所有的车载货物的发货信息。铁路部门运用GPS技术可大大提高其路网及其运营的透明度，为货主提供更高质量的服务。

（3）用于军事物流。全球卫星定位系统最初是因为军事目的而建立的。在军事物流中，如后勤装备保障等方面应用全球卫星定位系统相当普遍。在海湾战争中，全球卫星定位系统发挥了较大的作用。在我国的军事和国防建设中，已经开始重视和应用全球卫星定位系统。随着全球卫星定位系统在军事物流方面的全面应用，国防后勤装备的保障将更加可靠。

4.6 物流信息系统

4.6.1 物流中心的信息系统——WMS（仓储管理系统）

4.6.1.1 WMS 概述

仓储管理系统（Warehouse Management System，WMS）是一个实时的计算机软件系统，它能够按照运作的业务规则和运算法则（Algorithms），对信息、资源、行为、存货和分销运作进行更完善的管理，使其最大化地满足有效产出和精确性的要求。这里所称的“仓储”包括生产和供应领域中各种类型的储存仓库和配送中心（见图4－17）。

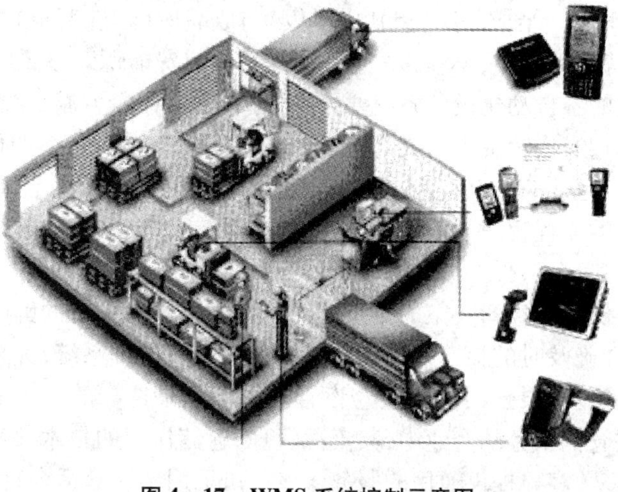

图4－17 WMS系统控制示意图

传统的仓储管理包括收货、上架、补货、拣货、包装和发货。在目前的市场竞争环境中，企业必须不断改进仓储管理，以适应供应链竞争的需要。现代仓储管理已经转变成为履行中心，它的功能包括传统的仓储管理、交叉转运或在途合并、增值服务流程（组合/装配；包装/贴标；一对一营销等）、退货、质量保证和动态客户服务。

WMS按照常规和用户自行确定的优先原则，优化仓库的空间利用和全部仓储作业。对上，它通过电子数据交换（EDI）等电子媒介，与企业的计算机主机联网，由主机下达收货和订单的原始数据;对下,它通过无线网络、手提终端、条码系统和射频数据通信(RFID)等信息技术与仓库的员工联系。上下相互作用,传达指令、反馈信息并更新数据库,同时生成所需的条码标签和单据文件。

WMS 是仓储管理信息化的具体形式,它在我国的应用还处于起步阶段,目前在我国市场上呈现出二元结构:以跨国公司或国内少数先进企业为代表的高端市场,其应用 WMS 的比例较高,系统也比较集中在国外基本成熟的主流品牌上;以国内企业为代表的中低端市场,主要应用国内开发的 WMS 产品。

4.6.1.2 WMS 的分类

WMS 可以分为三类。

第一类是基于典型的配送中心业务的应用系统。在销售物流中,如连锁超市的配送中心,在供应物流中,如生产企业的零配件配送中心都能见到这样的案例,北京医药股份有限公司的现代物流中心就是这样的一个典型。该系统的目标为:一是落实国家有关医药物流的管理和控制标准 GSP;二是优化流程,提高效率。系统功能包括进货管理、库存管理、订单管理、拣选、复核、配送、RF 终端管理以及商品与货位基本信息管理等功能模块,通过网络化和数字化方式,提高库内作业控制水平和任务编排。该系统把配送时间缩短了 50%,订单处理能力提高了一倍以上,取得了显著的社会效益,成为医药物流的一个样板。此类系统多用于制造业或分销业的供应链管理中,也是 WMS 中最常见的一类。

第二类是以仓储作业技术的整合为主要目标的系统,解决各种自动化设备的信息系统之间整合与优化的问题。武钢第二热轧厂的生产物流信息系统即属于此类。该系统主要解决原材料库(钢坯)、半成品库(粗轧中厚板)与成品库(精轧薄板)之间的协调运行问题,否则将不能保持连续作业,不仅放空生产力,还会浪费能源。该系统的难点在于物流系统与轧钢流水线的各自动化设备系统要无缝连接,使库存成为流水线的一个流动环节,也使流水线成为库存操作的一个组成部分。各种专用设备均有各自的信息系统,WMS 不仅要整合设备系统,也要整合工艺流程系统,还要融入更大范围的企业整体信息化系统中。此类系统涉及的流程相对规范和专业化,多出现在大型 ERP 系统之中,并成为其中一个重要的组成部分。

第三类是以仓储业的经营决策为重点的应用系统。这一系统的鲜明特点是具有非常灵活的计费系统、准确及时的核算系统和功能完善的客户管理系统,为仓储业经营提供决策支持信息,华润物流有限公司的润发仓库管理系统就是这样的一个案例。此类系统多用于一些提供公共仓储服务的企业中,其流程管理、仓储作业的技术共性多、特性少,所以要求不高,适合对多数客户提供通用的服务。该公司采用了一套适合自身特点的 WMS 以后,降低了人工成本,提高了仓库利用率,也明显提高了经济效益。

上述三类 WMS 只是从应用角度作一个简单的分类。第一类 WMS 比较标准,但是并非所有企业都能利用;第二类是企业内部物流发展进程中经常会用到的,当生产企业或商贸企业在推进其信息化应用时,物流部分往往先从自动化开始,然后与企业的其他信息系统整合起来;第三类则是传统仓储企业向现代物流业过渡的进程中经常会遇到的情况。WMS 的这些分类反映了我国物流需求还不很成熟的现状,所以各自有其用武之地。

4.6.2 生产企业的信息系统——ERP(企业资源计划)

4.6.2.1 ERP 概述

ERP,即企业资源计划(Enterprise Resource Planning ,ERP),是指建立在信息技术基础上,利用现代企业的先进管理思想,全面集成企业的所有资源信息,并为企业提供决策、计划、控制与经营业绩评估的全方位和系统化的管理平台。

通过运用 ERP,企业能够利用计算机对企业的资金、货物、人员和信息等资源进行自动化管理,具有制造、办公操作、供应链管理、人力资源管理、项目管理、财务管理、客户服务、销售与市场营销等商业功能。企业资源计划对于在企业高度普及计算机辅助管理,实现企业管理信息化和自动化,提高工作效率和增强快速反应能力都具有十分重要的意义。

4.6.2.2 ERP 的核心思想

ERP 的核心思想就是实现对整个供应链的有效管理,主要体现为三个方面的思想。

(1)体现对整个供应链资源进行管理的思想。在知识经济时代,企业仅靠自身的资源不可能有效地参与市场竞争,还必须把经营过程中的有关各方如供应商、制造工厂、分销网络和客户等纳入一个紧密的供应链中,才能有效地安排企业的产、供、销活动,满足企业利用一切市场资源快速、高效地进行生产经营的需求,以期进一步提高效率和在市场上获得竞争优势。换句话说,现代企业竞争不是单一企业与单一企业间的竞争,而是一个企业供应链与另一个企业供应链之间的竞争。ERP 系统实现了对整个企业供应链的管理,适应了企业在知识经济时代市场竞争的需要。

(2)体现精益生产、同步工程和敏捷制造的思想。ERP 系统支持对混合型生产方式的管理,其管理思想表现在两个方面:其一是"精益生产"(Lean Production)的思想,它是由美国麻省理工学院(MIT)提出的一种企业经营战略体系,即企业按大批量生产方式组织生产时,把客户、销售代理商、供应商和协作单位纳入生产体系,企业同其销售代理、客户和供应商的关系,已不再是简单的业务往来关系,而是利益共享的合作伙伴关系。这种合作伙伴关系组成了企业的供应链,这就是精益生产的核心思想。其二是"敏捷制造"(Agile Manufacturing)的思想。当市场发生变化,企业遇有特定的市场和产品需求时,企业的基本合作伙伴不一定能满足新产品开发生产的要求,这时,企业会组织一个由特定的供应商和销售渠道组成的短期或一次性供应链,形成"虚拟工厂",把供应和协作单位看成是企业的一个组成部分,运用"同步工程"(SE)组织生产,用最短的时间将新产品打入市场,时刻保持产品的高质量、多样化和灵活性。这就是"敏捷制造"的核心思想。

(3)体现事先计划与事中控制的思想。ERP 系统中的计划体系主要包括主生产计划、物料需求计划、能力计划、采购计划、销售执行计划、利润计划、财务预算和人力资源计划等,而且这些计划功能与价值控制功能已完全集成到整个供应链系统中。

ERP 系统通过定义与事务处理(Transaction)相关的会计核算科目与核算方式,实现在事务处理发生的同时自动生成会计核算分录,保证了资金流与物流的同步记录和数据的一致性,从而实现了根据财务资金现状,可以追溯资金的来龙去脉,并进一步追溯所发生的相关业务活动,改变了资金信息滞后于物流信息的状况,便于实现事中控制和实时作出决策。

此外,计划、事务处理、控制与决策功能都在整个供应链的业务处理流程中实现,要求在每个业务流程处理过程中最大限度地发挥每个人的工作潜能与责任心,流程与流程之间则强调人与人之间的合作精神,以便在组织中充分发挥每个人的主观能动性与潜能,实现企业管理从“高耸式”组织结构向“扁平式”组织机构的转变,提高企业对市场动态变化的响应速度。

4.6.2.3 ERP 的主要功能模块

ERP 系统可以实现的管理功能主要是用户信息管理、用户密码修改、生产管理、采购管理、销售管理、财务管理和报表打印等。其主要模块组成包括基础设置模块、生产管理模块、采购管理模块、销售管理模块、财务管理模块和报表打印模块。

(1)基础设置模块的主要任务是维护系统的正常运行和安全性设置。

(2)生产管理模块主要包括物料清单管理、工艺制程管理、车间管理、制成品管理、质量管理、托外加工管理和成本管理。通过该模块的管理,企业可以根据技术资料制定标准物料结构,有效引导采购及控制生产领料;制定出产品加工工艺标准制程,以合理安排工序计划,调配产能;对车间的材料流转如生产领料、退料、补料和缴库进行管理;有效跟踪在制品流转情况,以防发生在制品积压;及时监控产品品质;有效管理各种需要外协生产的情况;准确归集产品成本,分析成本差异,实现企业对生产的全面管理。

(3)采购管理模块实现对采购全过程的批号有效跟踪和控制。它通过供应商管理、采购申请、采购订单、收料通知单、采购检验、采购收料、采购发票、采购退货和采购最高限价等各种业务处理,以及与生产、销售、财务模块的共同使用,实现企业全部采购业务的物流及财务管理。通过报表查询,及时了解企业各项采购业务的执行明细、汇总情况,为企业的采购决策提供依据。

(4)销售管理模块对企业销售过程进行按批号实时监控和管理。销售管理模块具有销售报价、销售合同、仓库发货、销售退货、销售发票处理、客户管理、价格及折扣管理(包括不同期间的价格管理)、订单管理和信用管理等功能,可以与其他模块结合运用,将销售信息传递给生产、采购模块,能提供更完整、更全面的企业物流业务流程管理和财务管理信息,方便管理员进行统一的操作,及时掌握信息,防止商品库存积压或缺货,为企业提供决策的数据支持。

(5)财务管理模块主要是进行财务分析管理,它是企业对过去的财务状况和经营成果及未来前景的一种评价和预测。它可以采用各种分析方法,对财务数据从各种角度进行进一步的汇总、转化,从中提炼出重要的财务信息,为企业的财务决策、计划和控制提供广泛的帮助。

(6)报表打印模块主要是处理各种自定义报表以及各种上报报表的制作。通过这一模块,能够轻松管理企业的诸多账户,灵活实现资金结算、利息计算和资金分析等功能,能够为管理人员提供全面的信息资料,可以让用户清楚、快速地掌握相关数据的情况。借助 IT 技术的快速发展与应用,ERP 系统得以将很多先进的管理思想变成现实中可实施应用的计算机软件系统。

4.6.3 流通企业的信息系统——POS(销售时点信息系统)

4.6.3.1 POS 概述

POS(Point of Sale System)即销售时点信息系统,它包含前台 POS 系统和后台 MIS 系统两大基本部分。POS 系统最早应用于零售业,以后逐渐扩展至金融、旅馆等服务性行业,利用 POS 信息的范围也从企业内部扩展到整个供应链。现代 POS 系统已不仅仅局限于电子收款技术,它要考虑将计算机网络、电子数据交换技术、条形码技术、电子监控技术、电子收款技术、电子信息处理技术、远程通信、电子广告、自动仓储配送技术、自动售货与备货技术等一系列科技手段融为一体,从而形成一个综合性的信息资源管理系统。同时,它必须符合和服从商场管理模式,按照对商品流通管理及资金管理的各种规定进行设计和运行。

前台 POS 系统是指通过自动读取设备(如收银机),在销售商品时直接读取商品销售信息(如商品名、单价、销售数量、销售时间、销售店铺、购买顾客等),实现前台销售业务的自动化,对商品交易进行实时服务管理,并通过通信网络和计算机系统传送至后台,通过后台计算机系统(Management Information System, MIS)的计算、分析与汇总等掌握商品销售的各项信息,为企业管理者分析经营成果,制定经营方针提供依据,以提高经营效率的系统。

后台计算机系统(MIS)又称管理信息系统。它负责整个商场进、销、调、存系统的管理以及财务管理、库存管理和考勤管理等。它可根据商品进货信息对厂商进行管理,又可根据前台 POS 提供的销售数据控制进货数量,合理周转资金;还可以分析统计各种销售报表,快速准确地计算成本与毛利;也可对售货员、收款员业绩进行考核,作为分配职工工资、奖金的客观依据。因此,商场现代化管理系统中前台 POS 与后台 MIS 是密切相关的,两者缺一不可。

4.6.3.2 POS 系统的运行步骤

以零售业为例,POS 系统的运行有五个步骤。

(1)店铺销售商品都贴有表示该商品信息的条形码或 OCR 标签(Optical Character Recognition)。

(2)在顾客购买商品结账时,收银员使用扫描器自动读取商品条形码或 OCR 标签上的信息,通过店铺内的微型计算机确认商品的单价,计算顾客购买总金额等,同时返回收银机,打印出顾客购买清单和付款总金额。

(3)各个店铺的销售时点信息通过 VAN 以在线连接方式即时传送到总部或物流中心。

(4)在总部、物流中心和店铺之间利用销售时点信息进行库存调整、配送管理、商品订货等作业。通过对销售时点信息进行加工分析,掌握消费者购买动向,确定畅销商品和滞销商品,以此为基础,进行商品品种配置、商品陈列和价格设置等方面的作业。

(5)在零售商与供应链的上游企业(批发商、生产商、物流作业等)结成协作伙伴关系(也称战略联盟)的条件下,零售商利用 VAN 以在线连接的方式把销售时点信息即时传送到上游企业,这样,上游企业可以利用销售现场的最及时、最准确的销售信息制定经营计划,进行决策。例如,生产厂家利用销售时点信息进行销售预测,掌握消费者购买动向,确定畅销商品和滞销商品,把销售时点信息(POS 信息)和订货信息(EOS 信息)进行比较分析,从而把握零售商的库存水平,以此为基础制订生产计划和零售商库存连续补充计划 CRP(Continuous Replenishment Program)。

4.6.3.3 POS 系统的特征

(1)单品管理、职工管理和顾客管理。零售业的单品管理是指对店铺陈列展示销售的商品以单个商品为单位进行销售跟踪和管理的方法,由于 POS 信息即时、准确地反映了单个商品的销售信息,因此 POS 系统的应用使高效率的单品管理成为可能;职工管理是指通过 POS 终端机上的计时器的记录,依据每个职工的出勤状况、销售状况(如以月、周、日或者时间段为单位)进行考核管理;顾客管理是指在顾客购买商品结账时,通过收银机自动读取零售商发行的顾客 ID 卡或顾客信用卡,把握每个顾客的购买品种和购买数量,从而对顾客进行分类管理。

(2)自动读取销售时点的信息。在顾客购买商品结账时,POS 系统通过扫描器自动读取商品条形码标签或 OCR 标签上的信息,在销售商品的同时获得实时(Real Time)的销售信息。这是 POS 系统的最重要的特征。

(3)信息的集中管理。各个 POS 终端机获得的销售时点信息以在线连接的方式汇总到企业总部,与其他部门的有关信息一起由总部的信息系统加以集中并进行分析加工,如把握畅销商品以及新商品的销售倾向,对商品的销售量和销售价格、销售量和销售时间之间的相关关系进行分析,对商品店铺陈列方式、促销方式、促销时间和竞争商品的影响进行相关分析。

(4)连接供应链的有力工具。供应链与各方合作的主要领域之一是信息共享,而销售时点信息是企业经营中最重要的信息之一,通过它能及时把握顾客需要的信息,供应链的参与各方可以利用销售时点信息并结合其他的信息制定企业的经营计划和市场营销计划。目前,领先的零售商正在与制造商共同开发一个整合的物流系统——CFAR(整合预测和库存补充系统,Collaboration Forecasting and Replenishment),各方利用该系统不仅分享 POS 信息,而且一起联合进行市场预测,分享预测信息。

4.6.3.4 应用 POS 系统的效果

(1)营业额及利润增长。采用 POS 系统的企业供应商品繁多,其单位面积的商品摆放数量是普通企业的 3 倍以上,既吸引顾客,自选率又高,这必然会带来营业额及利润的相应增长。仅此一项,POS 系统即可为应用 POS 的企业带来可观的收益。

(2)节约大量的人力、物力。由于仓库管理是动态管理,即每卖出一件商品,POS 的数据库中就相应减少该件商品的库存记录,免去了商场盘货之苦,节约了大量人力、物力;同时,企业的经营报告、财务报表以及相关的销售信息都可以及时提供给经营决策者,以保持企业的快速反应。

(3)有效库存增加,资金流动周期缩短。由于仓库采用动态管理,仓库库存商品的销售情况每时每刻都一目了然,商场的决策者可将商品的进货量始终保持在合理的水平上,提高有效库存,使商场在市场竞争中占据更有利的地位。据统计,在应用 POS 系统后,商品有效库存可增加 35% ~40%,从而缩短资金的流动周期。

(4)提高企业的经营管理水平。首先,可以提高企业的资本周转率。在应用 POS 系统后,可以提前避免出现缺货现象,使库存水平合理化,从而提高商品周转率,最终提高企业的资本周转率。其次,可以进行销售促进方法的效果分析,把握顾客购买动向,按商品品种进行利益管理,基于销售水平制定采购计划,有效地进行店铺空间管理和基于时间段的广告促销活动分析等,从而使商品计划效率化。

专题要点归纳

本专题讲述现代物流业中主要应用的信息和信息技术,如 EDI,EOS,条形码、射频技术、GPS 和物联网及云计算,并介绍了物流领域常见的几种信息系统,如 WMS,ERP,POS。应重点掌握这些专业技术术语以及技术与系统的构成。

认知指导

物流技术设备认知

一、识别技术

1. 条形码

2. 条形码打印机

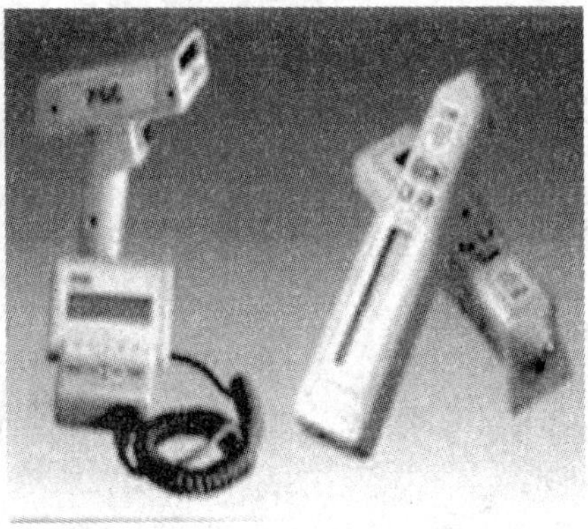

3. EAN－3 条形码

4. WMS 扫描阅读器

5. PDF147 二维条形码可以包含 1 000 数位以上的信息

6. 激光扫描器

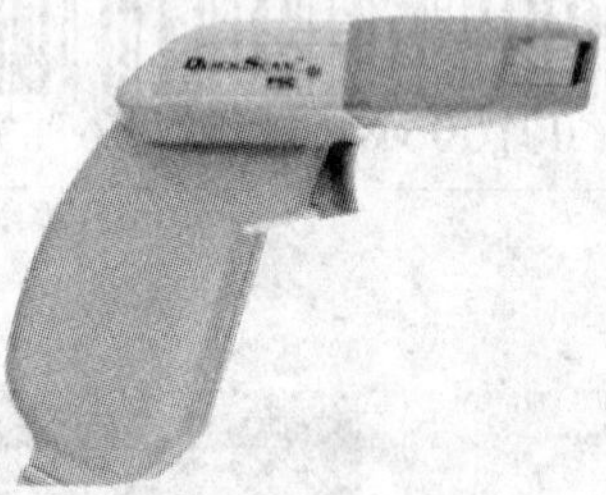

7. RFID 标签

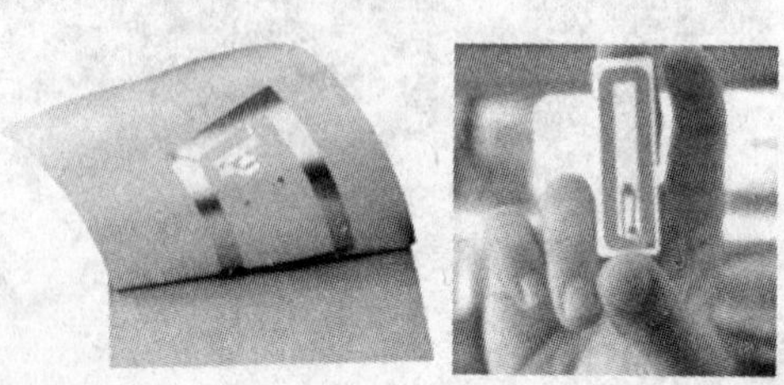

二、跟踪技术

1. GIS 技术

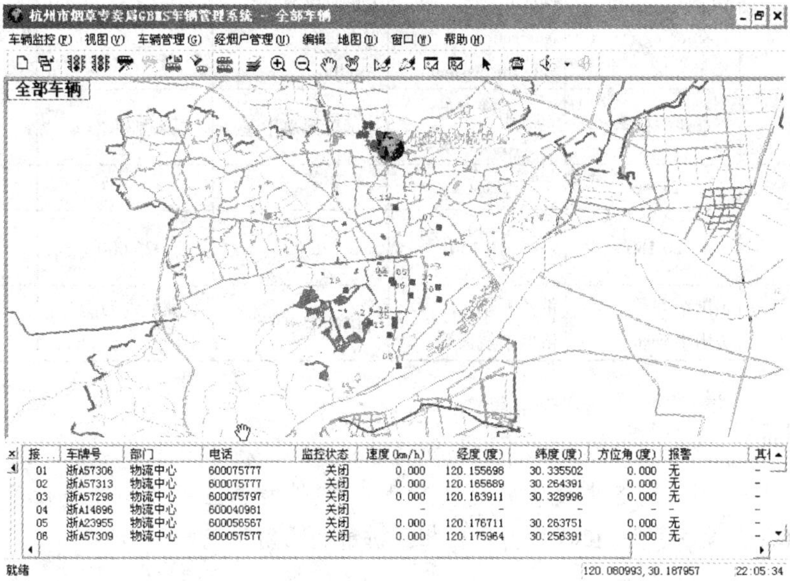

2. 卫星照片

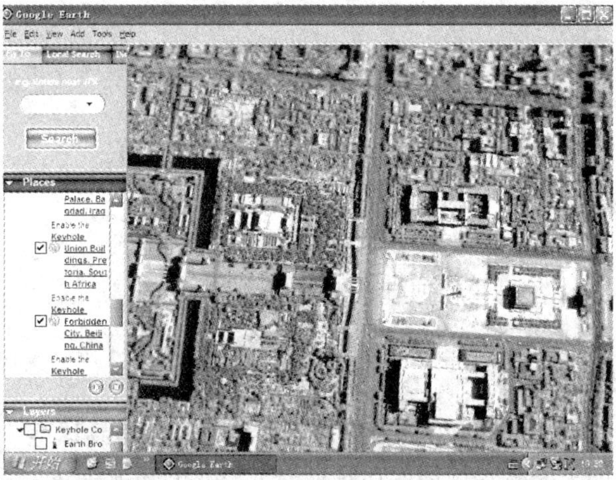

3. GPS 技术

主要跟踪、定位系统的功能

英文简称	GPS	GLONASS	INMARSATE		
英文全称	Global Positioning System	Global Navigation Satellite System	International Maritime Satellite	GLAILEO	Northern STARS
中文名称	全球定位系统	全球卫星导航系统	国际海事卫星	伽利略	北斗
卫星数量	21 +3	21 +3	3 +1	27 +3	2
轨道高度（公里）	20 180	19 130	35 000	24 000	N/A
拥有者	美国军方 美国宇航局	俄罗斯军方 俄罗斯航天局	国际海事组织	欧洲航天局 中国	中国

实训题

请查阅资料，对上述各类设备的代表产品名称、性能和应用方法等进行了解和分析，并利用现有实训设备条件，在班级内进行相互讲解和应用示范。

【复习思考题】

1. 什么是物流信息技术？它具体包括哪些技术？
2. 什么是 EDI？
3. 什么是 EOS？
4. 什么是 POS？什么是 MIS？它们之间是什么关系？
5. 举例说明条形码在生活中的应用和在物流领域的应用。
6. 什么是 RF 与 RFID？
7. 简述物联网、云计算在物流领域的应用。
8. WMS，ERP，CRMS 分别指代何种类型的物流管理系统？

【案例分析与应用】

联邦快递核心竞争优势——现代物流信息技术

成立于 1907 年的美国联邦快递公司是世界上最大的物流配送公司。2010 年，联邦快递公司年收入接近 350 亿美元，其中包裹和单证流量大约 42 亿件，平均每天向遍布全球的顾客递送 1 548 万件包裹。公司向制造商、批发商、零售商、服务公司以及个人提供全球范围的陆路和空运的包裹与单证的递送服务，以及大量的增值服务。从表面上看，联邦快递公司的核心竞争优势来源于其由 15.25 万辆卡车和 654 架飞机组成的运输队伍，而实际上联邦快递公司的成功并非仅仅如此。联邦快递公司通过应用三项以物流信息技术为基础的服务提高了竞争能力。

第一，条形码和扫描仪的使用使联邦快递公司能够有选择地每周 7 天、每天 24 小时地跟踪和报告装运状况，顾客只需拨个免费的电话号码，即可获得“地面跟踪”和“航空递送”

等增值服务。

第二,联邦快递公司的递送驾驶员现在携带着以数控技术为基础的笔记本电脑到排好顺序的线路上收集递送信息。这种笔记本电脑使驾驶员能够用数字记录装运接收者的签字,以提供收货核实。通过电脑协调驾驶员信息,减少了差错,加快了递送速度。

第三,联邦快递公司最先进的信息技术应用,使驾驶员能够把适时跟踪的信息从卡车上传送到联邦快递公司的中央电脑。无线移动技术和系统能够提供电子数据储存,并能恢复跟踪公司在全球范围内的数百万笔递送业务,适时包裹跟踪也早已成为现实。

以联邦快递为代表的企业应用和推广的物流信息技术是现代物流的核心,是物流现代化的标志。从数据采集的条形码系统,到办公自动化系统中的微机、互联网,各种终端设备等硬件以及计算机软件等都在日新月异地发展。物流信息技术主要由通信、软件和面向行业的业务管理系统三大部分组成,包括基于各种通信方式基础上的移动通信手段、全球卫星定位(GPS)技术、地理信息(GIS)技术、计算机网络技术、自动化仓库管理技术、智能标签技术、条形码及射频技术和信息交换技术等现代尖端科技。在这些尖端技术的支撑下,形成以移动通信、资源管理、监控调度管理、自动化仓储管理、业务管理、客户服务管理以及财务处理等多种信息技术集成的一体化现代物流管理体系。

根据案例,请分析现代物流信息技术在联邦快递的具体营运业务中是如何应用的?请画图或列表说明联邦快递的业务内容与技术应用的对应关系。

专题五　国际物流与物流外包

知识目标

掌握国际物流的基本知识、特点及其与国际贸易的关系，物流国际化的原因，国际物流运输方式，物流外包产生的原因和基本知识，物流园区的概念、选址原则和功能。

案例导入

你所服务的“鲜速·李”物流服务有限公司在团队的共同努力下，实施了一套简单实用的管理信息系统（MIS），大大提高了企业的运营效率、控制能力、执行能力和经营效益。目前“鲜速·李”的业务又有新进展：公司接到了一个大订单——邻省一个省级农场的物流外包业务。该业务需要“鲜速·李”完成将蔬菜从农场运送至日本的运输业务，同时还要在出境前按照日方严格的质量标准进行蔬菜的清洗、杀菌、分拣、打包、贴标签等流通加工任务，同时还要办妥所有的国际通关业务，即提供“一揽子的物流服务”。该业务的整体效益非常高，是公司平时所接简单业务利润的2倍，小李非常重视。

同时，公司又面临一个发展的大好契机：“鲜速·李”所在的地区政府为大力发展国际物流业务，引进荷兰某大型物流集团，成立了一个国际物流园区，为国际物流服务提供综合配套服务，并给予当地物流企业很多优惠政策，包括税收、审批手续方面的诸多优惠政策。“鲜速·李”成为政府重点扶植的对象，小李也考虑在物流园区内建立自己新的物流中心，开始进入国际化市场。

于是，小李又找到已成为公司元老的你，请你出谋划策。一方面是如何为省级农场的物流外包业务制定一个完善的服务方案，特别是要解决公司没有专业的通关业务服务人员的问题；另一方面，他向你征求关于在物流园区内建立自己新的物流中心的意见和设想。如何抓住时机，完成“鲜速·李”的又一次新跨越？你应当如何回答小李呢？

5.1 国际物流

5.1.1 国际贸易与国际物流

5.1.1.1 国际贸易概念

国际贸易(International Trade)是指世界各国之间商品和劳务的交换活动,它是国际分工的表现形式,反映了世界各国在经济上相互依赖的关系。因为是从世界范围、国际范围来看各国之间的商品和劳务交换活动,所以国际贸易又称为世界贸易(World Trade)或全球贸易(Global Trade)。国际贸易属于流通范畴,它是整个交换的一个重要组成部分,是国内商业向国外的延伸。它在将国内生产与国外消费和国外生产与国内消费的联系中起着特殊的桥梁和纽带作用,这是国内商业不能替代的。

5.1.1.2 国际贸易的主要特点

(1)国际贸易涉及不同国家或地区,在政策措施、法律体系方面可能存在差异和冲突,在语言文化、社会习俗等方面也会存在差异,所涉及的问题远比国内贸易复杂。

(2)国际贸易的交易数量和金额一般较大,运输距离较远,履行时间较长,因此交易双方承担的风险远比国内贸易要大。

(3)国际贸易容易受到交易双方所在国家的政治、经济变动、双边关系及国际局势变化等条件的影响。

(4)国际贸易除了交易双方外,还涉及运输、保险、银行、商检和海关等部门的协作、配合,过程较国内贸易要复杂得多。

5.1.1.3 国际物流概述

国际物流是组织货物在国际上的合理流动,也就是发生在不同国家之间的物流。国际物流的实质是按国际分工协作的原则,依照国际惯例,利用国际化的物流网络、物流设施和物流技术,实现货物在国际上的流动与交换。

国际物流产生的前提是国际贸易的存在,同时,国际物流也是国际贸易得以实现的必要条件。国际贸易的发展要求从各个方面降低成本,贸易双方对国际物流服务的专业化、一体化提出更高的要求。因此,在国际贸易的推动下,国际物流从理论到技术都有重大的创新和发展,促进了现代化国际物流的发展。

国际物流的基本活动包含了与国内物流一样的运输、仓储、包装、搬运、流通加工和信息等一系列活动,同时还包括国际物流特有的报关(含检验、检疫)和相关文书单证制成等克服国界阻隔的活动。

5.1.1.4 国际物流的特点

(1)国际物流环境存在差异,这是国际物流的一个重要特点,尤其是物流软环境的差异,使得一个物流系统需要在不同的法律、人文、习俗、语言、科技及设施等环境中运行,这将加大物流的难度和系统的复杂性。例如,不同国家、不同经济和科技发展水平会造成国际物流处于不同科技条件的支持下,甚至有些地区根本无法应用某些技术而迫使国际物流全系统水平的下降;不同国家、不同标准,也会造成国际接轨的困难,因而使国际物流系统难以建立。

(2)国际物流必须有国际化信息系统的支持。国际化信息系统是国际物流尤其是国际联运非常重要的支持手段。因为世界各地区物流信息水平发展不平衡,所以,建立国际物流信息系统有一定的难度。当前建立国际物流系统较好的办法是与各国海关的公共信息系统联网,以及时掌握有关各个港口、机场和联运线路、场站的实际情况,为物流决策提供支持。

(3)国际物流的标准化程度要求高。要使国际物流顺畅起来,统一标准是很重要的,如果没有各国统一的标准,国际物流水平很难提高。目前美国以及欧洲基本上实现了物流工具、设施的统一标准,如托盘、集装箱规格和条形码技术等,大大降低了物流费用,降低了转运的难度,提高了效率,提高了国际物流的竞争力。

(4)采用的运输方式多样化。国际物流以远洋运输为主,并有多种运输方式组合,包括海洋运输、航空运输、铁路运输、邮包运输及多式联运。海运是国际物流运输中最常见的方式,特别是远洋运输是国际物流的重要手段。空运是近年来发展较快的一种方式。由于门到门的运输方式需求越来越大,国际多式联运、快速发展,逐渐成为国际物流运输的主流。在实际业务中,应根据进出口货物的特点、货运量的大小、距离远近、运费高低、风险程度、自然条件和装卸港口的具体情况等因素的变化选择合理的运输方式。国际运输方式的选择和组合关系到整个物流系统的效率,如交货周期的长短,还关系到国际物流总成本的大小。

5.1.2 国际物流业务

5.1.2.1 国际货物运输

国际物流运输即国际货物运输,是国际贸易的一个重要组成部分,是指在国家与国家之间进行的商品(或者货物)的运输。国际物流运输不同于国内运输,它具有线长面广、中间环节多、情况复杂多变和风险大等特点。常用的国际物流运输方式有国际海洋运输、国际铁路运输、国际航空运输、国际公路运输、邮包运输、国际多式联运集装箱运输和管道运输多种方式。

(1)国际海洋运输。国际海洋运输是指利用商船在国内外港口之间通过一定的航区和航线运输货物的方式。与其他运输方式相比,海洋运输方式不受轨道、道路限制,具有运量大、运费低、通过能力强以及对货物适应性强等优点,因此成为国际物流运输中最主要的运输方式。按海洋运输船舶的运营方式不同,可分为班轮运输和租船运输。

(2)国际铁路运输。国际铁路运输是指使用一份统一的国际铁路联运票据,由跨国铁路承运人办理两国或两国以上的铁路全程运输,并承担运输责任的一种连贯运输方式。在由一国铁路向另一国铁路移交货物的过程中不需收货人和发货人参与。国际铁路运输一般不受气候条件的影响,运量大、速度快、风险小、成本低,又有高度的连续性,手续简便,铁路站点接近收发货人所在地等优点,是仅次于海洋运输的主要运输方式。

(3)国际航空运输。国际航空运输是指由跨国航空承运人办理两国之间空运的全程运输,并承担运输责任的运输方式。航空公司只负责空中运输,而货物在始发机场交给航空公司之前的接货、报关,货物到达目的地的接货、送货等业务由航空货运公司代理。航空运输与其他运输方式相比，具有速度快、安全、货物破损少等优点，适用于易腐商品、鲜活商品和急需物资的运输。

(4)国际公路运输。国际公路运输是指国际货物借助一定的运载工具，沿公路进行的跨国运输。实际上，国际公路运输就是国际汽车货物运输，是一个独立的运输体系。

(5)邮包运输。邮包运输是指通过邮局寄送进出口商品的一种较简便的运输方式。根据各国邮政部门之间的协议已形成国际邮包运输网。邮包运输具有手续简便、费用较低的优点，适用于体积小、重量轻的商品的运输。

(6)国际多式联运。国际多式联运是以集装箱为媒介，将两种或两种以上的运输方式有机地结合起来，由多式联运经营人将货物从一国境内的接管地点运至另一国境内指定交付地点的连贯运输方式，包括陆空联运、海空联运、陆空陆联运、陆海联运和大陆桥运输等方式。它集中了各种运输方式的优点，扬长避短，简化了货运环节，达到了合理运输、降低成本的目的。

(7)集装箱运输。集装箱运输是以集装箱作为运输单位进行货物运输的方式，适用于海洋运输、铁路运输及国际多式联运。集装箱运输是20世纪货运技术的重要进步，促进了国际多式联运的发展，目前已经成为国际上占支配地位的运输方式。这种运输方式能够提高港口的吞吐能力，提高装卸效率，减少装卸次数，简化货运手续，提高运输效率；有利于保证运输质量，减少货损货差；节省包装费用和作业费用，从而降低运输成本。

(8)管道运输。管道运输是通过预先铺设的输送管线，借助压力推进装置，完成国际或国内的长距离连续运输。目前，通过管道运输的商品大多是流体或气体物质，如水、石油、天然气和化学品等，也有少数国家创造性地通过高压推进装置实现了固体商品的地下管道运输，如西班牙通过地下管道运输网的建设，大大提高了其物流速度和效益。管道运输的优点是连续性强，一旦管道铺就，运输成本即可降低；缺点是建设成本高，对货物和路线均有限制。

5.1.2.2 国际仓储业务

"仓"即仓库，是存放、保管、储存物品的建筑物和场地的总称，它可以是房屋建筑、洞穴、大型容器或特定的场地等，具有存放和保护物品的功能；"储"即储存、储备，表示收存以备使用，具有收存、保管、交付使用的意思；"仓储"即指通过仓库对商品与物品的储存与保管，在指定的场所储存物品的行为。

国际货物仓储业务即货物在国际上流通的过程中进行各种形式的仓储或储存业务，如中转仓储、配送仓储、查验仓储和保税仓储等。

仓储在物流和供应链中的角色可以概括为以下四个中心：

第一，仓储是物流与供应链中的库存控制中心。库存成本是供应链的主要成本之一。在美国，库存成本约占总物流成本的1/3。因此，管理库存、减少库存和控制库存成本就成为仓储在供应链框架下降低供应链总成本的主要任务。

第二，仓储是物流与供应链中的调度中心。仓储直接与供应链的效率和反应速度相关。人们希望现代仓储处理物品的准确率达到99%以上，并能够对特殊需求作出快速反应。当日配送已经成为许多仓库采用的一种业务方式。仓库管理人员应不断提高精确度、及时性、灵活性以及达到客户需求的反应程度等方面的目标。

第三,仓储是物流与供应链中的增值服务中心。现代仓储不仅提供传统的储存服务,还提供与制造业的延迟策略相关的后期组装、包装、打码、贴唛和客户服务等增值服务,以提高客户满意度,从而提高供应链的服务水平。可以说,物流与供应链中的绝大部分增值服务都体现在仓储上。

第四,仓储是现代物流设备与技术的主要应用中心。供应链一体化管理是通过现代管理技术和科技手段的应用而实现的,这种应用更多地体现在仓储上。流程管理、质量管理、逆向物流管理等管理手段提高了仓储效率,促进了供应链上的一体化运作,而软件技术、互联网技术、自动分拣技术、光导分拣、射频技术和声控技术等先进的科技手段和设备的应用,则为提高仓储效率提供了条件。

5.1.2.3 国际货物通关

(1)报关。报关是货物在进出境时,由进出口货物的收、发货人或其代理人,按照海关规定格式填报《进出口货物报关单》,随附海关规定应交验的单证,请求海关办理货物进出境手续。普通商品的通关可分为申报—查验—征税—放行四个步骤。特殊商品,如保税商品、加工贸易原料以及暂准进境商品等还需前续备案和后续核销的通关业务。

(2)商检。商检也称为进出口商品检验,即对进出口商品的品质、规格、重量、数量、包装、安全性能和卫生方面的指标及装运技术和装运条件等项目实施检验和鉴定,以确认其是否与贸易合同、有关标准规定一致,是否符合进出口国有关法律和行政法规的规定。

5.1.2.4 国际货物运输代理

1990 年 7 月 13 日,我国原对外经济贸易部颁布的《关于国际货物运输代理行业管理的若干规定》中明确规定:“国际货物运输代理是介于货主与承运人之间的中间人,是接受货主或承运人委托,在授权范围内办理国际货物运输业务的企业。”

国际货物运输代理人本质上属于货物运输关系的代理人,是联系发货人、收货人和承运人的货物运输中介人,有时代替发货人选择运输路线、运输方式和承运人,向承运人订舱,缮制贸易、运输单据,安排货物的短途运输、仓储、称重、检尺,办理货物的保险、报检、报验和通关手续,向承运人、仓储保管人及有关当局支付有关费用;有时代表收货人接收、检查运输单据,办理货物的报检、报验和通关手续,提取货物,安排仓储和短途运输,支付运费及其他相关费用,协助收货人向责任方索赔;有时还代表承运人揽货、配载、装箱、拼箱和拆箱,签发运输单据;有时也以独立经营人的身份从事货物的仓储、短途运输,甚至以缔约承运人身份出具运单和提单。

国际货物运输代理企业通晓国际贸易环节,精通各种运输业务,熟悉有关法律、法规,业务关系广泛,信息来源准确、及时,与承运人、仓储经营人、保险人,与港口、机场、车站、堆场、银行等相关企业,与海关、商检、卫检、动植检和进出口管制等有关政府部门有着密切的业务关系,不论对于进出口货物的收、发货人,还是对于承运人和港口、机场、车站以及仓库经营人都具有重要的桥梁和纽带作用。

5.1.2.5 理货

理货是随着水上贸易运输的出现而产生的,最早的理货工作就是计数,现在理货的工作范围已经发生了变化。理货是指船方或货主根据运输合同在装运港和卸货港收受和交付货物时,委托港口的理货机构代理完成的在港口对货物进行计数、检查货物残损、指导装舱积载、制作有关单证等工作。外轮理货是对外贸易和国际海上货物运输中不可缺少的一项工作，在一定程度上能够影响到船舶和货物的安全；外轮理货是国家对外的一个窗口，在一定程度上能够影响到国家对外贸易的顺利进行和发展。

综合上述国际物流业务，其运作流程可用图5－1来表示。

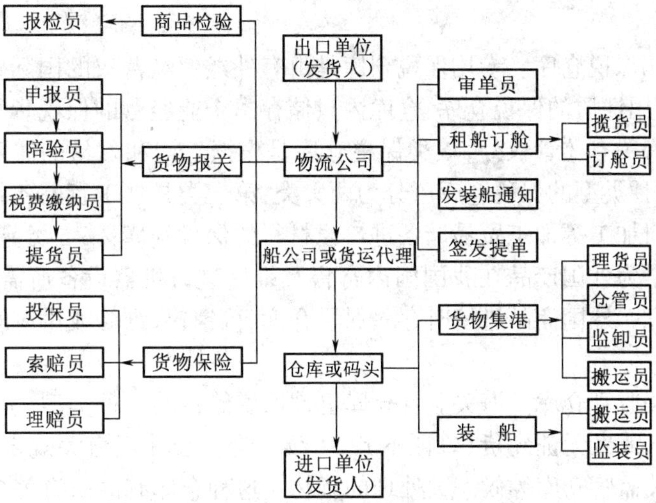

图5－1　国际物流主要业务运作流程

5.1.3　国际物流中心

5.1.3.1　国际物流中心的含义

国际物流中心是指国际物流活动中商品、物资等集散的场所。就大范围国际物流而言，某些小国家或地区可能成为物流中心，如我国的香港、新加坡等就具有国际物流中心的地位。除此，自由贸易区、保税区等也具有一般意义上的物流中心的功能。就小范围而言，港口码头、保税库、外贸仓库或者超级市场等都可以成为物流中心。当前人们所说的国际物流中心多是指由政府部门和物流服务企业共同筹建的具有现代化仓库、先进的分拨管理系统和计算机信息处理系统的外向型物流集散地。

5.1.3.2　保税仓库

（1）保税仓库的含义。保税仓库是经海关批准，在海关的监管下，专供存放为办理通关手续而入境或过境货物的场所。在保税仓库存放的货物一般都享有关税减免或暂时减免关税的待遇。保税仓库的设立需要专门批准，外国货物的保税期一般最长为两年。在这个时期内，经营者可以找到最适当的销售时机，待销售实现，再办理缴纳关税等通关手续。如果两年之内未能销售完毕，则可运往其他国家或地区，保税仓库所在国不收取关税。

（2）保税仓库允许存放的货物范围。保税仓库可存放的货物主要有四类：缓办纳税手续的进口货物；需做进口技术处置的货物；来料加工后复又出境的货物；不内销而过境转口的货物。

(3)保税仓库的类型。保税仓库的类型一般分为三种。

第一种，公共保税仓库。公共保税仓库是具有法人资格的经济实体，一般是由该仓库的经营人按规定程序申请，经海关批准建立的综合性保税仓库。这类保税仓库的经营人一般不经营进出口商品，但仓库可供各类进口商共同存放保税货物，是为国内外保税货物持有者服务的，不论谁的货物，只要符合海关的法令或规定，而且仓库又有条件储存的，都可以接受储存。

第二种，专用保税仓库。专用保税仓库是由有外经贸经营权的国际贸易商，经海关批准建立的自管自用性质的保税仓库，仓库内只储存本企业经营的保税货物，并多设在其所属的区域内，除海关有监管权外，该类保税仓库是根据生产和贸易的需要而设立的，它又受地点限制。这种类型的保税仓库可分为两大类：第一类是加工贸易备料保税仓库，是专为来料加工、进料加工等加工贸易储备进口原材料的保税仓库；第二类是寄售、维修、免税商品保税仓库，是为外国产品在我国国内寄售及维修进口机器设备所需零部件和进口外汇免税商品服务的，外国商品进境时存入保税仓库，待销售、维修或供应时，海关按规定予以征税或免税。

第三种，海关监管仓库。海关监管仓库也是保税储存的一种类型，主要存放已进境而无人提取的货物，或者无证到货、单证不齐、手续不全以及违反海关规定等而海关不予放行，需要暂存海关监管仓库等候海关处理的货物。这种仓库有的由海关自行管理，有的则因进出口业务的增多，海关自行管理不便，交由专营仓储企业经营管理，而海关仅行使行政监管职能。

5.1.3.3 保税区

保税区是指一国海关所设置的或经海关注册的特定地区。外国商品在海关的监管下，可暂时不缴纳进口关税而存入保税区的保税仓库内。如再出口不需缴纳出口税，但如输入国内市场则必须缴纳进口税。

中国的保税区从其性质、功能以及运作方式来看，基本上与国外的自由贸易区相同。中国现有 13 个保税区(不包括香港、澳门特别行政区和台湾地区)，英文名字都译为“Free Trade Zone”。这表明，中国保税区与国际上通行的促进对外贸易发展的自由贸易区具有本质上的共同性，是借鉴国际通行惯例，利用特殊关税政策促进外贸发展的自由经济区之一。

5.1.3.4 自由经济区

(1)自由经济区的含义。自由经济区是一国设置在口岸或国际机场附近的特定区域，进入该区域的外国商品可以不办理任何海关手续。

1972 年 5 月 18 日，国际海关合作理事会在日本京都通过了《关于简化和协调海关业务制度》的国际公约，其中关于自由经济区的定义是：“一国的部分领土，在这部分领土内运入的任何货物，就进口税及其他各种税而言，被认为在关境之外，并且可以免于实施惯常的海关监管制度。”

1975 年，联合国贸发大会将自由经济区定义为：“本国海关关境中，一般设在口岸或国际机场附近的一片地域，进入该地域的外国生产资料、原材料可以不办理任何海关手续，进口产品可以在该地区内进行加工后复出口，海关对此不加以任何干预。”

(2)自由经济区的分类。自由经济区可按其地理位置和功能进行分类。按地理位置分类,自由经济区可分为港口型自由贸易区、机场型自由经济区和内陆边缘口岸型自由贸易区。前者是指在港口内划出一个封闭式的隔离区,将其辟为自由经济区,它或直接与专用码头联为一体,或通过专用通道与码头相连。这种类型的自由经济区数量最多,国际上许多成功的自由经济区都紧靠国际运输港。同时,国际上也有一些自由经济区是以邻近的国际机场为依托的,属于这种类型的较著名的有爱尔兰香农自由贸易区、美国肯尼迪国际机场对外贸易区等。而内陆边缘口岸型自由贸易区是利用其地处两国(或多国)边境的特殊地理位置发展边境贸易、转口贸易和出口加工。

按功能分类,自由经济区可分为自由港、自由贸易区、出口加工区和科技工业园区。

第一,自由港。自由港是指划在本国边境以外的,不属于任何一国海关管辖的港口或海港地区。在这里,外国商品可以免税进口,可以在此装卸、储存、加工、包装和再出口,也可供自由港内的居民消费。这种自由港凭借自身所具有的良好的码头港口条件、有利的地理位置、先进的运输装卸设施,以及豁免进出口货物关税、免受海关监督等优惠条件,发挥国际商品集散地和转运中心的作用,以达到促进本国和本地区经济发展的目的。

第二,自由贸易区。自由贸易区又称为免税贸易区、自由关税区或保税区。它以国际贸易为主要职能,外国商品可以免税进入,在区内自由储存、分类、包装和简单再加工,然后免税出口。目前,自由贸易区也准许经营出口加工,开设工厂企业,乃至经营房地产、金融、商务和信息咨询等各项业务。

第三,出口加工区。出口加工区又称为工业型自由贸易区。它是指一个国家或地区划出某一区域,准许外国厂商在区内办企业,享受关税优惠待遇,外资企业可以免税进口原材料、机械设备及其他零部件,制成品出口也享受免税待遇。它以开拓远洋市场为目标,利用外资和外国技术进行产品加工出口,以促进本国(或地区)工业和经济的发展。

第四,科技工业园区。科技工业园区是指在科研机构和名牌大学比较集中、居住环境和教育环境比较优越的大城市或城市近郊辟出一块地方,提供比出口加工区更大的租税优惠,吸引外国资金和高技术人才,研究和开发尖端技术产品,促进科技和经济发展,智力、资金高度集聚的特定区域,是从事高科技研究,并对其成果进行测试、生产的新型开发区。世界上较著名的科技工业园区有美国的"硅谷"、日本的"筑波科学城"以及我国台湾地区的"新竹科学工业园区"等。

5.2 物流外包

5.2.1 物流外包概述

5.2.1.1 外包的概念

外包(Outsourcing)意为"外部寻源",是授权一家合作伙伴管理自己的部分业务或服务,进一步说是把非核心的业务及服务交给更专业的公司去做。企业在充分发展自身核心业务的基础上,整合、利用外部最优秀的专业化资源,从而达到降低成本、提高生产效率和资金运用效率、增强企业对环境的迅速应变能力的一种经营管理模式。

外包行业的兴起得益于提高“企业核心竞争力”这个管理理念的普及，从20世纪80年代后期开始，由美国逐渐发展到日本、欧洲，成为全球企业界的一股潮流。核心竞争力内化于企业组织，其他竞争对手难以模仿、难以替代；核心竞争力能够为企业提供进入多个现实和潜在市场的途径，能够在较大范围内实现企业的价值；核心竞争力能够为顾客创造特殊的价值，使企业在市场竞争中具有独特的相对优势。可见，企业核心竞争力是企业赖以生存的关键要素，可以是某项技术、技能或管理机制。它可表述为：企业核心竞争力是企业经过长期的努力、实践形成的、蕴含于企业内质中的、企业独具的、支撑企业过去、现在和未来竞争优势，并使企业在竞争环境中能占据主动的核心能力。

5.2.1.2 物流外包

(1)物流外包的概念。在社会分工的基础上，为满足货主企业的物流需求，出现了作为物流服务提供者的专业物流企业。企业为了提高物流效率和服务水平，将物流管理作为生产经营管理活动中的一项重要内容。物流经营者借助现代信息技术，在约定的时间和空间位置按约定的价格向物流需求者提供约定的个性化、专业化和系列化的服务，也就是借助于外部的力量完成本该由其自身完成的物流功能。

(2)物流外包的优势。

第一，可集中精力发展核心业务。企业物流业务外包最主要的目的是强化企业核心竞争力。通过优化资源配置，集中时间、资金与资源发展自身的核心产业。

第二，加快企业重组。物流业务外包后，企业可以加快内部组织结构与流程的重组优化，从而提高管理效率，进而降低外部经营环境变化所带来的系统风险。

第三，降低企业成本。企业选择物流业务外包，另一个重要原因是第三方物流供应商拥有比本企业费用更低、更有效完成业务的服务系统和服务网络。企业通过外向资源配置，避免在资金、设备上的大额投资。在国际贸易中涉及的远途运输，如海运、空运和铁路运输等只能外包。

第四，利用外部资源。如果企业不具备有效完成物流业务的资源，企业可以选择物流业务外包，从而弥补自身资源和能力的不足，最终提高核心产品的竞争力。

第五，实现信息共享与风险分担。企业通过与第三方物流供应商合作，能够实现信息共享，并共同分担风险，从而能够对市场的风云变幻作出快捷的反应。

(3)企业物流外包的形式。

第一，物流业务完全外包。物流业务完全外包是最彻底的外包形式。如果企业不具有自营物流的能力就应采取这种形式；企业具有自营物流的能力，则需进行物流系统评价，如评价的结果倾向于外包，企业就可关闭自己的物流系统，将所有的物流业务外包给第三方物流供应商。

第二，物流业务部分外包。企业将物流业务分成两部分：一部分是可以自营的业务；另一部分是非自营的业务。企业将非自营的业务或者低效的自营业务外包给第三方物流供应商。

第三，物流系统接管。物流系统接管是企业将物流系统全部卖给或承包给第三方物流供应商，也称为物流社会化。第三方物流供应商接管企业的物流系统并继续聘用原来的员工。

第四，战略联盟。企业与第三方物流供应商或其他企业合资，企业保留物流设施的部分产权，并在物流作业中保持参与。同时，物流合同商提供部分资本和专业服务，企业也为合资者提供特色服务，达到资源共享的目的。

第五，物流系统剥离。物流系统剥离是指企业将物流部门分离出去，使其成为一个独立的子公司，允许其承担其他企业的物流业务。

第六，物流业务管理外包。物流业务管理外包是指企业拥有物流设施的产权，将管理职能外包出去。

(4)物流外包的发展趋势。物流外包是未来物流业发展的一大趋势。以美国市场为例，生产企业的仓储外包率和运输的外包率显著上升。物流外包的发展和企业物流外包率的上升为各个行业带来了很大的利益，各个行业通过改善供应链管理能够很好地提高生产效率。汽车业中的物流外包是一个很明显的例子，如通用汽车公司和美国的 CNF 物流公司建立了一个合资企业，通用汽车公司价值 10 亿美元的物流活动完全由这个合资公司来完成。

中国仓储协会的一项调查表明，很多企业拟将所有的物流业务外包给第三方，物流经营由社会化、专业化的物流公司来做，比生产企业自己做更具优势。从目前来看，最有条件从事专业化物流服务的是运输与邮政部门，强大的运输网络与配送体系是运输与邮政部门发展物流业的最大优势。从中国邮政的特快专递到中国铁路小件货物特快专递运输公司(中铁快运)，再到民航的中国货运航空公司(中货航)，纷纷打起了“物流”的大旗，争先欲做中国物流业的“排头兵”。

欧洲 IDC 公司发表的报告称，欧洲物流业中的领先者和后起之秀正在努力增强其外包能力，从而应对欧洲市场上对物流业务外包不断增长的需求。欧洲市场上的大型物流服务供应商改变了以往在邮政、运输和仓储领域中提供分散服务的方式，正通过提供全套供应链管理服务提升其价值链。IDC 公司调查了欧洲 7 家大型物流企业，发现这些企业大多数正在努力把自己发展成为领先的物流服务供应商。要想成为领先的物流服务供应商，必须具备与客户、供应商和第三方公司整合内部资源、管理整套供应链的能力，尤其能够使用信息技术和互联网技术。在所调查的公司中，大多都在提供增值服务，包括订单管理、支付管理、采购和供应商管理、呼叫中心管理和咨询服务，从而巩固其作为领先物流服务供应商的地位。电子商务的发展也推动了物流外包的扩大，越来越多的公司意识到，良好的物流和履单能力是电子商务的基础，从而出现了专为在线交易商服务的电子履单公司，那些领先的物流公司也开始进入这一领域。

5.2.2 第三方物流

5.2.2.1 第三方物流的概念

现代物流的形式按照提供物流服务的主体不同分为自营物流和第三方物流。自营物流是指企业为了自己的方便而使用自己的物流设施和工具完成物流业务。它包括自营运输、自营保管和自营包装等。我国 2001 年颁布的国家标准《物流术语》中，将第三方物流定义为“供方与需方以外的物流企业提供物流服务的业务模式”。第三方物流(Third Party logistics，TPL)是由物流业务的供方和需方之外的第三方物流服务提供者在特定的时间内，按照特定的价格向使用者提供的个性化的系列物流服务。这种物流服务是建立在现代电子信息技术基础之上的,企业之间是联盟关系。第三方物流服务业这一称谓中的“第三方”是相对于“第一方”托运人和“第二方”收货人而言的。它是通过与第一方或第二方,或者与这两方合作,承包提供其专业化的物流服务。第三方物流因为它常常以物流外包合同的形式进行操作,因此有时又被称为合同物流、物流外包。

在美国的有关专业著作中将第三方物流定义为:通过合同的方式确定回报,承担货主企业全部或一部分物流活动。所提供的服务包括与运营相关的服务、与管理相关的服务以及两者兼而有之的服务。无论哪种服务形式,都必须高于过去的公共运输业者和契约运输业者所提供的服务。

在日本,对第三方物流的理解是:供方和需方以外、不持有商品所有权的第三方向货主企业提供物流系统,为货主企业全方位代理物流业务。

从对外委托的角度来理解,第三方物流与传统的对外委托的不同之处在于:传统的对外委托只是将企业物流活动的一部分,主要是物流作业活动,如货物运输、货物保管交给外部的货运企业或仓储企业去做,而库存管理、物流系统设计等物流管理活动以及一部分企业内部物流活动仍然保留在本企业。有些能够提供物流系统的物流企业并非以货主企业物流合理化为目标为其设计物流系统,而第三方物流企业则是站在货主的角度,以货主企业物流系统和运营管理合理化为设计目标。第三方物流企业不一定具有物流作业能力,也就是说,可以没有物流设施和运输工具,不直接从事运输、保管等作业活动,只是负责物流系统设计并对物流系统运营承担责任。具体的作业活动可以采取对外委托的方式,交给专业的运输企业和仓储企业去完成。

企业在选择第三方物流服务时一般都签订专门的合同,规定服务项目和目标。第三方物流服务应按客户的业务流程定制,为企业提供特殊的、个性化的专属服务,体现个性化的物流服务理念,企业与客户之间建立长期的战略合作伙伴关系。

5.2.2.2 第三方物流企业的类型

(1)按第三方物流企业来源分类,有以下四种类型:

第一,在传统仓储、运输、货代等企业的基础上改造转型而来的第三方物流。这些物流企业目前在我国占据较大的市场份额,凭借原有的物流业务基础和在市场、经营网络、设施及企业规模等方面的优势,不断拓展和延伸其物流服务,逐步转化为现代物流企业。

第二,工商企业原有物流服务职能剥离,逐步独立。传统工商企业对物流的控制方式是自建的物流系统,所有的物流资源属于企业所有。随着核心竞争力管理理念的普及,一些企业将物流业务剥离,由原来的子公司逐步独立并社会化。

第三,不同企业、部门间物流资源互补式联营。一种是企业与第三方物流公司联营设立第三方物流公司;一种是资源互补的不同部门共同出资成立股份有限公司,形成利益共同体,以提高核心竞争力。

第四,新创办的第三方物流公司。随着经济的发展,新创立的物流公司不断涌现。

(2)按第三方物流企业资本归属分类,有以下三种类型:

第一,中外合资物流企业。这些企业具有丰富的行业知识和运营经验,有良好的客户关系、先进的系统以及来自总部的强有力的财务支持。它们一方面为原有客户进入中国市场提供延伸服务;另一方面运用自身的经营理念、经营模式和优质服务吸引中国企业。

第二,民营物流企业。我国民营物流企业多产生于20世纪90年代以后,业务地域、服务、客户相对集中,发展迅速,但是只拥有有限的固定资产,对市场的扩张缺乏强有力的财力支持。

第三,国有物流企业。多数国有物流企业是借助于原有物流资源发展而来的。它们拥有全国性的业务网络和许多运输、仓储资产及良好的关系网,注重内部文化,但效率较低。

(3)按第三方物流企业的服务功能分类,有以下三种类型:

第一,运输型物流企业。主要业务活动以为客户提供门到门运输、门到站运输、站到门运输、站到站运输等一体化运输服务,以实现货物运输为主。

第二,仓储型物流企业。仓储型物流企业以从事区域性仓储为主,为客户提供货物储存、保管、中转等仓储服务及配送服务,还可以提供其他增值服务,如流通加工、商品经销等。

第三,综合服务型物流企业。综合服务型物流企业从事多种物流服务活动,可以为客户制定整合物流资源的解决方案,提供物流咨询服务,根据客户需求提供物流一体化服务。

(4)按第三方物流企业资源占有情况分类,有以下两种类型:

第一,资产型第三方物流。这类企业拥有自己的运输、仓储设施设备,为各个行业提供标准的运输或仓储服务。

第二,非资产型第三方物流。这类企业是一种物流管理公司,运用自己的物流专业知识和管理系统专门管理客户的各种物流功能,为客户提供第三方物流服务。它们不拥有自己的运输、仓储设施设备,如有需要可以租赁取得。

5.2.2.3 第三方物流的管理模式

(1)信息化管理模式。快速发展的计算机网络,日益开放的全球技术经济市场,使第三方物流公司不可能再固守一隅以求得生存,这是一个生死攸关的战略转折点。随之而来的全球电子商务的发展把第三方物流推向了技术化、科技化、信息化,第三方物流公司从出现开始即注定了它是信息时代信息化的产物。信息化管理在传统公司的成功证实了第三方物流公司对信息化管理推崇的正确性。

(2)系统化管理模式。第三方物流公司的管理需要有一个系统支持,管理技术与管理手段都要有系统作保证,物流的系统化将是第三方物流公司"取之不尽"的源泉。良好的物流系统将使物流系统的作用发挥到最高水平,使物流系统的聚合作用大于诸多单个物流公司作用的累加。如果物流系统建立得不合理,不仅降低作用合力,还将有可能产生由于相互抵消作用而导致公司走入恶性循环的结果。

(3)后勤管理模式。物流管理的目标是管理供应链,即管理从供应商到最终用户的价值增加的流程。因此,后勤工作的任务是协调供应商、采购代理、市场营销人员、渠道成员和顾客的活动。对第三方物流公司而言,后勤工作成为公司正常运行的有力支持。通过后勤工作的协调活动,第三方物流公司能合理安排代理配送业务活动过程中的各个环节,对于公司协调与厂商、消费者之间以及公司协调自身运作有着不可估量的作用。随着电子商务的发展,顾客的需求不断升级,后勤工作也必须作出相应的调整,以获取市场份额。

(4)全过程管理解决方案。全过程控制是物流管理的核心问题。供应商必须全面、准确、动态地把握散布在全球(或全国)各个中转仓库、经销商、零售商以及汽车、火车、飞机和轮船等各种运输环节之中的货物流动状况,并以此为根据随时发出调度指令,制定生产和销售计划,调整市场策略。对于大型商业机构而言,没有全过程的物流管理就根本谈不上建立有效的分销网络和供应配送体系。信息系统是支撑物流管理全过程最重要的基础之一。

5.2.3 第四方物流

5.2.3.1 第四方物流的概念

企业将其整个供应链流程外包给单一的专业组织,由它们评估、设计、制定及运作全面的供应链集成方案,即是第四方物流。因此,第四方物流是物流业发展和提升的推力。

第四方物流的概念是由美国安盛咨询公司在1988年率先提出并注册的,它的定义是:"物流服务提供者是一个供应链的集成商,它对公司内部和具有互补性的服务提供者所拥有的不同资源、能力和技术进行整合和管理,提供一整套供应链解决方案,称为第四方物流(Fourth Party Logistics,FPL)"。第四方物流不是一个另类的物流组织,同第三方物流一样,是一个物流服务提供商,只不过是作为服务某一个性化、复杂化的物流客户,将相关的物流组织协调整合在一起的核心物流组织或各相关物流活动的集成者。从战略联盟的角度来看,第四方物流服务商是物流企业战略联盟的组织者和推动者,其目的是通过组织、协同各相关物流服务企业,更好地为顾客提供一流的物流服务。第四方物流主要为货主服务,以整合整个供应链的职能为重点,寻找每个领域的行业最佳供货商或是最佳的服务提供商,将这些不同的物流服务整合,以形成最优方案。依靠业内最出色的供货商、IT技术服务提供商、管理咨询顾问、第三方物流服务提供商和其他增值服务提供商,为客户提供最优的供应链解决方案,并对现有资源进行有效整合和重新配置,从而达到从整个供应链的角度提高运作效率、降低运营成本、为客户提供跨功能作业一体化的运作空间的目的。

5.2.3.2 第四方物流的特点

(1)第四方物流提供一整套完善的供应链解决方案。第四方物流集成了管理咨询和第三方物流服务提供者的能力。更重要的是,一个前所未有的、使客户价值最大化的统一的技术方案的设计、实施和运作,只有通过咨询公司、技术公司和物流公司的齐心协力才能够实现。第四方物流具有再造、变革、实施、执行四大特点。

第一,再造。供应链过程协作和供应链过程的再设计。第四方物流最高层次的方案就是再造。供应链过程的显著改善,要么是通过各个环节计划和运作的协调一致来实现,要么是通过各个参与方的通力协作来实现。再造过程就是基于传统的供应链管理咨询技巧,使得公司的业务策略和供应链策略协调一致;同时,在这一过程中技术又起到了催化剂的作用,整合和优化了供应链内部和与之交叉的供应链的运作。

第二,变革。通过新技术实现各个供应链职能的增强。变革的努力集中在改善某一具体的供应链职能,包括销售和运作计划、分销管理、采购策略和客户支持。在这一层次上，供应链管理方案的成败变得至关重要。领先和高明的技术，加上战略思维、流程再造和卓越的组织变革管理，共同组成最佳方案，对供应链活动和流程进行整合与改善。

第三，实施。流程一体化、系统集成和运作交接。一个第四方物流服务提供者帮助客户实施新的业务方案，包括业务流程优化，客户公司和服务提供者之间的系统集成，以及将业务运作转交给第四方物流的项目运作小组。项目实施过程中应当对组织变革多加关注，因为“人”的因素往往是 FPL 管理成败的关键。最重要的是避免出现一个设计得非常好的策略和流程实施无效的结果，因而削弱了方案的有效性，影响了项目的预期成果。

第四，执行。承担多个供应链职能和流程的运作。第四方物流开始承接多个供应链职能和流程的运作责任，其工作范围远远超越了传统的第三方物流的运输管理和仓储管理的运作，包括制造、采购、库存管理、供应链信息技术、需求预测、网络管理、客户服务管理和行政管理。尽管一家公司可以把所有的供应链活动外包给第四方物流，通常的第四方物流也只是从事供应链功能和流程的一些关键部分。

(2)第四方物流通过其对整个供应链产生影响的能力来提高价值。第四方物流充分利用了一批服务提供者的能力，包括第三方物流、信息技术供应商、合同物流供应商、呼叫中心和电信增值服务商等，再加上客户的能力和第四方物流自身的能力。

总之，第四方物流通过提供一个全方位的供应链解决方案满足今天的公司所面临的广泛而复杂的需求。这个方案关注供应链管理的各个方面，既提供持续更新和优化的技术方案，同时又能满足客户的独特需求。

5.2.3.3 成为第四方物流的前提条件

第四方物流的前景非常诱人，但是进入第四方物流的门槛也非常高。美国和欧洲的经验表明，要想进入第四方物流领域，企业必须在某一个或某几个方面具备很强的核心能力，并且有能力通过战略合作伙伴关系很容易地进入其他领域。专家列出了一些成为第四方物流的前提条件：世界水平的供应链策略制定，业务流程再造，技术集成和人力资源管理能力；在集成供应链技术和外包能力方面处于领先地位；在业务流程管理和外包的实施方面有一大批富有经验的供应链管理专业人员；能够同时管理多个不同的供应商，具有良好的关系管理组织能力；全球化的地域覆盖能力和支持能力；对组织变革问题的深刻理解和管理能力。

第四方物流不仅控制和管理特定的物流服务，而且对整个物流过程提出策划方案，并通过电子商务将这个过程集成起来。作为能与客户的制造、市场及分销数据进行全面、在线连接的一个战略伙伴，第四方物流与第三方物流一样，它是可以在可预见的将来得到广泛应用的。

5.2.3.4 第四方物流的运作模型

(1)协同运作模型。第四方物流和第三方物流共同开发市场，第四方物流向第三方物流提供一系列的服务，包括技术、供应链策略、进入市场的能力和项目管理的能力。第四方物流在第三方物流公司内部工作，其思想和策略通过第三方物流这样一个具体实施者得以实现，达到为客户服务的目的。第四方物流和第三方物流一般会采用商业合同的方式或者战略联盟的方式合作。

(2)方案集成商模型。在这种模式中,第四方物流为客户提供运作和管理整个供应链的解决方案。第四方物流对其自身和第三方物流的资源、能力和技术进行综合管理,借助第三方物流为客户提供全面的、集成的供应链方案。第三方物流通过第四方物流的方案为客户提供服务,第四方物流作为一个枢纽,可以集成多个服务供应商的能力和客户的能力。

(3)行业创新者模型。在行业创新者模型中,第四方物流为多个行业的客户开发和提供供应链解决方案,以整合整个供应链的职能为重点;第四方物流将第三方物流加以集成,向下游的客户提供解决方案。在这里,第四方物流的责任非常重要,因为它是上游第三方物流的集群和下游客户集群的纽带,行业解决方案将为全行业带来最大的利润,提高全行业的效率。

第四方物流无论采取哪一种模式,都突破了单纯发展第三方物流的局限性,能真正低成本运作,实现最大范围的资源整合。因为第三方物流缺乏跨越整个供应链运作以及真正整合供应链流程所需的战略专业技术。第四方物流可以不受约束地去寻找每个领域的“行业最佳”提供商,对这些不同的物流服务进行整合,以形成最优方案。第四方物流的成功关键是以“行业最佳”的方案为客户提供服务与技术。第四方物流方案的开发使第三方物流提供商、技术服务提供商和业务流程管理者的能力得到了平衡,通过一个集中的接触点,提供了全面的供应链解决方案。第四方物流将客户的供应链活动和贯穿于这些“行业最佳”的服务商中的支持技术,以及他们自身的能力集成到一起。

5.3 物流园区

5.3.1 物流园区概述

物流园区是物流业发展到一定阶段的必然产物。目前,我国物流产业的发展正处在起步阶段,积极培育第三方物流企业和规划建设现代物流园区是推进我国现代物流发展的两大主题,也是发达国家发展现代物流产业的成功经验。科学地规划建设物流园区有利于建设现代物流业的环境,发挥整体效益,有利于改善城市的交通、生态环境和城市景观,优化城市的功能布局,增强城市的综合竞争力。

物流园区是指在物流作业集中的地区,在多种运输方式衔接地,将多种物流设施和诸多物流企业在空间上集中布局的场所,也是一个有一定规模的和具有多种服务功能的新型物流业务载体。

物流园区按照专业化、规模化的原则组织物流活动,园区内各经营主体通过共享相关基础设施和配套服务设施,发挥整体优势和互补优势,进而实现物流集聚的集约化、规模化效应,促进载体城市的可持续发展。

5.3.2 物流园区的选址

物流园区的规划布局应本着有利于该区域物流的改善,有利于全国物流体系的形成和改善的原则,选址时应充分考虑物流园区的类型、辐射半径、地区资源,特别是交通等方面的因素,以设置在下述四个地区或地点为好。

(1)位于区域或城市中心区的边缘地区,一般在道路网的外环线附近。

(2)位于内外交通枢纽的中心地带,至少有两种以上运输方式连接,有利于多式联运的开展,特别是铁路和公路。

(3)位于土地开发资源较好的地区,用地充足,成本较低。

(4)位于区域或城市物流的节点附近,现有物流资源基础较好,一般有较大物流量产生,如工业园区、大型卖场等,有可利用和整合的物流资源。

总之,物流园区的选址要有利于整个地区物流网络的优化和信息资源的利用。

5.3.3 区域中的物流园区服务功能与扩展

5.3.3.1 货运集散功能

物流园区可通过开展国际多式联运及其代理业务扩展其货运集散功能。国际集装箱多式联运主要是为外贸进出口提供集装箱货物运输、仓储堆存、拆装分拨、中转和公铁联运,以及陆海联运、陆港联运等服务;为企业进出口货物提供报关、商检、动植物检疫、卫生检疫、保税仓储和签单等"一站式"通关服务;为国内货物运输、货源及运力信息、配载中转等提供服务的功能;为零担货物运输、仓储、中转和联运等提供服务功能。

5.3.3.2 信息网络平台服务功能

信息网络平台服务功能主要是运用现代信息网络技术为政府管理系统和货运物流企业提供高效、可靠、安全和全方位的信息服务支持,主要包括 EDI(电子数据交换)系统、EOS(电子订货)系统、GPS(全球卫星定位)系统、GIS(地理信息)系统、RFID(射频技术)系统、条形码技术、智能电子标签技术、自动化仓库管理技术和物流数据库等数码信息技术服务功能。

5.3.3.3 综合管理服务功能

综合管理服务功能主要包括三项:政府工商、税务"一站式"管理服务功能;物流业务知识培训、人才交流和标准化建设等服务功能;生产和生活服务功能。

5.3.3.4 现代物流综合服务延伸功能

现代物流综合服务延伸功能主要包括三项:城市商贸流通、连锁经营和物流配送综合服务功能;专项商品物流方案设计服务功能;商品博览交易会展服务功能。

本专题要点归纳

本专题由商物分离学说引出国际贸易与国际物流的关系,重点讲述了国际物流的主要业务,物流外包的概念、优势及发展趋势,国际物流中心、物流园区的概念及功能等。

延伸阅读

我国国际航运与物流中心的建设与发展

国际航运中心和物流中心是两个紧密联系的统一体。从交通及物流视角来看,国际航运中心是在以世界一流深水大港为核心的区域综合交通大体系中,发挥综合协调、服务和交易等功能的国际枢纽,是在国际网络化综合流通服务大体系中市场与信息的中心平台,是国际集装箱多式联运的干线枢纽港和中转港,是国际物流配置分拨仓储加工的临海综合基地。物流中心是将各种物流设施和不同类型的企业在空间上集中布局的场所,也就是具有一定规模和为客户提供增值服务的物流企业平台和中转基地,处于城市的边缘。

现代物流是将信息、运输、仓储、库存等物流活动综合起来的一种新型的集成式管理。由此可见,航运中心是物流中心的前提和基础。同样,物流中心也是对航运中心的扩展和延伸。二者相辅相成,缺一不可,共同发挥着对周边地区和内陆腹地的服务、辐射功能。

国际航运与物流中心的形成是与当地经济、政治、文化环境以及地理条件密切相关的,其前提是国际经济、贸易中心的存在。典型的国际航运中心均是以面向海洋、航运业发达的国际大都市作为依托,有优越的自然条件、多层次的集疏运输体系、航线稠密的大型集装箱枢纽港和深水航道等硬件设施,能够为物流业提供金融、贸易、信息等各方面服务的软件功能的港口城市。目前,世界主要国际航运中心和国际物流中心城市为伦敦、纽约、鹿特丹、新加坡及中国香港等。中国有竞争实力的城市主要是上海、青岛、天津。

一、建设和发展国际航运中心应具备的主要条件

1. 港口条件。要有便利的交通设施和天然良港,拥有深浅配套、功能齐全的码头泊位,相应的装卸设备和堆存设施以及适应现代船舶大型化趋势的深水航道;地理位置优越,其地理位置一般位于国际主干航线上,或者本身就是国际主干航线的起点;港口的水文、气候条件良好。

2. 经济条件。国际航运中心的形成无一不依托与腹地经济的快速发展和对外贸易的剧增,具有充足的集装箱流量。

3. 技术条件。先进的管理技术、经验,高科技含量的生产技术、设施设备等。

4. 具有完善的后方集散运系统。国际航运中心必须拥有畅通的后方集疏运系统,航运中心的特征不仅表现在它拥有一套完善的海运系统,而且还必须具有高度发达的集疏运网络系统,包括铁路、公路、沿海、内河及航空等集疏运系统。

5. 信息通信网络系统。在国际航运与物流中心,必须拥有电子数据交换(EDI)系统,发达的海陆空、区域性或行业性互交网络、全球通信网络。物流服务极其广泛,托运人、承运人和收货人等经营者之间通过现代通信和电子信息网络的技术优势,随时可以传送各种单证、文件和报表,并可以进行网上业务商谈、开会讨论等活动,信息通信畅通无阻。

6. 体制和政策条件。国际航运中心的集散调配功能的辐射至少是一个区域性的国际市场,所以,在其市场体系、法律制度环境、政策状况方面就体现出三个基本要求,即国际化、自由化和稳定化,为货物、船舶的进出和资金融通提供最大的便利。

二、我国国际航运与物流中心的建设与发展

1. 加强基础设施建设。作为国际航运中心,港口的建设力度还需要进一步

加大，主要包括码头泊位的大型化、深水化、集装箱化，以及多功能码头泊位的改造。物流中心要加大基础设施投资，以提高装卸作业能力，以低成本、高效率和优质的综合物流服务提高吸引力，扩大服务面。

2. 完善服务环境。强化金融、证券、保险、财务、资产管理、咨询和信息等服务功能，营造良好的商务环境；要具有贸易服务、市场运营、展览展销、信息集散、社会监督和人才交流等综合功能；必须及时修订现有的海事法律、法规、港口法规等，实行诸多优惠政策，以招揽更多直接、中转货运量，如物流服务零时间滞期、理货零时间签证、货物通关代理，以及全面免除中转货物入港费等。

3. 积极引进高端航运物流服务企业。国际航运中心和国际物流中心应当是航运物流企业特别是具有国际竞争力的大型航运物流企业的聚集区。要积极创造有利于物流企业发展的创业环境，鼓励现有国有物流企业兼并重组，向现代物流转型，鼓励大型企业做大做强，扶持发展中小企业，积极支持民营企业，培育自主物流服务品牌。

4. 促进公共信息平台体系建设。政府要从加强监管和公共服务的角度出发，在现有物流信息化的基础上，积极推动更多的、与大通关密切相关的管理部门、口岸物流单位在电子口岸平台上实现信息共享，构筑大口岸、大通关、大物流和大外贸统一信息的平台，促进社会物流资源的优化配置。

案例解析

物流服务外包的效益

企业选择物流外包主要是为了节约物流费用，提高物流速度，减少资金占压等。这就要求物流外包商的反应速度要快，效率要高，质量要使需求者满意。

【案例一】 联合利华的物流外包

在联合利华，产品从生产线下线以后的工作全部外包给上海友谊物流集团公司完成，包括储运、盘点、货物的流通加工（如消毒、清洁、礼品和促销包装、贴标签、热塑封口等），联合利华就可以集中精力从事新产品开发，扩大市场网络等工作。联合利华的物流服务商——友谊物流公司提供24 小时发货信息的联网服务，24 小时随时可以上网查询货物所在的地点。友谊物流公司还与联合利华休息时间一致，保持全天候储运，顾客的需求就是工作的出发点，顾客的满意就是工作的终点。为了降低运输成本，友谊物流公司采用了一种公交车的方式，即用户可以随时装货和卸货，这样可以降低整个物流成本。这种公交车方式能够提高满载率，按照客户的分布对物流的路线进行策划，通过外包使提高物流服务质量更有保障。

【案例二】 上海家化的整体物流外包

上海家化邀请惠尔公司对其物流运作进行评估。惠尔公司通过分析上海家化的物流现状得出的结论是：庞大的企业物流管理团队；同营销网络相匹配的仓储运输网络；已有的物流设施比较齐全；物流供应商众多；仓储系统比较分散；物流部门同制造部门、采购部门职能不够明晰，协调管理成本高、难度大。由此导致的结果是：市场反应过缓，影响销售工作；运作环节多，信息沟通不畅；总体物流运作成本较高。

针对上述情况，惠尔为上海家化提出三点建议：

1. 减少现有仓储、运输、配送等物流供应商，整合资源，降低管理成本。

2. 改变现有上海家化物流配送模式，采取仓库集中管理、统一配送模式，以减少参与运作的因素和环节，降低物流成本，提高物流运作效率，减少货损、货差现象。

3. 借用有效的社会资源，与专业第三方物流公司合作，整合现有的运作体系和人员，真正实现整体外包。

同时，在对上海家化的物流运作系统各个环节进行全面考察的基础上，惠尔的物流咨询和运作专家对家化的总体物流成本进行深入分析，确定在家化的物流系统中继续维持的部分、可以改善的部分和必须放弃的部分，然后对整体的物流系统从人员、管理、设施和流程方面进行全面整合，并分四个阶段加以实施。

惠尔物流承担了上海家化的三项业务：①负责每年数万吨、价值20亿元的货物运输与中转；②在数万平方米的仓库中管理着四五千种产品和数万个批次的家化产品；③根据家化的订单，准确及时地将上海家化的产品发往全国数千个目的地。这样，上海家化取得了物流改善的效果：库存大幅度下降，资金周转速度更快，两年降低成本25%；物流人员大幅度精简；加强了对销售和市场的规范；对市场反应更加迅速，生产和销售的力量更加集中，市场竞争力得以增强。

阅读上述案例，并请回答：

(1)上述案例中各家公司是如何实现物流外包的？你如何理解他们的运作经验？

(2)通过上述案例，谈谈你对物流外包的理解。

(3)分析供应商与物流外包商在合作中会出现哪些问题。

【复习思考题】

1. 举例说明“商物分离”的经济活动。
2. 什么是国际物流？
3. 国际物流的操作难度表现在哪些方面？
4. 国际物流中心的含义是什么？
5. 物流外包的概念是什么？
6. 什么是第三方物流？
7. 第三方物流的管理模式有哪些？
8. 第四方物流的概念是什么？
9. 物流园区是指什么？

【案例分析与应用】

商物分离

商物分离理论是物流科学赖以生存的先决条件。所谓商物分离，是指流通中的两个组成部分——商业流通和实物流通各自按照自身的规律和渠道独立运行。社会进步使流通从生产中分离出来之后,并没有结束分离及分工的深入和持续。现代化的分工和专业化是向一切经济领域延伸的。第二次世界大战以后,流通过程中的上述两种不同形式出现了更明显的分离,从不同形式逐渐变成了两个有一定独立运动能力的不同运动过程,这就是"商物分离"。

"商",指"商流",即商业性交易,实际上是商品价值运动,是商品所有权的转让,流动的是"商品所有权证书",是通过货币实现的。

"物",即"物流",即马克思讲的"实际流通",是商品实体的流通。本来,商流、物流是紧密地结合在一起的,进行一次交易,商品便易手一次,商品实体便发生一次运动,物流和商流是相伴而生并形影相随的,两者共同运动,取同样过程,只是运动形式不同而已。在现代社会产生之前,流通大多采取这种形式,甚至今日,这种情况仍不少见。

商流和物流也有其不同的物质基础和不同的社会形态。从马克思主义政治经济学角度看,在流通这一统一体中,商流明显偏重于经济关系、分配关系、权力关系,因而属于生产关系范畴;物流明显偏重于工具、装备、设施及技术,因而属于生产力范畴。所以,商物分离实际上是流通总体中的专业分工、职能分工,是通过这种分工实现大生产式的社会再生产的产物。这是物流科学中重要的新观念。物流科学正是在商物分离的基础上才得以对物流进行独立的考察,进而形成的科学。但是,商物分离也并非绝对,在现代科学技术有了飞跃发展的今天,优势可以通过分工获得,优势也可以通过趋同获得,"一体化"的动向在原来许多分工领域中变得越来越明显,在流通领域中,发展也是多形式的,绝对不是单一的"分离"。

商物分离模式的特点表现在四个方面。

1. 保管。取消总公司仓库和营业仓库分散保管方式而代之以配送中心集中保管。

2. 输送。原先是从工厂仓库至总公司仓库,再到批发站仓库,最后到零售店,是商物一致的三段输送。而在商物分离模式中是由工厂仓库送至配送中心,然后直接送至零售店的两段输送。

3. 配送。原先是分别向各零售店送货,现改为回路配送。

4. 信息系统。不再由总公司、批发站和工厂分头处理,而是由信息中心集中处理,用现代化通信系统对各环节实施集中控制。

商物分离的优点表现在四个方面。

1. 为了营业方便,公司批发站一般设在都市的繁华地区,而配送中心可以设在郊外,与工厂之间的大批货物输送较为便利,可以缓解市内交通拥挤的现象。

2. 配送中心的仓库规模大,物流作业集中。同一地点处理的物流量大,便于采用机械化、自动化的保管设施和装卸机械,大幅度地提高了物流活动的生产率,同时也可以降低物流成本。

3. 配送中心实行回路配送,提高了运输设备的利用率,降低了运输费用,对用户的服务质量也可得到改善。

4. 使各部门的职能单一化,可以提高工作效率。

实现商物分离必须创造一定的条件,如商品标准化、合同标准化等,还应当建设完善的信息系统,保证总公司、工厂、配送中心以及批发站之间的信息交换协同统一。

商物分离的方式有两种。

1. 订货活动与配送活动相互分离,把自备卡车与委托运输或共同运输联系在一起,降低运输费用并压缩固定费用开支。

2. 把同一系统负责一定范围的物流据点合并,加强物流管理一元化,压缩流通库存,减少交叉运输,便于工厂大批量运货,提高物流系统效率。

请分析同样一笔交易在"商物一体"与"商物分离"的不同情况下,消费者的消费行为有何区别?

根据你对"商务分离"的理解,请例举一种商品,说明从原料采购到成品销售再到消费者手中,期间有多少物流环节可以外包,如何衡量外包成本,如何决定是否进行物流外包。

专题六　行业物流概述

知识目标

了解港口物流、制造业物流、特殊化工产品物流、食品和医药物流、快递物流、连锁物流、会展物流和冷链物流的行业物流概况；掌握主要行业的物流活动与物流运作模式；能够对行业物流的运作案例进行分析与推演。

案例导入

通过团队的共同努力，“鲜速·李”物流服务有限公司终于在物流园区落户，并建成了占地3 000平方米的大型物流中心。在当地政府的协调下，优惠租用了附近1万平方米的停车场地，真正成为一个集运输、仓储、配送、流通加工和提供一揽子物流服务解决方案的中型物流企业，并进一步拓展了面向国际的物流服务业务。

现在，小李已经是一个拥有300名员工的企业家，你也成长为该企业的物流企划部部长。现在，公司已经不满足于仅仅为蔬菜农户和蔬菜商户提供服务，虽然公司在蔬菜的保存、运输、流通加工等方面积累了丰富的经验，并拓展了诸多海外业务和海外客户，但也希望将业务进一步向其他农产品的物流服务领域拓展。

根据公司目前的经验和设备条件，冷鲜肉市场和牛奶市场等对物流服务要求较高，且需要冷鲜车辆运输的特殊产品都是公司准备涉足的领域，特别是乳品业市场横跨农业、工业、零售业三大行业，供应链长，但乳品的时效性要求很高，物流难度大。于是，公司决定对冷鲜肉和乳品两大农副产品市场的物流服务需求进行调研，开拓这两大市场，扩大自己在农产品物流服务市场的规模。

你作为物流企划部部长应提交一套行之有效的物流业务拓展方案。那么你应当对哪些方面的情况进行调研？又应当从哪些方面规划冷鲜肉和乳品的物流服务体系？

6.1 港口物流

6.1.1 港口物流的概念

港口物流是指中心港口城市利用其自身的口岸优势，以先进的软硬件环境为依托，强化其对港口周边物流活动的辐射能力，突出港口集货、存货和配货特长，以临港产业为基础，以信息技术为支撑，以优化港口资源整合为目标，发展具有涵盖物流产业链所有环节特点的港口综合服务体系。港口物流是特殊形态下的综合物流体系，是物流过程中的一个无可替代的重要节点，将完成整个供应链物流系统中基本的物流服务和衍生的增值服务。

6.1.2 典型港口物流模式

世界港口的发展大体经历了三代：第一代港口功能定位为纯粹的“运输中心”，主要提供船舶停靠、海运货物的装卸、转运和仓储等；第二代港口功能定位为“运输中心＋服务中心”，除了提供货物的装卸仓储外，还增加了工业和商业活动，使港口具备了货物的增值功能；第三代港口功能定位为“国际物流中心”，除了作为海运的必经通道在国际贸易中继续保持有形商品的强大集散功能并进一步提高有形商品的集散效率之外，还具有将有形商品、技术、资本和信息的集散整合为一体的物流功能。目前，世界主要港口中第二代港口仍是发展的主流。随着经济全球化、市场国际化和信息网络化的发展，一些大型港口已经开始向第三代港口转型。

在港口物流发展过程中，港口物流发展是一个由成本理念到利润理念再到综合物流服务理念的过程。成本理念追求的是降低物流总成本；利润理念追求的是获取最大利润；综合物流服务理念除追求商品自然流通的效率和费用外，还强化客户服务意识，切实转变经营和管理方式，按现代物流的要求进行整合，以客户为中心进行管理和控制，提供完善的物流服务。

6.1.2.1 鹿特丹港模式

鹿特丹港位于莱茵河与马斯河入海的三角洲，濒临世界海运最繁忙的多佛尔海峡，是荷兰和欧盟的货物集散中心，有“欧洲门户”之称。目前，该港年吞吐量有超过5亿吨的纪录，当之无愧地占据着世界第一大港的地位。鹿特丹港口物流的发展经验与模式分析如下。

(1)多样化的集装箱运输形式。鹿特丹港是欧洲最大的集装箱码头，它的装卸过程完全用电脑控制，集装箱装卸量已超过320万箱。鹿特丹港的集装箱运输形式主要有公路集装箱运输、铁路集装箱运输和驳船集装箱运输。

(2)港城一体化的国际城市。鹿特丹港作为重要的国际贸易中心和工业基地，在港区内实行“比自由港还自由”的政策，是一个典型的港城一体化的国际城市，拥有大约3 500家国际贸易公司，拥有一条包括炼油、石油化工、船舶修造、港口机械以及食品加工等部门的临海沿河工业带。

(3)现代化的港口建设。鹿特丹港以新航道为主轴,港池多采用挖入式,雁列于主航道两侧,按功能分设干散货、集装箱、滚装船、液态货及原油等专用和多用码头,实行"保税仓库区"制度,构成由港口铁路、公路、内河、管道和城市交通系统及机场连接的集、疏、运系统。

(4)功能齐全的配送园区。鹿特丹港在货物码头和联运设施附近大力规划建设物流园区,其主要功能有拆装箱、仓储、再包装、组装、贴标、分拣、测试、报关、集装箱堆存修理以及向欧洲各收货点配送等,发挥港口物流功能,提供一体化服务。

(5)不断创新的管理机制。鹿特丹港务管理局不断进行功能调整,由先前的港务管理功能向物流链管理功能转变,继续扩大港口区域,尝试使用近海运输、驳船和铁路等方式,促进对物流专家的教育和培训,建设信息港,发展增值物流。

6.1.2.2 安特卫普港模式

安特卫普港位于比利时北部斯海尔德河下游,距北海约 80 公里处,是欧洲第二大港、世界第四大港,港口接近于欧洲主要生产和消费中心。港口吞吐量的一半为转口贸易,是欧洲汽车、纸张、新鲜水果等产品的分拨中心,运输量几乎 100% 是国际运输。其港口物流发展的经验与模式分析如下。

(1)完善的交通网络。安特卫普港与世界 100 多个国家和地区建立了贸易关系,拥有的 300 多条班轮航线与世界上 800 多个港口相连,水运与密集的以高速公路、铁路为核心的陆运相衔接,形成完善的交通运输网络。

(2)良好的硬件设施。安特卫普港拥有汽车、钢材、煤炭、水果、粮食、木材、化肥、纸张及集装箱等专业码头,备有各式仓库和专用设备,建有炼油、化工、石化、汽车装备和船舶修理等工业开发区。

(3)现代化的信息服务。安特卫普港拥有现代化的 EDI 信息控制和电子数据交换系统,使用"安特卫普信息控制系统"(APICS)。私营行业还建立了"安特卫普电子数据交换信息系统"(SEAGHA),并与海关使用的"SADMEL 系统"以及比利时铁路公司使用的"中央电脑系统"等其他电子数据交换网相连。

6.1.2.3 香港港模式

香港港口连续多年保持世界第一繁忙货柜港的美誉,是世界最大的港口物流中心。其港口物流发展的经验与模式分析如下。

(1)发挥自身特点,利用独特的地理优势。香港以中国内地特别是经济发达的珠江三角洲为腹地发挥自身特点,依托中国内地,连接欧美,面向东南亚,重点做好占其港口吞吐量 83% 以上的转口贸易中的中转货运物流,把香港建设成为虚拟供应链控制中心,使香港物流业的覆盖面遍及整个内地。

(2)建设基础设施,提供良好的发展条件。香港港口是世界最大的集装箱港口,其港口物流的基础设施建设投入大、起点高,先进的港口设备堪称世界一流,其物流运作的速度和效率也是首屈一指。

(3)政府扶持,创造优越的发展软环境。香港地区政府一直重视物流业的发展,提出要把香港建成国际及地区首选的运输及物流枢纽中心。香港成立了物流发展督导委员会和香港物流发展局,强化与港口物流相匹配的服务功能,健全法律制度,提供金融与保险等一系列物流援助或服务、快捷高效的海关通关服务等。

(4)重视人才,提高物流管理水平。香港港口与大学和其他教育机构合作,培养一流的港口物流操作管理人才,同时通过建立全球公认的公务员廉洁制度,提高港口物流从业人员全员素质,从而提供优质的物流服务。

6.1.2.4 新加坡港模式

新加坡不仅有优良的深水港,还兴建了4个集装箱码头,每年可装卸超过1 500万个集装箱,是世界上第二大集装箱枢纽港。新加坡的远景目标是把该国发展成为集海、陆、空、仓储为一体的全方位综合物流枢纽中心。

新加坡港口采取了一系列新举措实现这一目标:一方面,调整港口管理策略并制定新措施,准备开放港口,允许船舶公司以合资方式拥有自营码头,并欢迎国际上的港口经营集团到新加坡投资发展码头。另一方面,注重技术改造,通过挖掘内部潜力来提高生产力。2002年3月,新加坡海事及港务管理局进行了一项试验性计划,在新加坡海港采用自动识别系统,避免船舶相撞并提高港口航行的安全。其港口物流发展的经验与模式分析如下。

(1)政府支持"一条龙"发展物流。1997年7月,新加坡物流倡导委员会制定发展纲领,同年,新加坡贸易发展局联合13个政府机构,开展"1997年物流业提升及应用计划",先后推出了"1999年物流业提升及应用计划"以及"2001年物流业提升及应用计划",成功地将运输、仓储、配送等物流环节整合成"一条龙"服务。

(2)物流与高科技相结合。新加坡物流公司基本实现了整个运作过程的自动化,新加坡政府启动"贸易网络"系统,实现企业与政府部门之间的在线信息交换,物流企业都先后斥资建成了电脑技术平台。

(3)专业性强,服务周到。新加坡境内的物流公司专业化、社会化程度高,可以为某一行业的企业提供全方位的物流服务,也可以为各行业的客户提供某一环节的物流服务。物流企业以满足客户需要为出发点和最终归宿点,由物流公司和客户共同研究选择出一种或几种最理想的服务方式,最终找出能最大限度为客户提供低成本的解决方案。

从以上四大港口发展的状况和采取的措施可以看出,向国际化、规模化和系统化发展,形成高度整合的"大物流",进一步拓展服务功能的"增值物流",打造技术密集型的"智能港"以及发展"虚拟物流链控制中心",是当前港口物流发展的主要特点和趋势。

思考

比较上述四种港口物流发展模式,哪种模式更适合我国内地港口物流的发展?通过搜集更多资料进行分类分析,谈谈这四种模式对我国各类港口物流业的发展有哪些启示。

6.1.3 典型的港口物流活动

典型的港口物流活动主要表现在港口航运服务、码头业务、通关服务、港区运输、保税物流以及信息服务等方面。

6.1.3.1 港口航运服务

港口航运服务包括引航服务、船务代理和理货服务等。

(1)引航服务。引航服务旧称引水、领港、领江,是指在一定的水域内(港口或内河),

由专门性的从业人员(即引航员)登上船舶,为船舶指引航向,把船舶安全地引进、带出港口,或在港内移泊。由于港口的航道条件构成了一个国家天然的屏障,事关一国的国防,因而,按照国际惯例,引航员必须由本国人担任,并且对出入港口的外籍船舶实行强制引航。这是一个国家引航权的体现,是国家主权的一部分。我国的港口对进出港口的外国籍船舶实行强制引航,并接受远洋、近海航运公司的申请,提供引航服务。引航工作对于保证船舶安全航行,提高港口作业效率,维护航行秩序等都具有重要的作用。

(2)船务代理。船务代理是根据船舶经营人的委托办理船舶有关营运业务和进出港口手续的工作。船舶代理分国内水运船舶代理和国际海运船舶代理。国内水运船舶代理通常由各港务管理单位办理;国际海运船舶代理有船舶揽货总代理和不负责揽货的船舶代理两种形式。船舶代理单位办理的业务包括组织货物运输,如组织货载等;组织旅客运输;安排货物装卸;为船舶和船员服务,代办各种手续;代办财务相关业务和船舶租赁、买卖等;商办海事处理和海上救助等业务。船舶代理机构各国设置不一,但业务内容大体相同。有的国家在同一港口有多家代理,有的是专门代理机构,有的则设在轮船公司之内,有的国家代理机构还设有仓库等设施。

(3)理货服务。理货是指船方或货主根据运输合同在装运港和卸货港收受和交付货物时,委托港口的理货机构代理完成的在港口对货物进行计数、检查货物残损、指导装舱积载以及制作有关单证等工作。一般理货服务均由位于港口的理货公司承担,业务内容包括国际、国内航线船舶的理货业务;国际、国内集装箱理箱业务;集装箱拆箱理货业务;货物的计量、丈量业务;监装、监卸业务;货损、箱损检定等业务。

6.1.3.2 码头业务

码头是物流链中的重要环节,是海运与陆运的连接点,是海陆多式联运的枢纽,是换装转运的中心。

码头业务通常包括检查口(闸口)核查业务、控制中心协调控制作业、泊位管理、船位策划、码头前沿装卸理货作业、船舶联检、码头堆场短期堆存和码头货运站集拼经营等业务。

图6-1为我国厦门某集装箱码头布局示意图。一般而言,码头主要设有闸口(包括码头闸口与海关闸口)、检查区[I]、空箱场[K]、重箱区(包括普通重箱区[A-E]、冻箱场[C8、E8]、危品场[EA])、维修区[W]、行政大楼即码头控制中心(A)和对外业务楼(B)等业务区域。

从进出口角度讲,一般货物出口的码头业务流程为:货主订舱—提运空箱(集装箱业务中)—装箱加封(集装箱业务中)—将货物送到码头—货物报检—检验检疫放行—货物报关—海关放行—通知装船—装货上船—船舶出口联检—船舶离港—交付提单。

一般货物进口的码头业务流程为:船舶进港—船舶联检—卸货—转运堆场或仓库—船公司发出到货通知—货主换单(提单)—货物报检—检验检疫放行—货物报关—海关检验放行—船公司放行—码头放行—提货—将货物送至目的地,落箱、掏箱后回空箱(集装箱业务中)。

从码头作业角度讲,配合货物进出口业务,码头需进行闸口检查业务、提送空箱的箱体核查、船舶进出码头的泊位策划、船舶联检作业、码头装卸业务及船位策划,同时伴有理

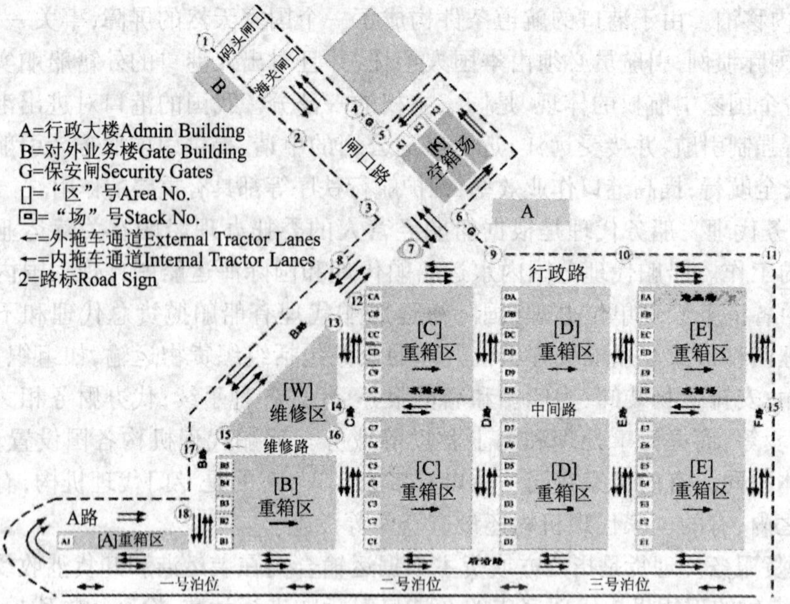

图 6－1　我国厦门某集装箱码头布局

货公司的理货业务、堆存货物的堆场策划与管理等。由于现代码头的信息化建设快速发展,我国大部分码头都采用码头信息系统管理的模式对码头业务进行管理。这样,码头人员、设备、车辆的调配,各项业务的操作与衔接,信息的传递等都可以通过码头控制指挥中心的信息系统进行管理控制,大大提高了码头的营运效率。

6.1.3.3　通关服务

进出口业务通关服务主要涉及货物的报检业务与报关业务。

(1)报检业务。报检是指办理商品出入境检验检疫业务的行为。报检单位一般是专门的报检公司或者货代企业由持有报检员资格证书的专门人员从事此项工作。

第一,入境货物检验检疫。一般入境货物需在报检后先放行通关,再进行检验检疫。

在法定检验检疫货物入境前或入境时,货主或其代理人(以下简称报检人)应首先卸货到口岸或到达站的检验检疫机构报检。

第二,出境货物检验检疫。一般货物出境需在报检后先检验检疫,再放行通关。

法定检验检疫的出境货物报检人应在规定的时限内,持相关单证向检验检疫机构报检;检验检疫机构审核有关单证,符合要求的受理报检并收费,然后转施检部门实施检验检疫。

(2)报关业务。报关是指进出口货物收发货人、进出境运输工具负责人、进出境物品所有人或者他们的代理人向海关办理货物、物品或运输工具进出境手续及相关海关事务的过程,包括向海关申报、交验单据证件,并接受海关的监管和检查等。报关是履行海关进出境手续的必要环节之一。

报关单位通常是向海关申请办理报关注册登记的单位,如经批准有进出口贸易经营权的企业,中外合资、合作经营企业及外商独资企业,经海关认可直接办理进出口手续的经营对外加工、装配和中小型补偿贸易的企业，其经海关认可的经常办理进出口货物手续的单位等；或者办理代理报关注册登记的单位，如报关行、货代企业和进出口贸易企业等。

通关的基本程序包括申报、查验、征税和放行。

特殊商品的通关业务还包括前续备案和后续核销手续，如减免税货物、三来一补贸易以及暂时进境的商品等。

6.1.3.4 港区运输

在港口物流的运输业务中，与一般运输业务的不同之处主要体现在集港运输、疏港运输和转栈运输三种与港区作业相关的运输业务上。

（1）集港运输。出口方或其代理人在开船前一天或两天，按码头的装船通知，安排运输车队将各个船名项下的集装箱货物或杂货分别运到船舶所对应的码头，等待装船的过程称为集港运输。

链接

集港运输一般要遵循码头通知的“开仓日”“截关日”和“预约进场日”。集装箱港口为了避免集装箱在港内的大量积压，一般规定各航班装运的重箱应在指定的入港时间（开仓日）和截止时间内运至港区的指定地堆存。各航班对即在本港装船的重箱规定入港开始到截止的那一段时间称为开仓日（Receiving Dates），为4～7天；各航班接收重箱的截止日期为截关日（Closing Date）；开始接受运输单位预约进场的日期称为预约进场日。

（2）疏港运输。进口货物卸船后，由码头运输至分拨地的运输作业一般称为疏港运输。一般疏港运输都是以码头为中心向外疏散的形状，这也是疏港运输的名称由来。

（3）转栈运输。为满足特定需要，进出口货物从一个仓库或堆场转移到另一个仓库或堆场的运输称为转栈运输。如港务局尚未确定承运船舶的国内外出口货物及进口后转出口的货物，装船时搬运距离超过200米，需进行由堆存地到船边的转栈运输；在港务局码头卸货的货物，除散装货物外，卸货地与交货地距离超过200米的，需进行卸货地向交货地的转栈运输；国内外出口货物及进口后转出口的货物，进入库场5天后，必要时可进行转栈运输，以提高港口流转效率，降低港区堆存费用；有些进出口货物，进口或出口前需在指定地点进行特别的检验检疫或熏蒸处理，由码头向指定检验检疫地的运输也可称为转栈运输。

6.1.3.5 保税物流

（1）保税物流的基本概念。保税物流特指在海关监管区域内，包括保税区、保税仓、海关监管仓等，从事仓储、配送、运输、流通加工、装卸搬运、物流信息和方案设计等相关业务，企业享受海关实行的“境内关外”制度以及其他税收、外汇和通关方面的特殊政策。

（2）保税物流的功能。简单地说，保税区具有三大功能。

第一，保税仓储。保税仓储是国内、国外货物运至保税仓库，以保税形式储存起来，免交关税，免批文，不受配额限制，能够节约大量税金，增加资金流动性。

第二，流通加工。货物可以在保税仓库进行包装、分拣、贴唛、换唛、分拆和拼装等流通性加工。

第三,国际转口贸易。转口贸易是指进口货物在保税区存储,经简单加工后,即可转手出口到其他目的国和地区。这种贸易充分利用保税区内免领进出口许可证、免征关税和进口环节增值税等优惠政策,利用国内外市场间的地区差、时间差、价格差和汇率差等,在保税仓内实现货物国际转运流通加工贴唛、贴标签、再包装和打膜等,最终运输到目的国。

(3)保税业务扩展。不同性质的企业可利用保税功能进行业务扩展,加快资金回流。除保税仓储、流通加工、国际转口贸易三大功能性业务外,还可以延伸出下述各项业务:

第一,手册核销。加工贸易型企业可通过出口到保税区核销手册,实现跨关区转厂、深加工结转和出口转内销等特殊贸易形式。

第二,出口拼箱。将保税区外各地出口或国外客户采购的原材料、半成品和成品等,汇集至保税仓库存储,再按销售合同,将相同目的地合同项下的不足整箱的货物集拼成货柜后,海运至世界各地。

链接

整箱货(Full Container Load, FCL)是由发货人负责装箱、计数、积载并加铅封的货运。整箱货的拆箱,一般由收货人办理,也可以委托承运人在货运站拆箱,但承运人不负责箱内的货损、货差,除非货方举证确属承运人责任事故的损害,承运人才负责赔偿。承运人对整箱货以箱为交接单位。只要集装箱外表与收箱时相似和铅封完整,承运人就完成了承运责任。整箱货运提单上要加上"委托人装箱、计数并加铅封"的条款。

拼箱货(Less than Container Load, LCL)是相对于整箱货而言的,是指装不满一整箱的小票货物。这种货物通常由承运人分别揽货并在集装箱货运站或内陆站集中,而后将两票或两票以上的货物拼装在一个集装箱内,同样要在目的地的集装箱货运站或内陆站拆箱分别交货。对于这种货物,承运人要负担装箱与拆箱作业,装拆箱费用仍向货方收取。承运人对拼箱货的责任,基本上与传统杂货运输相同。

第三,进口分拨。从世界各地进口的货物(其中包括国内转至保税仓的货物)可以暂存在保税仓,进行分拣、简单加工和拆拼箱后,根据国内采购商的需求进行批量送货,以减轻收货人的进口税压力及仓储负担。

第四,展示服务。国外大宗商品如设备及原材料等,可在保税区仓库保税存放,并可常年展示。展示结束后可以直接运回原地,以避免高额的关税和繁琐的报关手续。

第五,检测维修服务。发往国外的货物因品质或包装退运,需返回工厂检测或维修的货物可利用保税区功能,直接将货物退至保税仓库,以简化报关程序,不用缴纳进口税,待维修完毕后直接复出口。

6.1.3.6 信息服务

港口物流中的信息服务主要是通过电子口岸,搭建公共信息平台,实现多种信息的跨部门、跨行业和跨地区的交换和共享,为港口及口岸腹地各省、市、自治区提供快捷、方便的通关、贸易、航交和金融等多方面的网上服务,以及相关的信息化服务。

6.1.4 我国港口物流的发展

我国拥有1.8万公里海岸线,11万公里内河航道,承担着9%的国内贸易运输和85%以上的外贸货物运输,沿海沿江有1 460多个商港。自加入世界贸易组织后,我国加快了港口国际化、市场化的进程,2003年出台的《中华人民共和国港口法》,成为我国港口发展史上的一个里程碑,标志着港口法制建设迈上了新台阶,港口管理步入了依法行政、依法治港的历史新阶段,推动港口经济市场化的良性发展,促进港口管理加速与国际接轨。

2012年,我国沿海港口水路货运量和货物周转量分别为45.57亿吨和80 654.55亿吨公里,同比增长了7%和6.9%。规模以上港口完成货物吞吐量89亿吨,比上年增长6.9%;其中,外贸货物吞吐量27.6亿吨,比上年增长9.4%,港口完成集装箱吞吐量16 148.72万标准箱,比上年增长8.3%。上海、大连、秦皇岛、天津、宁波、青岛、广州、深圳等17个港口货物吞吐量超过亿吨,加上香港、高雄,我国亿吨大港口已占据世界亿吨大港半壁江山,其中上海港超过5.8亿吨。据上海市港口管理局的统计,上海港年吞吐量和集装箱吞吐量均居世界前列。我国对外开放的港口已有140多个,成为对外开放的门户和窗口。我国已与50多个国家签订了海运协定,已有30多个国家的近百家境外航运公司获准在中国港口开辟集装箱班轮航线。

现代港口的发展趋势主要表现在功能演变上。第一代港口的主要功能是装卸和仓储;第二代港口的主要功能是提供分拨、配送等增值业务;第三代港口的主要功能是为客户提供全方位、高附加值的物流服务。港口在发展现代物流方面具有独特的优势。这是因为,港口是水路运输的枢纽,具有整合生产要素的功能,可促进多式联运的发展,还是主要的信息平台。

纵观我国港口物流的发展历史,可以发现它经历了四个发展阶段:①传统物流阶段——运输、转运和储存;②配送物流阶段——运输、转运、储存、拆装箱、仓储管理和加工;③综合物流阶段——信息化、网络化,集商品流、信息流、资金流和人才流于一体;④港口供应链阶段——全球物流、共同配送,主动参与和组织与现代物流有关的各个物流环节的活动及其衔接与协调。

现代港口物流的特点主要表现在四个方面:①大物流——物流产业内部的合作与整合;②高科技——物流系统智能化、柔性化;③信息港——统一的港口物流信息平台;④一体化——高增加值物流园区。

按照我国"十一五"规划,内地港口将继续朝着集装箱化、深水化方向发展,增加中级泊位和深水泊位建设,包括集装箱泊位和大型原油与矿石接卸泊位。按照2010、2020年中长期港口发展规划,要对长三角、环渤海、华南和东南沿海、西南沿海四大区域经济的港口货源进行整合,加快上海国际航运中心的建设,加快建设20个枢纽港,提高码头泊位大型化和专业化水平,加快长江口等出港航道水深建设,使港口成为综合运输的核心枢纽。同时,依托港口与航空港设立的保税区,使进出口贸易与物流快速增长,使仓储物流企业进出口总值及保税区货运总量有效增加。

我国港口物流的未来发展也将朝着高科技、一体化的大物流信息港的港口物流现代化方向持续发展。

> 思考
>
> 请搜集你所熟悉的港口物流方面的资料，说明这一港口正处于港口物流发展的哪个阶段；具备现代化港口物流的哪些特征；你认为它未来的发展方向大体会是怎样的？

6.2 制造业物流

6.2.1 我国制造业及制造业物流概况

根据2013年《中国统计年鉴》公布的数据，我国2012年外贸总额达到38 671.2亿美元。其中，出口20 487.1亿美元，进口18 184.1亿美元，贸易顺差2003.1亿美元。在出口商品中，机电产品、高新技术产品和服装纺织产品占主要部分，工业制成品出口19 481.56亿美元；在进口商品中，进口工业制品11 834.71亿美元。可见，制成品在我国的贸易总额中已接近90%的比重。我国正由初级产品出口国发展为制成品出口大国，在世界各国中的资源密集型分工地位逐步降低，在国际分工中地位有了提高。

按制造业的总体规模，我国与德国相当，可以说是制造业大国，但是从制造业的劳动生产率、工业增加值和技术创新等方面来看，我国与美、日、德等国家还存在着巨大的差距。我国制造业还停留在劳动密集型阶段，产品的技术含量低，附加值低，低水平生产能力严重过剩，高水平生产能力不足。我国制造业大部分技术及关键设备长期依赖进口，引进与消化、吸收、创新的关系处理得不好，引进的后续工作没有跟上，基本停留在仿制的低层次阶段。绝大部分制造业企业技术开发能力和创新能力薄弱，缺乏技术创新的机制和优秀人才，原创性技术和产品甚少，自主开发能力薄弱。从产品结构上看，轻工纺织制造业、资源加工工业和机械电子制造业的工业增加值占制造业工业增加值的比重不合理。我国制造业的结构偏轻，装备制造业薄弱，产品缺乏足够的竞争力，能够参与国际主流渠道竞争的产品很少。

根据对我国制造业的发展现状分析，我国的制造业物流也处于较低水平的阶段。

6.2.2 制造业物流的概念

制造业物流，主要是指在产品的制造、组装等过程中，与原料、产品和零部件的调配以及成品的订货和交货等与销售活动有关的领域。在这个领域中，从空间的角度看，具有全球性；从功能方面考虑，与回收活动有着广泛的联系。关于传统意义上的生产活动与现代物流活动的异同点，从调配、生产领域的物资流通来考察，生产方式又有两种形式：一种形式是相同于中央组织直辖的一元化管理，基于生产的集中流通方式；另一种形式是从各种生产工程的需求出发，直接、柔性和分散进货的流通方式。

6.2.3 制造业物流的模式

在生产制造企业中目前存在自建型、中立型和外包型物流模式。

6.2.3.1 自建型模式

自建型模式是企业在全国范围内建立起网络化的现代物流配送体系，并构建一种物流战略联盟。有些企业在此基础上将未来发展方向定位为第三方物流，实现由企业物流向物流企业的转变。这种模式的代表企业是海尔。

6.2.3.2 中立型模式

中立型模式是指物流实体既为集团内部提供第一方物流服务，又同时为客户提供第三方物流服务，其代表企业是华润。华润物流实行的是一种“1+3”的物流模式，一方面是立足于集团内部，在国内积极发展自己的物流网络，构建先进的物流体系；另一方面是不做单一的运输或仓储业务，而是注重整个供应链的管理。这标志着华润由传统的货运仓储企业向现代物流企业的转型。

6.2.3.3 外包型模式

外包型模式是指生产或销售企业将其物流业务以合同的方式委托专业的物流公司（第三方物流）运作，其代表企业是宝洁公司。

6.3 特殊化工产品物流

6.3.1 特殊化工产品概述

6.3.1.1 石油产品

石油产品可分为石油燃料、石油溶剂与化工原料、润滑剂、石蜡、石油沥青和石油焦六类。其中，各种燃料产量最大，约占总产量的90%；各种润滑剂品种最多，产量约占总产量的5%。

目前我国石油化工物流中的产品主要有汽油、喷气燃料、柴油、燃料油、石油溶剂、润滑油、润滑脂、石蜡油、石油沥青和石油焦等。

除上述石油产品外，各个炼油装置还得到一些在常温下是气体的产物，总称炼厂气，可直接做燃料或加压液化分出液化石油气，还可做化工原料。炼油厂提供的化工原料品种很多，是有机化工产品的原料基地，各种油、炼厂气都可按不同生产目的、生产工艺选用。常压下的气态原料主要是乙烯和丙烯、合成氨、氢气、乙炔和炭黑。液态原料（液化石油气、轻汽油、轻柴油和重柴油）经裂解可制成发展石油化工所需的绝大部分基础原料（乙炔除外），是发展石油化工的基础。

6.3.1.2 危险化学品

化学品中具有易燃、易爆、有毒以及有腐蚀性等特性。对人（包括生物）、设备、环境造成伤害和侵害的化学品为危险化学品。

（1）危险化学品的定义。危险化学品系指有爆炸、易燃、毒害、腐蚀和放射性等性质，在运输、装卸和储存保管过程中，易造成人身伤亡和财产损毁而需要特别防护的物品。危险化学品的特征是：具有爆炸性、易燃、毒害、腐蚀和放射性等性质；在生产、运输、使用、储存和回收过程中易造成人员伤亡和财产损毁；需要特别防护。

一般认为，只要同时满足了以上三个特征即为危险品；如果此类危险品为化学品，那么它就是危险化学品。危险化学品在不同的场合名称是不一样的，如在生产、经营和使用场所统称化工产品，一般不称危险化学品。在运输过程中，包括铁路运输、公路运输、水上运输和航空运输都称为危险货物。在储存环节,一般又称为危险物品或危险品。危险货物、危险物品中除危险化学品外,还包括一些其他货物或物品。

(2)危险化学品的分类。按我国目前已公布的法规、标准,危险化学品分为八大类,每一类又分为若干项。

第一类:爆炸品。爆炸品是指在外界作用下(如受热、摩擦、撞击等)能发生剧烈的化学反应,瞬间产生大量的气体和热量,使周围的压力急剧上升而发生爆炸,对周围环境、设备、人员造成破坏和伤害的物品。爆炸品在国家标准中分为五项,其中有三项包含危险化学品,另外两项专指弹药等。

第一项:具有整体爆炸危险的物质和物品,如高氯酸。

第二项:具有燃烧危险和较小爆炸危险的物质和物品,如二亚硝基苯。

第三项:无重大危险的爆炸物质和物品,如四唑并-1-乙酸。

第二类:压缩气体和液化气体。这类物品是指压缩的、液化的或加压溶解的气体。这类物品当受热、撞击或强烈震动时,容器内压力急剧增大,致使容器破裂、物质泄漏发生爆炸等。它分为三项:

第一项:易燃气体,如氨气、一氧化碳、甲烷等。

第二项:不燃气体(包括助燃气体),如氮气、氧气等。

第三项:有毒气体,如氯(液化的)、氨(液化的)等。

第三类:易燃液体。这类物质在常温下易挥发,其蒸气与空气混合能形成爆炸性混合物。它分为三项:

第一项:低闪点液体,即闪点低于-18℃的液体,如乙醛、丙酮等。

第二项:中闪点液体,即闪点在-18℃~23℃的液体,如苯、甲醇等。

第三项:高闪点液体,即闪点在23℃~61℃的液体,如环辛烷、氯苯和苯甲醚等。

第四类:易燃固体、自燃物品和遇湿易燃物品。这类物品易于引起火灾,按其燃烧特性,它分为三项:

第一项:易燃固体,指燃点低,对热、撞击、摩擦敏感,易被外部火源点燃,迅速燃烧,能散发有毒烟雾或有毒气体的固体,如红磷、硫黄等。

第二项:自燃物品,指自燃点低,在空气中易于发生氧化反应放出热量,可自行燃烧的物品如黄磷、三氯化钛等。

第三项:遇湿易燃物品,指遇水或受潮时发生剧烈反应,放出大量易燃气体和热量的物品,有的不需明火就能燃烧或爆炸,如金属钠、氰化钾等。

第五类:氧化剂和有机过氧化物。这类物品具有强氧化性,易引起燃烧、爆炸,按其组成分为两项:

第一项:氧化剂,指具有强氧化性,易分解放出氧和热量的物质,对热、震动和摩擦比较敏感,如氯酸铵、高锰酸钾等。

第二项:有机过氧化物,指分子结构中含有过氧键的有机物,其本身易燃易爆,极易分解,对热、震动和摩擦极为敏感,如过氧化苯甲酰、过氧化甲乙酮等。

第六类:毒害品。毒害品是指进入人(动物)肌体后,累积达到一定的量,与体液和组织发生生物化学作用或生物物理作用,扰乱或破坏肌体的正常生理功能,引起暂时或持久性的病理改变，甚至危及生命的物品，如各种氰化物、砷化物和化学农药等。

第七类：放射性物品。放射性物品属于危险化学品，但不属于《危险化学品安全管理条例》的管理范围，国家还另外有专门的"条例"来管理。

第八类：腐蚀品。腐蚀品是指能灼伤人体组织并对金属等物品造成损伤的固体或液体。这类物质按其化学性质分为三项：

第一项：酸性腐蚀品，如硫酸、硝酸、盐酸等。

第二项：碱性腐蚀品，如氢氧化钠、硫氢化钙等。

第三项：其他腐蚀品，如二氯乙醛、苯酚钠等。

6.3.2 管道运输与石化产品

6.3.2.1 管道运输概述

管道运输（Pipeline Transport）的概念如5.1.2.1（8）所述，它是将管道作为运输工具的一种长距离输送液体和气体物资的运输方式，是一种专门由生产地向市场输送石油、煤和化学产品的运输方式，是统一运输网中干线运输的特殊组成部分。管道运输石油产品比水运费用高，但仍然比铁路运输费用低。大部分管道都是被其所有者用来运输自有产品的。

6.3.2.2 管道运输的特点

管道运输，特别是石化产品的液体和气体的运输，不仅运输量大、连续、迅速、经济、安全、可靠、平稳以及投资少、占地少、费用低，而且还可实现自动控制。管道运输除广泛用于石油、天然气的长距离运输外，还可运输矿石、煤炭、建材、化学品和粮食等。管道运输可省去水运或陆运的中转环节，缩短运输周期，降低运输成本，提高运输效率。当前管道运输的发展趋势是：管道的口径不断增大，运输能力大幅度提高；管道的运距增加迅速；运输物资由石油、天然气、化工产品等流体逐渐扩展到煤炭、矿石等非流体。我国目前已建成大庆至秦皇岛、胜利油田至南京等多条原油管道运输线。

就液体与气体而言，凡是在化学上稳定的物质都可以用管道运输。因此，废水、泥浆、水甚至啤酒都可以用管道传送。另外，管道对于运送石油与天然气十分重要——有关公司多数会定期检查其管道，并用管道检测仪做清洁工作。

管道运输有运量大、占地少、管道运输建设周期短、费用低、运输安全可靠、连续性强、运输耗能少、成本低和效益好等优点，同时也具有灵活性差的缺点。管道运输不如其他运输方式（如汽车运输）灵活，除承运的货物比较单一外，它也不能随便扩展管线。实现"门到门"的运输服务，对一般用户来说，管道运输常常要与铁路运输或汽车运输、水路运输配合才能完成全程输送。此外，当运输量明显不足时，运输成本会显著地增大。

6.3.2.3 管道运输的优越性以及在化学品运输上的应用

在五大运输方式中，管道运输有着独特的优势。在建设上，与铁路、公路、航空相比，投资要省得多。就石油的管道运输与铁路运输相比，交通运输协会的有关专家曾算过一笔账：沿我国成品油主要流向建设一条长7 000公里的管道，它所产生的社会综合经济效益，仅降低运输成本、节省动力消耗、减少运输中的损耗三项，每年就可以节约资金数十亿元；而且，对于具有易燃特性的石油运输来说，管道运输更有着安全、密闭等特点。

在油气运输上,管道运输有其独特的优势:一是在于它的平稳、不间断输送。对于现代化大生产来说,油田不停地生产,管道可以做到不停地运输,炼油化工工业可以不停地生产成品,满足国民经济需要。二是实现了安全运输。对于油气来说,汽车、火车运输均有很大的危险,国外称之为“活动炸弹”,而管道在地下密闭输送,具有极高的安全性。三是保质。管道在密闭状态下运输,油品不挥发,质量不受影响。四是经济。管道运输损耗少、运费低、占地少、污染低。

成品油作为易燃易爆的高危险性流体,最好的运输方式是管道运输。与其他运输方式相比,管道运输成品油有明显的优势:运输量大,劳动生产率高;建设周期短,投资少,占地少;运输损耗少,无“三废”排放,有利于环境和生态保护;可全天候连续运输,安全性高,事故少以及运输自动化、成本和能耗低等。

6.3.3 危险品储存与运输概述

6.3.3.1 危险品的储存

危险品的储存应遵守现行国家标准《烟花爆竹劳动安全技术规程》的规定,并分类分级专库存放。仓库内危险品的堆放应符合专门的规定。

(1)危险品堆垛间应留有检查、清点和装运的通道。堆垛之间的距离不宜小于0.7米;运输通道的宽度不宜小于1.5米。

(2)成品、半成品堆垛的高度不宜超过1.5米;成箱成品不宜超过2.5米。

6.3.3.2 危险品的运输

危险品的运输应采用带有防火罩的汽车运输,不宜采用三轮车,严禁用畜力车、翻斗车和各种挂斗车运输。危险品生产区运输危险品的主干道中心线,与各类建筑物的距离应符合三项规定:距A级建筑物不宜小于20米;距C级建筑物不宜小于15米;运输散露危险品的道路中心线距有明火或散发火星的地点不应小于35米。

危险品生产区和危险品总仓库区内汽车运输危险品的主干道纵坡不宜大于6%;用手推车运输危险品的道路纵坡不宜大于2%。

机动车在A级和C级建筑物门前装卸作业时,宜在2.5米以外处进行。

6.4 食品、医药物流

6.4.1 食品、医药物流概述与行业物流特点

由于食品、医药的特殊性和专业性,食品、医药物流较其他行业显得尤其重要。基于我国食品物流面临的新环境,要解决与食品物流密切相关的食品多样、快捷的要求以及食品安全控制、食品规模效益等问题就要求引进先进的物流供应链管理模式,缓解食品行业的压力,将传统的基础物流向食品供应链物流转变,从全局的角度寻求最优的方案。同时,物流供应链将企业与顾客紧密联系起来,其先进快捷的运作体系将带动我国食品企业的发展。

食品物流是食品从供应地向接收地的实体流动过程,即根据实际需要,将食品运输、

储存、装卸、搬运、包装、流通加工、配送及信息处理等基本功能实现有机结合的过程。由于食品自身的要求，食品物流与其他企业物流相比具有高度的专业性，食品物流对产品前置期有严格的标准要求，同时也具有高度的特殊性，不同品种的果蔬不能混装，水产品鲜货与冻货不能混装，生熟食品要分开等。社会经济的持续发展，消费结构向多元化方向发展，食品电子商务的蓬勃发展，也给食品物流带来很大的影响。

建立现代食品物流，构建食品供应链，将传统的基础物流转变为整合物流模式——供应链物流管理模式，可以充分发挥物流环节的桥梁作用；引进先进的物流硬件设备，用现代物流技术推进食品物流合理化，可以提高硬件设备和人员管理水平；推进集约化共同配送，降低企业物流成本，实施配送—流通—加工一体化，可以加快食品物流标准化体系的构建，建立食品物流质量安全保障体系。

6.4.2 食品、医药物流活动与发展趋势

6.4.2.1 食品物流的特点及发展现状

（1）食品物流的特点。食品物流相对于其他行业物流而言具有突出的特点：一是为了保证食品的营养成分和食品安全，食品物流要求高度清洁卫生，同时对物流设备和工作人员有较高要求；二是由于食品具有特定的保鲜期和保质期，食品物流对产品交货时间即前置期有严格标准；三是食品物流对外界环境有特殊要求，如适宜的温度和湿度；四是生鲜食品和冷冻食品在食品消费中占有很大比重，所以食品物流必须有相应的冷链。

（2）食品物流的发展现状。随着国民经济的快速发展，我国的食品消费方式发生了很大变化：从传统的家庭操作型消费转向方便、熟食、个性化消费。大型量贩店、中型生鲜超市、小型便利商店以及食品专卖店等成为我国食品流通的主渠道。食品消费方式、结构的变化对食品物流过程的食品品质保证、食品卫生保证、食品前置期保证提出了更加严格的要求。

当今，我国食品工业正面临严峻的挑战，食品的配送也越来越受到社会的普遍关注，尽快实现食品安全配送，建立起一个全新的“食品物流链”已成为食品物流发展的当务之急。据资料显示，食品流通成本中的90%是物流成本，食品卫生、品质、前置期的核心保证因素是物流，食品流通产业管理、技术、效率的95%取决于物流。因此，提升食品物流的管理水平、技术水平和物流效率是提升我国食品流通整体水平的关键因素。

对食品物流，目前业界尚没有统一的定义。一般说来，食品物流是对食品、与食品相关的服务及信息、从田头到餐桌的系统管理和综合应用，以满足消费者需求的供应链中的相关环节。

我国食品业是最早开放的行业之一，市场化程度也相对较高，加入世界贸易组织后的几年来，食品业一直保持着快速发展的势头，是我国国民经济和区域经济发展的重要支柱产业。长期以来，我国食品的物流成本一直居高不下，生鲜产品的物流成本占产品销售的七成以上，滞后的食品企业物流严重影响了市场的竞争力。食品物流缺少标准，物流质量保障体系薄弱，缺少高效率的配送体系也是我国食品物流企业亟待解决的重要问题。

食品行业是个小生产、大流通的行业。据有关资料显示，美国的食品物流费用占商品价格的32%；我国食品行业的物流费用达到30% ~60%，市场化程度相对较高。食品物流

运作难度大,交货期长,送货不准时,配送成本较高,经常出现突发性的运行“瓶颈”,运输过程中的责任难以区分和销售部门投诉不断是食品物流中遇到的常见问题;食品物流存在的问题还涉及当下农副产品的物流链来路不明、货源不确定;缺乏标准化管理和监督往往是导致食品变质的“罪魁祸首”。据统计,在我国食品的常温流通中水果蔬菜约损失20%~30%,粮油损失15%,蛋品损失15%,肉干损失3%,加上食品的等级间隔、运输及加工损耗,每年造成的经济损失上千亿元。

除此之外,食品的冷藏运输现状更是不容乐观:首先是易腐保鲜食品的装船、装车作业大多是在露天进行,而不是按照国际食品标准在冷库和保温场所操作;其次是物流链各个环节信息阻塞,缺乏透明和畅通的机制,各环节脱钩是经常发生的事情,造成食品在运输途中发生无谓耽搁,风险增多。在公路运输中,易腐保鲜食品的冷藏运输只占运输总量的20%(其中能够按照发货人的要求保持恒温的占95%),其余80%左右的水果、蔬菜、禽肉和水产品大多用普通卡车运输,至多在货物上面盖一块帆布或塑料布。由于公路冷藏运输效率低,食品损耗高,整个物流费用占到食品成本的70%。

中国食品工业协会食品物流专业委员会根据食品业的发展需求,本着“食品物流,物有所值,共享资源,统一配送”的原则,设立“中国食品物流示范基地”,探索现代食品物流发展的新模式与新方法,力争走出一条符合中国国情的现代食品物流发展之路,为中国食品物流企业提供发展样板,促进中国食品物流的全面发展和向纵深发展,也为食品业物流提高服务水平提供有益的参考。

食品具有易腐性、鲜活性、保质性,食品安全问题与食品生产企业的命运息息相关。企业采用食品物流外包,可以更好地适应现代食品物流的一些特定要求。由于食品通常会因保质期短而腐坏变质,因此,食品的储存和运输都要在控温条件下进行。食品按照配送的不同要求分为五个温度区,即超低温区、冷冻区、微冷区、恒温区、温暖区。冷冻型、微冷型商品物流要求高,特别是超低温区,食品物流难度较大,很多企业自身尚不具备这样的能力,以至将食品物流外包。

在我国,食品企业千差万别,“中小企业繁多,城乡差别迥异”的中国国情,决定了诸多的食品生产企业没有能力、没有资金构建自己完善的物流体系。于是,它们会寻求与第三方物流企业的合作。现实情况是,食品物流的发展首先受限于我国的第三方物流的发展。调查显示,我国的第三方物流能提供的综合性服务还不足总体需求的5%。我国第三方物流服务企业的现有服务内容多数仍停留在货物代理、仓储、库存管理、搬运和干线运输等方面,只有很少几家能提供综合性、全过程、集成化的现代物流服务。

6.4.2.2 我国医药物流发展的总体形势

(1)国内医药物流市场潜力巨大。目前,我国人均药品消费为48.96美元,大大低于发达国家人均400美元的水平,也明显低于世界人均61美元的水平。随着我国人民生活水平的不断提高和健康意识的不断增强,公众对药品的需求将不断增加,对药品供应的要求也会逐渐多样化。我国的药品市场在过去10年中已经增长了3倍,预计2020年药品市场价值将达到1 200亿美元,超过美国成为世界第一大药品市场,这也意味着国内医药物流市场潜力巨大。

(2)医药物流已经起步,发展势头较快。2002年,国家食品药品监督管理局提出“现代医药物流体系的建设是深化医药流通体制改革的必然”。2005 年,国家食品药品监督管理局发布《关于加强药品监督管理,促进药品现代物流发展的意见》,强调“发展药品现代物流,是深化药品流通体制改革,促进药品经营企业规模化、规范化和进一步规范药品流通秩序的重要措施”。

在市场需求的引导和国家政策的支持下,一批有实力的国有或民营医药企业大力发展医药物流和电子商务。国药集团药业股份有限公司、广州医药集团有限公司、山东海王银河医药有限公司及湖北九州通医药有限公司等率先发展医药物流,北京京卫大药房和海虹企业(控股)股份有限公司分别实施医药电子商务 B2C 和 B2B 业务,并在实际运作中取得了较好的效果。各地还出现了建设医药物流中心的热潮,全国有 10 个国债贴息的医药物流中心正在建设之中,各地自筹资金兴建的医药物流中心也在快速增加,甚至一个城市就集中了几个大的物流中心,如重庆有三大医药物流中心,成都有五大医药物流中心。

(3)国内医药物流企业将面临日益激烈的跨国竞争。过去,我国一直限制外资进入国内医药流通领域,医药流通企业普遍缺乏与外资企业竞争的能力,在资本规模、经营方式、管理水平和营销经验等方面都无法与跨国大企业相比。从 2003 年起,跨国医药物流企业开始进入国内市场。2004 年年底,我国向外资全面放开医药分销业务,医药物流领域成为国际资本竞争的舞台。目前,已经有少数资本雄厚、营销策略先进、物流运作模式成熟的跨国医药物流企业进入国内市场,未来还会有更多的跨国企业进入,国内医药物流企业面临的竞争形势将会更加严峻。

6.5 快递物流

6.5.1 快递物流的行业特点

快递业是以最快的速度在寄件人和收件人之间运送急件的行业。快递业的性质和运输方式与一般航空货运业务基本上是一致的,区别之处在于它延伸和拓展了航空服务,是运输业中最快捷、最周到的服务形式。

6.5.1.1 适应经济发展的特性

现代快递业的发展与商业经济的发展紧密相连,在一定程度上反映了经济的发展程度。20 世纪五六十年代,北美、欧洲的经济复苏导致了现代快递业的逐步形成;70 年代以后,日本经济开始执世界牛耳,日本几家濒临破产的公司纷纷效仿西方,转变成经营快递业务的公司,并引入符合日本特点的服务项目,从而使日本的快递服务业青出于蓝而胜于蓝;进入 80 年代,亚洲四小龙崛起,世界各大快递公司纷纷捷足先登,使得韩国、新加城、我国香港和台湾地区的快递业从无到有,并在 20 世纪末期成为大型快递公司的主要货源集散地;我国改革开放以来,与时俱进的中国经济发展使得快递业在各地涌现并快速发展,从 2001 到 2004 年,大体上 GDP 每增长 1%,快递市场相应增长 3%,近年来这一比例进一步加大;2013 年上半年,我国 GDP 增长 7.6%,而快递业务量增长 61%,快递业务收入增长 34.5%,远远高于同期 GDP 的增长水平。

6.5.1.2 快捷、安全性

凭借先进的计算机网络、先进的通信网络及最快的运输工具将商业函件和包裹送到世界各地，快捷的需求使快递公司必须具备快速运输工具和负责集散货物、分发、派送的小型运输工具，而具备这种要求的运输工具显然是飞机和各种类型的专用汽车。承揽全球快递的大型快递公司拥有的先进飞机的数量并不逊于世界著名航空公司所拥有的飞机数量。当然，各个国家和地区的区域交通环境不同，也导致在日本和欧洲这样区域经营的公司依靠大型货运汽车承担中长距离的运输。另外，在货源集散地，尤其是经营区域的中心地区，快递公司必须设置专用的集配、中转和控制中心，配备有大型仓库群、信息中心、控制和指挥中心、客户服务中心以及运输工具存放中心等，这些配置充分保证了快件的安全性。

6.5.1.3 高科技性

实现快递物品的门到门或桌到桌服务，必须及时、准确地接收到顾客的信息，快速处理单证，实现对快件的全程跟踪，随时解答顾客查询等。为了实现这些功能，快递公司必须配备先进的计算机网络、通信网络以及能够满足和实现各种个性化的、特殊的快递服务需求的特有软件和硬件功能。在最近的10年中，UPS在电子技术方面的投资达110亿美元，实现了对包裹运送的每一步紧密跟踪，从而使其在电子商务大潮中占据了潮头地位。

6.5.1.4 优良的服务功能

由于快递业的服务表现形式是门到门、桌到桌，它需要对快件实行全程跟踪，客户希望能够实时查询快件的情况，所以，快递公司必须保证优质服务才能留住客户。

6.5.2 著名的国际快递公司的发展

6.5.2.1 DHL快递——从默默无闻的创业者到国际市场的领导者

DHL(Worldwide Express)环球速递，也称敦豪全球速递。DHL是全球快递、洲际运输和航空货运的领导者，也是全球第一的海运和合同物流提供商。DHL为客户提供从文件到供应链管理的全系列的物流解决方案。

如今，DHL的国际网络已经连接了世界上220多个国家和地区，员工约30万人。此外，DHL在快递、空运与海运、国际运输、合同物流解决方案及国际邮递等领域提供了无可比拟的专业性服务。

链接

DHL是全球快递、洲际运输和航空货运的领导者，也是全球第一的海运和合同物流提供商。DHL为客户提供从文件到供应链管理的全系列的物流解决方案。以下是DHL全球的统计数据，这些数据展示了全球最大的快递和物流网络——DHL的实力。

员工：超过285 000人

办公地点：约6 500个

转运中心、仓库和集散站：超过450个

口岸：240个

飞机:420 架

作业车辆:76 200 部

国家和地区:超过 220 个

每年件量:超过 15 亿件

所覆盖的目的地:120 000 个

6.5.2.2 UPS 快递

(1) UPS 简介。联合邮包服务公司(United Parcel Service, UPS)起源于 1907 年在美国西雅图成立的一家信差公司,公司以传递信件以及为零售店运送包裹起家。由于 UPS 以"最好的服务、最低的价格"为经营原则,逐渐在整个美国西岸打开局面。到了 20 世纪 30 年代,UPS 的服务已遍布所有西部大城市,并开发了第一个机械包裹分拣系统。50 年代,UPS 取得了"公共运输承运人"的权力,将自己的包裹递送业务从零售店扩展到普通居民,从而成为美国邮政的直接竞争对手。

(2) UPS 的物流管理。从 1993 年开始,UPS 推出了全球物流(World Wide Logistics, WWL)供应链管理服务,并于 1995 年正式成立 UPS 物流集团,统领全公司的物流服务。物流已经成为 UPS 发展最快的部门,过去两年的年增长率达到 70%。通过建立在 50 多个国家的 450 多个分拨中心,UPS 物流集团为客户提供全面的零配件和产品供应链管理,以及退货、修理等售后服务方面的物流管理,降低客户在流通领域的成本,提高服务质量。

作为物流链管理的专家,UPS 将自身的运输优势发挥到了极致,最大限度地减少运输过程可能造成的延误,创造了所谓的"跑道边效应"(End of Runway Effects),在机场边建立物流管理中心,与多家高科技公司结成联盟,为它们提供库存、配送和售后服务。比如,UPS 最大的空运枢纽设在肯塔基州的路易斯维尔机场。每天深夜,90 架飞机聚集到这里,在 3 个小时内,每隔两分钟就有一架飞机起降。惠普公司每天将损坏的电脑空运到机场,这些设备被运到机场边的 UPS 物流中心,由 60 名技术人员将其修复,再送到机场,当天就能运回。这个部门每天修理 800 台电脑。

通过提供物流服务,UPS 还成为新兴的网上零售业的后勤支柱。如 UPS 与耐克的合作,使耐克公司"在线销售—订单处理—物流配送—财务结算"整个流程的运作效率大大提高。

(3) UPS 的物流辅助与延伸服务。现代商业是物流、信息流和资金流的整合,把握这三者就能把握商业世界的未来。因此,结合物流和信息技术,UPS 又将业务触角深入到金融领域。1998 年,UPS 资本公司(UPS Capital Corp.)成立,为客户提供包括代理收取到付货款(Cash On Delivery, COD)、抵押贷款、设备租赁和国际贸易融资等金融服务。

举例说明 UPS 的金融服务过程:假设洛杉矶的时装公司向马来西亚的面料供应商订购货物。UPS 收到马来西亚供应商交运的货物后,可以当时向其支付高达 80% 的货款。货物送交到洛杉矶的收货人手中后,由 UPS 收取货款,再将余额向马来西亚公司付清。这种方式对马来西亚的卖主来说回款速度比信用证支付要及时有效得多,而对洛杉矶的买主来说交货期的可靠性就有了保证。对 UPS 而言,其服务网络遍及全球,尤其是在美国的进口快递市场,UPS 占有 70% 的市场份额,熟悉所有买主,因而对往来商业的信用查询能力远胜一般银行。况且,货品在 UPS 手中运送,UPS 掌握了货物的运输权与控制权,其低风险的融资优势是任何银行无法与之匹敌的。

此外,UPS资本公司还通过应收款受让、库存抵押贷款、办公设备和仓储设备租赁等服务,为客户创造融资的方便。

(4)UPS的电子商务战略。电子商务已逐渐形成全球化的产业,UPS的电子商务战略是将自己的物流解决方案最大限度地融合到用户的业务流程中去,用物流服务使虚拟世界中的电子交易得以在现实世界中完成。

UPS早在1997年就推出了基于互联网运输的"应用程序界面"(API),名为"UPS在线工具"(UPS Online Tools)。这套工具是一个独立的应用程序模块,可以直接嵌入电子商务网站,完成网站的运输派送功能。这套工具可以为用户提供各种服务,包括运输服务种类的选择、运费和处理费计算、运输时间计算、UPS收货点的选择、运输标签打印和运件的追踪等。比如,顾客到麦克隆电脑公司的网站订购产品,该网站已通过"UPS在线工具"与UPS服务器相连,顾客确定产品后,为其提供派送服务的就是UPS。同时,顾客会得到一个UPS的追踪号码,可以随时在麦克隆的网站上查询到其订购产品的生产进度和派送情况。"UPS在线工具"推出以来,在不到3年的时间里就被接入4万多个网站,既解除了这些网站网下派送的后顾之忧,又使UPS与成千上万的消费者紧密联系起来,扩大并控制了包裹派送业务。"UPS在线工具"成为世界上最先进、功能最强大的运输应用程序。

UPS拓展电子商务业务的另一个策略是与知名的软件开发商结成战略联盟,授权软件开发商把UPS的网上运输软件和供应链管理技术直接应用于其开发的新软件,或者双方合作共同开发相关的软件。比如,通过Harbinger,IBM,Open Market,Oracle等公司的电子商务软件都可以直接运用UPS的网上运输工具。而SAP,Oracle,People soft等在ERP(企业资源规划管理)技术领域占主导地位的公司则将自己的IT技术与UPS的库存管理、实时零配件管理等供应链管理技术结合起来,为企业开发出从起点到终点的完全物料管理解决方案。通过这些解决方案,企业可以将生产规划、零配件采购、人力资源管理和成品出库等内部计划与UPS的零配件、成品库存及派送等外部服务无缝隙地衔接起来,UPS可以随时掌握企业的物料需求,并为其提供相应的运输、仓储、派送等物流服务,最大限度地提高了物流供应和派送过程的效率,真正实现了全程物流服务。

作为全球最大的快递公司,UPS还致力于开发网上文件传输服务,将自己在现实世界的核心业务和服务理念向虚拟世界推广。UPS曾在1998年推出了"UPS文件交换"(UPS Document Exchange)系统,为客户提供大容量、快速、安全的文件、图像和软件的网上传送服务;在此基础上又开发出新一代的"UPS在线专差"(UPS Online Courier),并与Worldtalk合作,使得数据和文件在网上传送的安全性得到实质性的提高;惠普公司曾与UPS合作开发了全球第一个用数字方式在网上传送和追踪纸面文件的系统。此外,UPS还开发了专业保证法律文件和发票等在网上安全传送的系统。

UPS作为2008年北京奥运会全程物流供应商提出了"我们能够传递更多"的口号,将物流一体化与供应链物流运营的思想融入综合物流服务。

6.5.2.3 联邦快递

联邦快递(Federal Express,Fed Ex)隶属于美国联邦快递集团,是集团快递运输业务的中坚力量,是全球最具规模的快递运输公司,为遍及全球的顾客和企业提供涵盖运输、电子商务和商业运作等一系列的全面服务，为全球数百个国家及地区提供快捷、可靠的快递服务。联邦快递设有环球航空及陆运网络，通常只需1～2个工作日就能迅速运送时限紧迫的货件，而且确保准确送达。

其实，联邦快递的业务并不只是局限于“速递”方面，而是涉及整个物流的管理。因此，联邦快递曾经是“最佳业务实践奖——物流管理”的得主。早在1995年，联邦快递对物流管理的概念就已经开始改变，它的服务变得更为全面。现在，联邦快递的服务可以从客户生产的第一个步骤开始至完成。生产的第一个步骤是订购原料，由于不少客户在订购原料后缺乏储存的地方，联邦快递便提供这方面的服务，方便客户存放原料。其后，当该客户接到订单时，联邦便可以在存放原料的地方为客户选出适当的原料，加快生产的进度。最后，当产品完成后，联邦便可将货物直接运送给客户。这样，联邦便能为客户提供一个更全面的解决方案，与以往只提供最后的速递服务有所不同。这种做法的好处是，可以降低联邦客户的存货数量和成本，而且也能为他们提供更有效的服务。因为产品由生产至完成都经联邦处理，联邦可准确地掌握整个生产所需的时间，从而对客户作出承诺，使客户加深对他们的信任。

不过，要为客户提供一个全面的物流管理服务，需要具备很多条件，如国际性的运输网络。联邦快递成立至今已有43年的历史，全球雇员达到15万人，服务遍及220个国家和城市。为了提供准时的客运服务，联邦快递拥有654架飞机和15.25万多辆汽车。一个庞大的国际网络令联邦快递能够提供更全面、更准时的运送服务。

6.5.2.4 TNT快递

TNT(Thomas National Transport Express)是世界顶级的快递与物流公司，公司总部设在荷兰的阿姆斯特丹。TNT快递成立于1946年，其国际网络覆盖世界200多个国家，提供一系列独一无二的全球整合性物流解决方案。此外，TNT还为澳大利亚以及欧洲、亚洲的许多主要国家提供业界领先的快递服务。

TNT拥有43架飞机、2万辆货车，全球子公司近1 000家，员工超过4万人。TNT同时还拥有诸多家技术先进的分拣中心和完善齐全的设备资源，竭诚为客户提供业界最快捷、最可信赖的门到门送递服务。

TNT利用公司遍布全球的航空与陆运网络，提供全球门到门、桌到桌的文件和包裹的快递服务。特别是在欧洲、亚洲和北美洲等地，TNT快递可以针对不同顾客的需求，提供9点派送、12点派送、转日派送、收件人付费快件等服务项目。TNT快递的电子查询网络也是全球最先进的。TNT快递1988年进入中国市场，2010年在中国34家分公司及3个国际快递口岸的总销售额逾7亿元人民币。

TNT在供应链管理方面拥有丰富经验，是全球第二大物流服务公司，为汽车、电子、消费品及生物制药等行业提供包括仓储、运输、配送、物流加工和物流信息管理等完整的供应链解决方案。TNT与上海汽车集团合资成立的上海安吉天地物流有限公司是中国最大的汽车物流企业。

6.5.2.5 EMS快递

EMS(Express Mail Service)邮政特快专递是由万国邮联管理下的国际邮件快递公司，是中国邮政提供的一种快递服务。EMS主要采取空运方式，加快递送速度。一般来说，根据地区远近，邮件1～4天到达。该业务在海关、航空等部门均享有优先处理权，它以高速度、高质量为用户传递国际、国内紧急信函、文件资料、金融票据、商品货样等各类文件资料和物品。我国邮政的EMS业务已与世界上200多个国家和地区建立了业务关系；国内已有近2 000个大、中、小城市办理EMS业务。

6.6 连锁物流

6.6.1 连锁物流的特点、运作程序与主要方式

6.6.1.1 连锁物流的特点

相对于工业物流，商业零售物流特别是连锁商业的物流有其自身的特点。

(1)变价快。商品的进货价格变动快。通常，连锁超市经营的快速消费品价格随着市场供需的变化会有较快的变化；同时，生产商或零售商的促销频繁也会引起经常性的变价。

(2)订单频繁。连锁零售的店铺多，订单频率高，同时有时间要求，有些小型便利店甚至要求一天送货两次。

(3)拆零。供应商大包装供货，配送中心需要按照店铺的订货量进行拆零、分拣。

(4)退货。配送中心还可处理诸如赠品、退货(正品、残次品)等问题。

(5)更换。商品新增汰换的频率也很高，增加新品，汰换滞销品。

(6)保质期。消费品通常有不同的保质期，需要有针对性的保质期管理。

上述特点使得商业零售的物流要求更快地作出反应，具备更复杂的技术和信息支持。

6.6.1.2 连锁物流系统的运作程序

(1)连锁经营的物流系统。要使物流系统高效率、低费用地完成上述各项职能，要求整个物流系统能够有效地运作。连锁经营的物流系统包括五个分系统：自动化、机械化仓储系统；计算机订货、配货情报信息系统；温度、湿度控制设备和系统；运输量、线路、频率规划系统；物流配送组织管理系统。这些分系统各成系统，但又彼此交叉。

(2)连锁物流系统的运作程序。连锁物流系统的运作主要包括以下五个环节。

第一，连锁店环节。

A. 通过POS(Point Of Sale)终端收集销售信息，即何种商品在几时几分向什么样的顾客(男性、女性、年轻人、学生、中年人、老年人)销售了多少，货架上还剩多少。

B. 预测订货数量，即根据商品销售的情况、动向作出预测。

C. 通过EOS(Electronic Ordering Systerm)向连锁总部订货。EOS是利用店内手持订货终端(电脑网络终端)，经由电话线(或光缆宽带)传送至总部订货(有一部分商品也可采用传真形式)的。采用EOS可以有助于实现多品种、多频率、小批量的商品配送，降低分店库存压力，降低缺货率。连锁分店通过EOS向总部订货原则上有固定的时间，根据固定的时间订货。如每天两次，中午12点和下午17点前。

第二，连锁总部环节。连锁总部设有计算机中心(或信息中心)，与店铺一起进行POS终端的管理；同时具有指挥、协调的作用，从整体上把握连锁店的经营和管理。连锁总部

在收到各连锁分店发来的电子订单后,也以EOS的形式通过VAN(增值网络系统)传至连锁集团的情报信息中心(有的连锁企业没有这一机构)。

第三,连锁集团情报信息中心环节。根据总部发来的电子订单,通过计算机联网,指示物流中心出货。同时,通过EDI(电子数据交换系统)与厂商的信息中心随时保持密切联系,有时可直接将信息发给厂商订货。

第四,厂商环节。在规定的时间内,各厂商接受不同客户、不同商品种类的订货指示单,将各处的订货指示单汇总,开始制造订货商品或是调度库存,并作好出货准备,然后送往物流配送中心。

第五,物流配送中心环节。大部分的物流活动都将在这一环节完成。物流配送中心将各地厂商运来的整货验收入库,并根据各连锁店的订货要求,通过自动化机械进行自动分货、拣货,再将各家店铺的货物集中起来,安排卡车配送。

6.6.1.3 连锁物流的主要方式

(1)大型零售企业建立自己的物流配送中心。在国际上,有代表性的以大零售商为主导建立物流配送中心的企业是沃尔玛。沃尔玛公司独立投资建立的配送中心有200多家,专为本公司连锁店按时按需提供商品,确保各店稳定经营。家乐福、麦德龙、西尔斯和吉西膨尼等国际大零售商都建立有本企业体系的现代化物流配送中心。

我国部分大型连锁企业建有自己的物流配送中心,其中主要原因是我国目前有相当数量的连锁企业都是在传统的副食品公司、蔬菜公司、粮店以及其他配套网点的基础上建立起来的。这些传统企业都有很好的场地、设施设备和人员等建立配送中心的基础,这种配送形式占物流配送中心的较大比例。这些物流配送中心大多数信息化和机械化程度较低,主要依赖于手工操作,配送效率和对店铺的反应速度较低,但也有一些大型企业的物流配送中心具有较高的水平,如华联超市配送中心。上海华联超市配送中心的建筑面积为20 000平方米,库存能力90万箱,日吞吐能力19万箱,可同时停靠80辆货运卡车,服务半径250公里,是国内连锁企业较先进的配送中心之一。该配送中心具有较高的技术含量:采用高层立体货架和拆零商品拣选货架相结合的仓储系统和前移式蓄电池叉车、电动搬运车、电动拣选车和托盘,实现了装卸搬运作业机械化;同时,拆零商品配货电子化。采用电子标签拣选系统,使用电子标签设备。门店订单输入电脑后,货位指示灯和品种显示器立刻显示拣选商品在货架的具体位置和数量,作业人员可以方便地取出商品,订单商品配齐后进入理货环节,大幅度提高了配货速度,降低了差错率。

(2)供应商自理物流。由供应商直接进行商品配送,这种方式主要适用于店铺规模大、采购规模大的超市。如国内的一些大卖场和综合超市公司,它们由总部确定统一的供应商,店铺向供应商要货,由供应商直接将商品配送到店铺。这种由供应商直接配送的优点在于:大大降低了连锁企业成本和运作的复杂性,但这种配送模式对店铺的影响速度受到供应商物流水平的限制,信息交流效率低,配送不及时。

(3)第三方物流。近年,由于国际流通业竞争越来越激烈,一些国际大零售商逐步尝试立足主业经营,走专业化发展的道路,逐步将本企业的物流配送业务委托给社会上专业化的物流配送企业为自己服务,这种发展趋势越来越明显。如日本7－11便利店和伊藤洋华堂、美国诸多的单体超市等。尤其在日本,单体分散经营的零售店占店铺总数的90%

以上。出于竞争的需要，这些零售店主要依靠第三方物流进行商品配送。

我国目前制造商使用第三方物流的较多，其产品通过第三方物流公司送到零售商的配送中心或区域性中心；零售行业采用第三方物流的并不多，但也有一些连锁超市在尝试使用第三方物流。

6.6.2 连锁业的配送模式

经过近10年的实践探索，我国连锁企业对物流配送模式进行了一些有益的探索，取得了初步成功。据中国仓储协会2003年对中国物流市场所作的调查，我国商业企业的物流配送，47%有第三方参与，11%的企业由供货方承担，19%的企业由公司自理。多种配送模式存在是我国连锁企业物流配送模式的国情之一。由于我国连锁企业起步较晚，连锁经营企业的物流配送还十分薄弱，甚至成为制约连锁企业发展的“瓶颈”，使国内连锁企业物流配送产生了如下一些问题。

6.6.2.1 多种渠道的物流配送模式

在我国从计划经济到市场经济的变革中，连锁企业虽然进行了相应的改革和重组，但仍然保留了一些旧的配送渠道，在配送过程中，生产企业、批发商、代理商以及零售商在连锁企业中同时发挥着重要的作用，有些连锁企业也部分尝试开展第三方物流。多渠道的物流是我国连锁企业经营管理物流模式的重要特征之一。在多渠道的物流国情下，如何选择与连锁企业相适应的物流模式成为我国连锁企业发展过程中一个亟须解决的问题。

6.6.2.2 配送中统一配送率低，采购成本居高不下

中国连锁协会对内地16家比较成功的连锁企业的调查表明，没有一个企业的配送中心对各店经营的所有商品实行100%的统一配送，少数企业的统一配送率在50%左右，最好的在80% ~90%之间，多数在60% ~70%之间，而且许多分店都有相对独立的供应商和物流渠道，实行单店采购和进货，这就在一定程度上提高了进货成本，没有取得因大规模进货所带来的优惠进货价格。不统一配送说明没有统一进货，而不统一进货也就丧失了连锁经营的根基。统一配送率低带来的成本居高在一定程度上降低了连锁企业的市场竞争力，不利于连锁企业的发展和壮大。

6.6.2.3 大型连锁企业大多采用自营配送

近年来，我国连锁企业大力发展物流配送体系，大部分大型连锁企业都创建了自己的配送中心，但是大多数是将原先的仓库进行改造而成的。由于企业对供应链的控制意愿、国有企业的产权约束、“大而全”“小而全”的体制与“肥水不流外人田”等观念障碍以及我国第三方物流配送质量不高等原因，在配送过程中没有形成完善的配送作业体系，而且在选择物流配送模式的过程中很少使用专业的第三方物流企业组织配送。

6.6.2.4 物流配送方面的人才相对短缺

国外物流配送的教育和培训系统非常发达，许多国家的物流从业人员必须接受职业教育，获得从业资格后才能从事物流配送方面的工作。与国外相比较而言，我国在物流配送方面的教育还比较落后，在高等院校中开设物流专业和课程的高校数量较少，物流人才的相对短缺对于我国连锁企业的物流配送模式的构建和选择是不利的。

6.6.2.5 连锁企业物流配送的过程中信息化水平、标准化水平低

虽然我国连锁企业不断加大信息化建设力度,但现阶段我国连锁企业物流配送信息化水平较低,许多连锁企业信息技术落后,总店与分店之间、分店与分店之间以及连锁企业与供货商之间缺乏必要的实时性沟通,商品销售库存分析、商品调剂、销售信息流及进货信息流等无法及时处理,甚至有些连锁企业的配送仍是人工记账管理。一方面,配送中心没有相应的配送管理系统,或者配送管理系统相当落后,在这种落后的信息化技术下,缺货断货以及货物积压是不可避免的。另一方面,我国物流体系中缺乏相应的标准,同时,由于我国物流部门条块分割、自成体系,使得物流配送环节中各种运输方式之间装备标准不统一,增加了物流配送的无效作业环节,使物流配送速度降低,物流配送成本升高。

6.7 会展物流

6.7.1 会展物流概述与特点

会展物流是指为会议、展览、展销、体育及其他各类活动提供的物流服务。关于会展物流的概念在我国有多种描述,目前还没有统一的定论。比较流行的定义是:会展物流“是为满足参展商展品展览的特殊需要,将展品等特殊商品及时、准确地从参展商所在国(地)转移到参展目的地,展览结束后再将展品从展览地运回的过程,包括展览前后的仓储、包装、国内运输、进出口报关和清关、国际运输,展览中的装卸、搬运以及在此过程中所需要的信息流动。”另一种有代表性的观点是:会展物流“是指展销产品从参展商经由会展中转流向购买者的物理运动过程,它是展销活动供、需双方以外的第三方组织者所提供的一种具有后勤保障功能的服务,由会展组织者在综合会展现场多个供需对应体的信息要求后,统一指挥、统一安排、统一协调的会展物资流通体系”。

上述对会展物流概念的解释虽有所不同,但对会展物流的本质是会展相关物品的空间流动与管理的认识基本相同。会展物流涵盖了在提供地与会展地之间,对会展材料设备与会展物品的高效率、低成本流动和储存而进行的一整套规划、实施和控制的过程。会展物流的主体是会展组织者,客体是参展商和购买者。会展物流服务商(Exhibition Logistcs Sserver,ELS)服务水平的高低是关系到会展能否成功的重要因素之一。会展物流概念的提出,将使会展活动的专业化服务体系更趋完备。

会展物流作为现代物流行业的一个重要分支,与一般运输、配送相比具有更高的专业性和服务性,属于高端物流。高端物流代表高质量的专业服务,服务对象一般是高端产品。高端物流服务管理体系与运作模式具有高附加值、高利润、高效率、高技术标准以及高风险的特征。

与传统物流体系相比,现代会展物流模式具有如下特点。

6.7.1.1 服务的专业性

会展活动的特点要求为其提供物流服务的会展物流服务商必须具有较高的专业化管理水平,必须拥有具备会展物流管理专业技能的人才、畅通的物流渠道、有效的物流配送手段、功能齐全的货物转运与仓储中心和完备的信息网络平台和信息技术作为支撑。因

此，专业化程度相对较高是会展物流一个最为显著的特征。

6.7.1.2　流程的时效性

会展物流活动过程控制非常复杂，在时间上具有很强的阶段性，在空间上具有突发的集中性，在需求上具有双向性和不确定性。这就要求会展物流服务商提供更高层次的快速反应服务。如何在特定的时空里满足参展商多种应急需求，是会展能否成功举办的关键。

6.7.1.3　展品的安全性

确保物流过程中的物品安全是会展物流的第一任务。会展活动所需的设备、物品一般由会展组织者采购，而参展商展销产品的运输则在会展组织者的统一调度下自行负责。承运人员在运送过程中要保证物品不发生霉烂、破损、水渍等损害展品原有使用价值的事故，避免因此而造成的供货质量问题导致的会展准备的中断。因此，会展物流服务商必须确保所运送的物品不仅及时而且安全地到达目的地，通常还需再送回原地。

6.7.1.4　信息的实时性

信息化是我国会展产业与国际接轨的一个重要衡量标准。信息传递与共享是保障会展物流管理高效、协调运行的重要基础。在会展物流的组织与管理过程中，会展主办方、参展商与物流服务商信息的实时沟通，为会展活动提供高效的物流服务支持，是会展物流服务商的重要目标之一。会展组织管理者应会同各参展商与物流服务商，持续地对各种相关信息进行实时监控，并根据反馈信息及时调整会展物流过程中的具体行动措施。

6.7.2　典型会展物流的业务操作

会展物流因其特性，更注重科学的服务管理和物流操作流程。一次成功的会展，需要整个会展服务供应链中各节点，包括会展举办方、参展商、物流服务商、展馆方和展位设计服务商的密切配合，相互合作，协调一致。优秀的会展物流服务商不但能够为参展商设计合理的实施方案，而且可以代替参展商完成参展样品的提货、运输、仓储、装卸、包装、搬运、布展，以及人员组织、调度、管理，设备的供给、保养、回收以及保险等一系列服务。

会展物流的操作流程主要包括以下三个环节。

6.7.2.1　会展主办方指定物流服务商

提供会展物流服务的供应商一般都是由会展主办方指定的。物流服务商根据会展主办方提供的信息与参展商联系，洽谈具体的物流服务需求。在这一阶段，参展商也可以与会展主办方进行沟通，自己选择物流服务商。

6.7.2.2　物流服务方案的设计与完善

承担会展物流业务的物流服务商根据参展商的要求设计物流服务方案，包括了解展品的运输、保管、布展及回收等内容，如果是国际性会展还需要涉及国际保险、报关等服务。在这一阶段，物流服务商需要与参展商充分沟通，才能保证方案符合参展商的需要。

6.7.2.3　物流服务方案的实施

根据会展主办方的会展日程安排，物流服务商依据方案进行展品提货、运输、保管等物流作业，活动过程中要与会展主办方及时沟通。交付展品后，要由参展商进行确认，待展览结束后立即启动下一轮物流或展品回程运输。优秀的物流服务商还可以为参展商提供布展、展览管理、展品回收处理等一揽子增值服务。

在会展活动过程的组织中,展品的运输组织模式主要有四种:①参展商自行负责展品运输;②参展商自选物流服务商进行展品运输;③展览主办方指定会展物流服务商;④参展商通过邮寄或快递运送展品。

值得关注的是,在实际操作中,参展商使用会展主办方指定的物流服务商效果最好。因为,在通常情况下,由会展主办方指定的物流服务商大多是一些有会展物流经验、综合实力较强、知名度较高,能够全权代理会展的国内、国际展品物流服务的大型物流企业。与这样的物流供应商合作,服务质量、安全性有一定保障,可省去参展商的许多后顾之忧。如果企业自己联系物流服务商,应当找正规企业;否则,将会展物流业务交给缺少经验的物流公司,难免会有一些意外情况发生,造成不必要的损失。

6.7.3 会展物流的发展趋势

会展业是第三产业发展成熟后出现的一种新型经济业态。中国加入世界贸易组织后,服务贸易领域对外开放速度加快,国外的资金、管理、技术和人才将更多地进入会展业,开办会展专业公司,或者投资建设现代化展览场馆和展览设施,为中国会展业的腾飞创造有利的条件。中国会展业经过 10 多年的快速发展,已逐步走向成熟,并初步形成了中国展览业专业化、市场化、规范化、信息化和国际化的格局。

21 世纪以来,会展业在中国的发展势头迅猛,每年以 20% 的速度增长。截至 2011 年,中国可供展览的面积达到 8 120 万平方米,全国共举办展会 7 333 场,同此增长 18.21%,居世界第二位。随着 2008 年奥运会在北京召开、2010 年世界博览会在上海举行,中国在国际会展业的地位得到了极大的提升。可以说,中国已经成为亚洲乃至世界重要的会展大国。

由于会展集商品展示、交易和经济技术合作等功能为一体,并具备信息咨询、投资融资和商务服务等配套功能,在贸易往来、技术交流、信息沟通及经济合作等方面发挥着日益重要的作用。据专家测算,会展业本身的利润率在 20% ~50% 之间。国际会展产业带动系数大约为 1:9,即会议展览场馆的收入如果是 1,相关的社会收入为 9,可以带动服务、物流、旅游和餐饮等相关产业的发展。由于会展业的乘数效应对第三产业的巨大带动作用,对城市知名度的提高和对招商引资的促进有很大作用,使得许多国家的政府及民间机构加入到会展市场竞争的行列,积极发展本国的会展产业。我国越来越多的城市明确提出,要把会展业作为城市发展的战略目标、本地区经济增长的"助推器"和"支柱",北京、上海、广州已成为中国的三大展览中心城市,深圳、大连、长春、青岛、南京和苏州等成为地区展览中心城市,宁波、东莞、义乌等形成有特色的地方展览城市。以北京、上海、广州为中心,环渤海、长三角、珠三角东南沿海会展产业带的形成,以成都、昆明、南宁为支撑的西南会展业产业带的形成,东北会展经济带及中部会展城市经济带五大会展经济产业带框架的形成,标明着我国会展产业链条已经形成。

会展不仅连接生产和流通,也促进了交通、运输、电信、银行、广告、餐饮、住宿、购物和旅游等行业的快速发展。会展业兼有都市集聚效应的基本特征,是典型收益可观的高盈利行业。中国会展业的总收入约占全国 GDP 的 0.05%,而德国、美国、新加坡等会展业发达国家的这一比例为0.2%，所以，会展业在中国的增长空间巨大。会展业的发展对会展物流提出了新的需求，拉动了会展物流的兴起与发展。会展物流盈利水平远大于一般物流业约10%的利润空间，有很好的发展前景。

会展具有展览时间特定、参展企业多、展览地点分散和展品量小等特点，特别是在国外举行的展览会议，由于涉及出口报关、国际运输、国际保险和展品的再处理等环节，需要由会展物流服务商为参展商设计科学合理的实施方案，完成展品的及时调度、运输、仓储、包装、清关、展馆现场操作、布展、运回和保险等各个环节的服务及适时监控等任务，以达到在指定的时间内用最低的成本将展品安全运达展览地的目的。这就要求有实力的专业物流公司不断采用先进技术和管理方法，提高物流服务水平，承担会展物流服务的重任。

从我国会展物流发展现状来看，与国外同行业相比还存在着很大差距。在我国举办的各类会展所采用的物流运作仍然采用传统的展品物流模式。传统展品物流运作模式的弊端较明显：其一是成本较高，服务水平较低。由于展览主办方没有指定物流服务商，各参展商要自己寻找物流供应商完成展品从参展商处至展览场馆的运输、储存、保管和装卸等作业，以及展览结束后的回运等工作。因为单一的参展商展品物流量较少，难以争取到较好的价格，单位物流成本较高，参展商也难以获得全面有效的服务。其二是信息不畅，反应滞后。由于没有建立展览主办方、参展商、展馆方、物流服务商共享的、有效反应的信息管理系统，物流公司必须与会展组织者事先沟通，告知对方何种展品何时到达展览场馆，展览组织者再与场馆方协商确定展品进馆时间；进馆之后，参展商才能开始展台的搭建、布置和装饰等工作。因为各参展商都有自己的物流供应商，信息的流动发生在众多的物流供应商、展览主办方和场馆方之间，线路繁杂，沟通过程中经常会出现信息流通受阻的现象，协调困难，导致展品在场馆外滞留或者留给参展商布置展台的时间过短等现象，以致会展运作过程中由于信息不灵、反应滞后而影响工作效率的情况时有发生。

传统会展物流运作模式仍被广泛采用，凸显出我国现代物流业的不足之处，成为制约会展业进一步发展的“瓶颈”。这一方面说明，我国会展组织者管理水平较低，或者受限于会展物流的业务规模和市场份额；另一方面说明，我国众多的物流供应商提供的会展物流服务只能达到会展运输商(Exhibition Transpotation Server，ETS)的水平，而不具备会展物流服务商(Exhibition Logistics Server，ELS)的功能。目前我国从事会展物流的企业主要是UPS，DHL等外资公司和中远、中展运等国内实力较强的物流公司。国内物流公司一般只能为这些企业提供分包服务。由此可见，我国会展物流目前状况与市场需求尚有一段距离。

6.7.4 会展物流存在的问题

我国会展业的发展速度越来越快，国际化的趋势也日益明显，这为我国的会展物流发展提供了机遇和挑战。然而，我国会展物流业却没有相应的长足发展，这其中原因是多方面的。除了行业规范和有关政策等制约因素外，我国会展物流行业发展中存在的主要问题有以下四个方面。

6.7.4.1 会展组织者管理水平较低,缺乏整体规划

我国各地区在发展会展业及会展物流时,会展组织者缺乏现代会展业整体规划和有效管理,政企不分,搞地方保护主义。有不少地方的政府,一年要举办数次名目各异的"盛会""节日",甚至只允许本地物流企业参与会展业务的竞标,使会展市场因缺乏竞争而少有活力。由此造成的直接后果就是大量的搬家公司为客户提供初级的、低水平的运输、搬运业务,而有实力的物流企业却因为地方保护而不能参与竞争,阻碍了我国会展物流企业的成长和发展。

6.7.4.2 缺乏有实力的物流服务(供应)商,有效供给不足

现阶段,国内大多数的物流企业还未完成向现代服务型的物流供应商转变,能为参展商提供的仅是一些最基本的运输、仓储业务,能开展会展物流业务的专业公司较少。一方面,参展商对专业会展物流服务需求强劲;另一方面,虽然会展物流利润较高,但有能力承担会展物流服务的企业却寥寥无几。我国几乎没有专门从事会展业务的物流服务商,行业内若干有名气的物流企业也仅是将会展物流服务业务作为自己服务的内容之一,远远不能满足现代会展业的要求。

6.7.4.3 物流服务(供应)商专业技术水平低,服务质量欠佳

会展主办方在国内很难挑选到一家能满足要求的、有经验的、可以提供全程服务的会展物流专业公司。这一方面是因为会展业务涉及商务、法律、贸易、营销和管理等诸多专业,需要具有专业知识和丰富从业经验的人才,设计出优秀的物流方案并付诸实施;另一方面是因为会展业务几乎囊括了运输、保管、保险等所有的物流环节,不同业务之间缺乏连续性,将其作为主营业务将承担一定的风险。这些因素致使国内的物流企业在开展会展物流业务方面顾虑重重,造成了我国有实力的专业物流供应商较少,会展物流业务开展不畅。

6.7.4.4 专业人才不足,服务理念落后

会展物流是新兴的高端物流行业,而目前国内专业人才不足,符合参展商要求的会展物流经理人更是凤毛麟角。一个完整的会展物流方案是运输、保管、保险、商贸和广告的集合,这就要求会展物流从业人员不但要有广博的商贸知识,还要有丰富的实际经验,除了掌握一般物流知识,具有一般物流技术与管理技能外,还必须对会展业有所了解。对于会展物流服务需要的复合型经济管理人才,需要多方位、多形式的培养,才能造就高水平的专业会展物流人才,给会展商提供更高水准的全程物流服务,而人才的缺乏将长期制约我国会展物流业的发展。

6.8 冷链物流

6.8.1 冷链物流的概念与意义

6.8.1.1 冷链物流的概念

冷链物流泛指冷藏、冷冻类食品在生产、储藏运输、销售,直至消费前的各个环节中始终处于规定的低温环境中,以保证食品质量,减少食品损耗的一项系统工程。它是随着科

学技术的进步、制冷技术的发展而建立起来的，是以冷冻工艺学为基础、以制冷技术为手段的低温物流过程；是需要特别装置，需要注意运送过程、时间掌控、运输形态和物流成本所占成本比例非常高的特殊物流形式。

冷链物流的适用范围大致有初级农产品、加工食品和特殊商品。初级农产品包括蔬菜、水果；肉、禽、蛋；水产品、花卉产品。加工食品包括速冻食品，禽、肉、水产等，包装熟食、冰淇淋和奶制品；快餐原料；特殊商品主要是药品。由于食品冷链是以保证易腐食品品质为目的，以保持低温环境为核心要求的供应链系统，所以它比一般常温物流系统的要求更高、更复杂，建设投资也要大得多，是一个庞大的系统工程。由于易腐食品的时效性要求冷链各环节具有更高的组织协调性，所以，食品冷链的运作始终是和能耗成本相关联的，有效控制运作成本与食品冷链的发展密切相关。

6.8.1.2 冷链物流的意义

作为一个普通消费者，无论是在综合大卖场、超市还是在传统的菜场购买肉类、乳制品、冷冻的包装食品等一系列需要温度控制保鲜的产品时，除考虑产品是否是货真价实，无造假、伪劣和质量可靠外，是否考虑这些产品是如何从生产厂家配送到零售终端的？因为非常温产品在整体供应链中的质量保证是非常重要的，再好的产品如果由于运输和储存中的问题而造成不新鲜，影响营养和味道变化还是小事，严重时还会对消费者身体健康产生影响，故可以等同于伪劣商品。但是这背后的冷链物流的供应链往往是广大的消费者所无法了解到的。

冷藏和冷冻食品需要一个完整的冷链物流对货物进行全程的温度控制（根据相关的规则），以确保食品的安全，包括装卸货物时的封闭环境、储存和运输等，而完整的冷藏食品供应链是食品安全不可或缺的条件。因此，冷链物流的要求比较高，相应的管理和资金方面的投入也比普通的常温物流要多。

6.8.2 冷链物流的发展与展望

6.8.2.1 冷链物流在中国的现状

中国食品工业协会提供的资料显示，中国由于冷链的问题造成每年约有 1 200 万吨水果和 1.3 亿吨蔬菜的浪费，总值约为 100 亿美元。这些数字的真实性我们暂且不去追究，但是由于不按照国家有关食品冷藏、冷冻的规范操作需要冷链物流的食品是一个事实，非正式的统计是有 80% 左右的水果、蔬菜、肉类和水产以传统的车厢（常温和保温车）进行运输。造成这一情况的主要原因有服务质量、运输质量、缺乏可靠的物流服务商（特别是大型区域和全国范围的物流服务提供商）、高费用，以及运输和储存等基础设施的不足。

6.8.2.2 冷链物流发展中存在的问题

(1)使用价格相对较高的冷链物流对企业是否有好处。这是一个利益问题，而不是物流问题，并牵涉整体价值链中的各方利益。如果一些供应商想使用正规的车辆，但是零售商或消费者并没有因此而给予供应商相应的支持，而是将其与其他供应商同等对待，这样一来就间接地鼓励了供应商使用非标准的车辆。上海的一些零售商严格要求供应商使用冷藏车，这在国内是要求最高的。

(2)政府应当进一步加强有关冷链规则的执行力。虽然有相关的法规，但政府往往更多地关注除冷链物流以外的问题(如产品的产地、卫生问题等),而没有更多地检验冷链的质量。目前那些使用全程冷链物流的企业为了树立自己的品牌,自定标准运作冷链物流,这其中有代表性的企业是麦当劳、光明乳业等品牌企业。它们沿用国际上的认证体系,对本企业的全程冷链物流进行管理。

(3)正规的提供第三方冷链物流的物流公司规模有限,更多的是“游击队”围攻“正规军”,一些第三方物流以低价格参与竞争,以无利润进行投资和扩大规模。在“量就是王”的物流运作中,如果没有足够的量,价格会居高不下,便会制止更多的潜在客户使用正规的物流服务。光明乳业的领鲜物流和夏晖物流都是依托光明和麦当劳的配送发展第三方物流,如果没有大的客户是较难发展的。

(4)缺乏整体成本的概念。企业比较注重单价成本,但没有考虑如何通过使用合格和优质的物流服务商来减少货物的损失,因为冷链物流中的消耗是可观的。这也是目前我国物流业中较为严重的问题。

6.8.2.3 冷链物流在我国的发展趋势

冷链物流的发展关系着我国食品、药品、卫生等领域的健康、有序发展,政府有关部门需要强化食品供应链规则的执行和监督,引导企业向正规的冷链物流发展,而不能完全依靠企业为了自身品牌而自律;同时,第三方物流也需要积极开展工作、培养人才,使自身得以发展和壮大。有些企业虽然投入较多,基础设施也非常先进,但其管理没有达到一定的水平。在这方面,夏晖物流做得比较突出,即运用领先的管理技术,坚持不懈地按照流程管理企业,积极整合社会资源,如通过第四方物流管理和优化社会资源,使公司物流路线的优化、人员的素质和获得全球的认证等均在行业中领先。

目前,建冷库已经不是尖端技术,冷藏车也不是非常昂贵,因此,基础设施的不足已经不是关键问题了,最困难的是冷链物流管理人才的培养和建立一个有效的管理体系。冷链物流在我国出现的时间还不太长,我们尚缺乏管理经验和人才,依靠企业内部培养有很大的制约。

虽然我国现代冷链物流发展的瓶颈和问题还很多,但国家在这方面的法规越来越完善,零售终端对供应商的要求越来越高,对正规冷链物流的需求越来越多,这是社会发展的结果,也是我国冷链物流发展的关键,更主要的是市场供求关系发展的一个重要趋势。

本专题要点归纳

本专题介绍了行业物流,包括港口物流、制造业物流、特殊化工产品物流、食品与医药物流、快递物流、连锁物流、会展物流和冷链物流的物流模式、行业特点以及发展趋势。

延伸阅读

物流联盟

一、物流联盟产生的原因

1. 利益是物流联盟产生的最根本原因。企业之间有共享的利益是物流联盟形成的基础,物流市场及其利润空间是巨大的。在西方发达国家,物流成本占

GDP 的 10%左右，而我国占 15% ~20%，如此大的市场与我国物流产业的效率低下形成鲜明的对比。生产运输企业通过物流或供应链的方式形成联盟有利于提高企业的物流效率，实现物流效益的最大化。

2. 大型企业为了保持其核心竞争力，通过物流联盟方式把物流外包给一个或几个第三方物流公司，外包其关键性的物流功能，如存货控制和全球物流配送，一方面可以减少库存货物、物流费用，还可以提高产品的供货质量，能够更可靠、更频繁和准时配送。

3. 中小企业为了提高物流服务水平，通过联盟方式解决自身能力的不足。近年来，随着人们消费水平的提高，零售业得到了迅猛的发展，这给物流业带来了发展的机遇，同时也带来了新的挑战。因物流发展水平的长期落后，如物流设备、技术落后，资金不足，按行政条块划分物流区域等，很多企业尤其是中小企业不能很快适应新的需求，于是通过联盟的方式解决这一矛盾。

4. 以第四方物流为中心，对物流服务的各个机构尤其是第三方物流公司进行整合，在数量上和质量上服务能力都大大提高，解决单独靠一家企业或第三方物流机构不能满足需求的问题，因此产生新的联盟方式。

5. 国际互联网技术的广泛应用使跨地区的物流企业联盟成为可能。由于信息高速公路的建成，使得世界距离大大缩短，异地物流企业利用网络也可以实现信息资源共享，为联盟提供了有利的条件。

6. 我国物流企业面临跨国物流公司的竞争压力，通过组建物流联盟应对压力和挑战。我国的物流企业只有结成联盟，通过各个行业和从事各环节物流业务的企业之间的联合，实现物流供应链全过程的有机结合，通过多家企业的共同努力，抵御国外大型物流企业的"入侵"，形成一个强大的集团力量，共进退、同荣辱，才有可能立于不败之地。

二、物流联盟的优势

物流联盟的优势体现在四个方面。

1. 大企业通过物流联盟迅速开拓全球市场，从而使业务在全球范围内展开。

2. 长期供应链关系发展成为联盟形式，有助于降低企业的风险。

3. 企业(尤其是中小企业)通过物流服务提供商结成联盟，能有效地降低物流成本(通过联盟整合，可节约成本 10% ~25%)，提高企业竞争能力。

4. 第三方物流公司通过联盟有利于弥补在业务范围内服务能力的不足。

三、物流联盟的特点

物流联盟的特点表现为相互依赖、核心专业化和强调合作。

四、物流联盟的方式及其不足

物流联盟的方式可分为以下五种。

1. 纵向模式，即垂直一体化。这种联盟方式是基于供应链一体化管理的基础形成的，即从原材料到产品生产、销售、服务形成一条龙的合作关系。垂直一体化联盟能够按照最终客户的需求为其提供最大价值的服务，同时也使联盟总利润最大化。但这种联盟一般不太稳定，主要是整个供应链上的每个环节不可能同时达到利益最大化,因此影响了一些企业的积极性,使它们随时有退出联盟的可能。

2. 横向模式,即水平一体化。处于平行位置的几个物流企业结成联盟,包括第三方物流。这种联盟能使分散物流获得规模经济和集约化运作,降低了成本,并且能够减少社会重复劳动,但也有不足之处,如它必须有大量的商业企业加盟,并有大量的商品存在,才可发挥它的整合作用和集约化的处理优势。此外,这些商品的配送方式的集成化和标准化也不是一个可以简单解决的问题。

3. 混合模式。混合模式中既有处于上下游位置的物流企业,也有处于平行位置的物流企业的加盟。

4. 以项目为管理的联盟模式。以项目为中心,各个物流企业相互合作,形成一个联盟。这种联盟方式只限于一个具体的项目,使联盟成员之间合作的范围不广,优势不太明显。

5. 基于 web 的动态联盟。由于市场经济条件下的激烈竞争,为了占据市场的领导地位,供应链应成为一个动态的网络结构,以适应市场变化、柔性、速度、革新和知识的需要,不能适应供应链需求的企业将被淘汰,并从外部选择优秀的企业进入供应链。供应链成为一个能快速重构的动态组织,实现供应链的动态联盟,但这种联盟方式缺乏稳定性。

【复习思考题】

1. 什么是港口物流?典型的港口物流模式有哪些?
2. 典型的港口物流活动有哪些?具体包括哪些业务?
3. 制造业物流的概念是什么?制造业物流模式有哪些?
4. 石油化工产品主要采用什么运输方式?其运输特点是什么?
5. 快递物流的行业特点是什么?
6. 连锁物流的特殊性体现在哪些方面?
7. 什么是会展物流?
8. 什么是冷链物流?冷链物流的适用范围是什么?

【案例分析与应用】

石化行业的物流需求与服务

中国加入世界贸易组织后,石化行业受到很大冲击,原油和石化产品不再受保护,成品油仅有 5 年的保护期,而石化产品的进口关税率将下调 6% ~8%。由此,国际石化巨头纷纷入华,意图抢占中国石化市场。

与此同时,由于化工装置成本的降低和民营企业资金实力的增强,民营企业也纷纷新建和扩建装置,在涤纶和长丝级聚酯切片等领域同国内传统石化企业——中石化和中石油形成激烈竞争,导致行业供需失衡,使得价格竞争成为竞争的主要手段。

业内人士认为,石油化工企业必须充分利用自身在储运方面的优势,以现代物流为核心,建立高度机械化、标准化、自动化和现代化的物流主体,提高物流速度,降低物流成本。

石油化工行业企业通常物流量大,对物流运作和物流质量有较高的要求;产品附加值不高,但是相当多的产品有专门的物流技术要求,如危险品和易燃易爆品;生产地和销售地普遍存在一定距离,物流距离较大,产品一般多为大宗包装,搬运倒装成本较高,运输方式对多式联运要求较高。

中国石油、中国石化和中化集团等超大型集团企业积极与专业物流信息化公司合作,推出石化行业物流供应链信息化解决方案,包括以下内容:

合作伙伴(货主、承运商等)系统,通过接口(EDI 或数据库热连接方式)与物流的主营业务系统(仓储管理系统和运输管理系统)实现松散式数据共享。

总部管理系统,对与外部进行交换的数据进行数据整理和数据路由,再将数据发送到相应机构的相应系统中去。

报表查询系统,通过各种方式与物流内主要信息系统相连,收集所需信息,进行数据分析、数据挖掘,为高层管理提供决策参考。

作为物流信息系统的核心部分,物流业务管理解决方案可以满足石化物流内部对固体产品和液体产品的管理,也可以通过系统中的仓储和运输管理模块开展第三方物流业务,通过计费模块对实际发生的物流业务计算出费用信息并经数据接口导入财务系统中,同时通过绩效考核模块可对公司内部人员进行统一的考核管理。

根据案例,分析石化行业的物流需求与普通行业的物流需求有何不同,分析石化行业物流有哪些技术难点。

根据你所学到的行业物流方面的知识,并查阅相关资料,说明"原油——石油产品(如汽油、柴油等石油燃料、石油溶剂与化工原料、润滑剂、石蜡、石油沥青和石油焦等)——石油化学产品(合成树脂、合成橡胶、合成纤维等高分子产品及表面活性剂等精细化学品)"这条产品链上涉及哪些行业物流,其物流需求有哪些区别。

专题七　现代物流产业

知识目标

了解现代物流产业；熟悉物流产业的地位与发展环境、物流产业组织与产业政策、我国物流产业发展的机遇与前景；认识国际物流产业现状与发展趋势及物流产业国际化。

案例导入

通过对我国2009年初确定的“十大产业振兴计划之物流产业振兴”计划的学习，对物流产业专业知识的学习和对上海现代物流产业发展经验的学习，请为“鲜速·李”物流服务有限公司的发展前景做一规划。

上海现代物流产业发展的经验对“鲜速·李”的发展有哪些借鉴作用和启示？

分组讨论。

7.1　现代物流产业概述

现代经济中的物流产业，是利用现代信息技术进行货物存储、交易和卸运的运作方式和管理机制。信息化技术的突飞猛进，为现代物流产业的发展带来了巨大的推动作用。在促进物流产业加速发展的几个基本条件中，电子商务是最重要的因素。网上购物的兴起，信用制度的完善，使相应货品配送的服务需求量越来越大。专家预言，21世纪的物流与配送是把握市场的关键所在。

目前国际上流行的趋势，是将涉及运输、仓储、装卸搬运、包装、流通加工、配送和流通信息处理七个方面的现代物流企业逐步向规模化、网络化，利用信息技术为客户提供低成本服务的方向发展。有关研究认为，未来电子商务运作模式基于计算机网络间的信息交换，供应商、制造商及客户间通过信息网络交换货品订单等多项商务内容，直接由配送中心、物流企业来衔接生产、批发、零售和销售各环节。现代物流业不仅能使更多的企业实现“无仓库无车队”运作，更多的商品实现“不停留不落地”卸运，而且能提高现有交通运输设施的使用效率，实现高效低耗的物流过程。

随着世界经济的快速发展和现代科学技术的进步，物流产业作为国民经济中一个新兴的服务部门，正在全球范围内迅速发展。在国际上，物流产业被认为是国民经济发展的动脉和基础产业，其发展程度成为衡量一国现代化程度和综合国力的重要标志之一。

现代物流业是指原材料、产成品从起点至终点及相关信息有效流动的全过程。它将运输、仓储、装卸、加工、整理、配送和信息等有机结合，形成一条完整的供应链，为用户提供多功能、一体化的综合性服务。

现代物流业是一个新型的跨行业、跨部门、跨区域和渗透性强的复合型产业。现代物流业涉及的国民经济行业包括铁路运输、道路运输、水上运输、装卸搬运及其他运输服务业、仓储业、批发业和零售业。

统计显示，2009 年我国社会物流总额达 100 万亿元，同比增长 13%。此外，我国目前流通领域的发展仍显迟缓，物流行业对国内经济的影响正日益显现。

7.2　物流产业的地位与发展环境

随着市场经济的发展，物流业已由过去的末端行业上升为引导生产、促进消费的先导行业。现代物流业是以现代运输业为重点，以信息技术为支撑，以现代制造业和商业为基础，集系统化、信息化和仓储现代化为一体的综合性产业，因而它的发展必将对优化产业结构、增强企业发展后劲、提高经济运行质量起到巨大的促进作用。

首先，加快发展现代物流业是优化区域产业结构，振兴第三产业的必然选择。根据产业结构发展演进的定律，产业结构的发展方向是一次产业向二、三次产业演进升级的过程。现代物流业的本质是第三产业，属于技术密集型和高附加值的高科技产业，是现代社会分工和专业化高度发展的产物，它具有资产结构高度化、技术结构高度化、劳动力高度化的特征，能够促进传统的运输、仓储企业的转型，整合传统经营业务，扩大服务范围。

其次，加快发展现代物流业是企业降低成本、提高经济运行质量和效益的有效途径。现代物流是流通方式的一场革命，是企业降低物资消耗，提高劳动生产率以外的“第三利润源”。计划经济时代是以生产为中心，生产企业、流通企业库存多，占用资金多，而运输和仓储企业有效货源不足，设施利用率低，导致企业资金周转不畅，经济运行质量不高。在市场经济条件下，生产要素、资金的流动以获取利润为前提条件，“唯利是图”是其根本的特征。通过现代物流业，可以提高工作效率、降低生产成本，从而使企业获得更多的利润。

再次，加快发展现代物流业，是提供就业岗位、缓解就业压力的有力措施。同任何新兴产业的诞生和发展一样，现代物流业在促进国民经济产业结构调整的同时，也带动了劳动就业的扩张。而第三产业属劳动密集型产业，同样的投入能提供比第二产业多得多的就业岗位。

最后，加快发展现代物流业是改善投资环境、扩大对外开放的迫切需要。现代物流产业作为服务性产业，对交通、通信等基础设施条件有较高的要求，也是一个地区十分重要的投资领域，关系到一个地区的对外开放水平和产业形象。

7.3 物流产业政策

物流产业政策体系的制定和实施也需要一定的保障措施,如资金保障、体制保障等。随着我国物流政策体系的完善,物流将日益发挥其国民经济“支柱型”的产业优势。根据产业政策的功能将物流产业政策体系划分为支持性、引导性和发展性三个模块。

7.3.1 支持性政策体系

物流业是一个复合型产业,同时也是一个新兴的产业,物流产业的发展与基础设施的建设以及相关的配套环境息息相关。支持性政策体系旨在为物流产业提供一个发展的基础平台,主要通过如下各项政策支持物流产业的发展。

7.3.1.1 物流产业政策

在现有的物流产业政策体系的基础上,逐步废除阻碍物流畅通的各类不符合市场竞争的原则,违反国家法律、法规规定的地方保护、区域封锁、行业垄断、市场分割的政策,努力建设统一开发、公平竞争、规范有序的现代物流市场体系。规范物流业的市场行为,建立物流服务质量标准及行业规范。

7.3.1.2 政府投资政策

对于建设投资规模较大的物流基础设施及配套设施、公共信息平台等公共建设项目,政府可通过投资、补贴等方式参与建设。

7.3.1.3 企业融资政策

通过企业融资政策,充分发挥金融机构在扶持现代物流企业发展中的杠杆调节作用,降低物流企业融资成本。支持物流企业利用境内外资本市场融资或募集资金发展社会化、专业化的物流企业。对资产质量好、经营管理好,具有成长潜力的物流企业要支持鼓励其上市。各类金融机构应对效益好、有市场的物流企业给予重点支持。

7.3.1.4 土地政策

政府可以通过出台优惠的土地政策,整合存量资源,优化物流产业空间布局(物流园区、物流中心、配送中心),鼓励物流企业入驻相关的物流园区,充分发挥政府在物流产业发展中的宏观调控作用,避免物流企业的重复建设,提高资源利用率。

7.3.1.5 税费政策

现代物流产业包括不同服务业态和经营类别,如运输业、仓储业、多式联运、物流代理、流通加工、物流信息及咨询。建议税务部门积极开展研究,针对物流产业不同的业态提出合理的、有利于物流业持续、稳定发展的税目及税率。

7.3.1.6 运输管理政策

开辟物流绿色通道,提供市区车辆通行和停靠的便利。进一步提高货物运输、配送效率,优化各物流节点之间的转运环节,支持物流企业提供“一体化、门到门”的先进物流服务,实现“货畅其流”。

7.3.2 引导性政策体系

物流产业在我国仍处于“导入期”,各地在物流基础设施的建设过程中仍然存在一定的盲目性。引导性政策体系旨在为物流产业提供一个理性发展的平台。具体体现在五个方面:引导不同区域物流产业的合理分工;引导物流节点的合理规划;解决工商企业"大而全、小而全"商业运作体制所带来的问题,提高企业物流的运作水平;引导传统的运输仓储企业向发展现代物流转轨;指导物流企业在政府宏观规划的指导下有序发展。引导性政策主要包括以下三项。

7.3.2.1 空间布局引导政策

从国家宏观环境来分析,我国经济的发展过程呈现出明显的区域特征,中央政府可以根据东、中、西部不同的物流需求制定相关的区域物流产业发展引导政策。从各区域的环境来分析,地方政府也应当根据自身的经济发展模式,构建科学合理的现代物流体系,制定相关的土地、服务等优惠政策,引导不同类型的物流企业入驻相应的物流园区,避免重复建设,达到规模经济效益,促进物流企业发挥协同发展优势。

7.3.2.2 优化物流产业结构引导政策

通过各种支持性政策,引导不同类型的物流企业合理分布、共同发展,优化物流产业结构。在未来的几年内,构建以公路、铁路、航空、水运和货运企业为基础的、立体高效的物流产业结构,大力发展多式联运型物流企业。

7.3.2.3 工商企业剥离物流业务引导政策

通过政策实施,引导工商企业剥离物流业务,提高物流活动社会化、专业化水平,促进工商企业提高其核心竞争能力;支持工商企业进行内部产权改造和制度建设,以提升企业管理能力;鼓励工商企业进行资产重组,整合各种物流资源,成立独立核算、自负盈亏的物流公司,降低物流成本,提高物流运作效率。

7.3.3 发展性政策体系

物流企业是物流产业的市场主体,物流产业的成熟与相关物流企业的发展壮大是同步的。发展性政策旨在为物流产业提供一个产业升级平台,主要包括以下两项具体政策。

7.3.3.1 鼓励重点物流企业做大做强的政策

在对物流企业进行考评的基础上,通过资金支持、土地使用等优惠政策扶持重点物流企业的发展,鼓励物流企业走整合、兼并的道路,做大做强,促进物流产业结构升级。

7.3.3.2 引入国外一流物流企业的政策

创造公平、公正的物流企业竞争环境,积极引进国外一流物流企业,扩大物流领域的对外开放,鼓励国外大型物流企业根据我国法律、法规的有关规定设立分公司或办事处。

7.3.4 物流产业政策新定位

近年来,随着现代物流业在我国的兴起,在学术界、实业界的推动下,中央政府和地方政府纷纷制定了物流产业政策。从已公布的规划看,我国的物流产业政策涉及的内容主要有六个方面:一是强调产业功能定位和区域经济功能定位。二是培育物流需求,促进第三方物流企业发展。三是统筹规划物流设施建设,重点加强物流节点规划,力求实现多功能、多种运输方式共享;在用地、物流园区一定年限财政资金返还、资金扶持和城市交通管制等方面协调配合。四是优先发展物流信息化,支持物流信息平台建设,积极推动 EDI,

GIS,GPS,SCM,POS,ERP和MIS等先进信息方式和手段的应用;同时,强调数据标准化、企业信息化和电子商务等的发展。五是重视物流标准化工作。六是强调物流人才的培养。

我国的物流产业政策尚处于形成的初期,还存在许多不完善的地方,主要有五个方面的表现:一是产业政策的经济学理论准备不足。迄今为止,在我国尚无系统的、令人信服的物流产业政策的理论研究,为数不多的研究也多是对某一实际问题的探讨和对国外有关理论观点的介绍。正缘于此,使我国的物流产业政策缺乏科学性、系统性和前瞻性,对实际工作的指导作用显得苍白乏力。二是对产业发展的基础情况和国外产业政策的实际运作掌握得比较粗疏。这在客观上削弱了物流产业政策制定的针对性和时效性,影响了对国外成功物流产业政策的学习和借鉴,加大了政策运用成本。三是产业政策形成中的部门协调难度大,政策传导受政府体制的影响较大,且行业中介组织和大企业在政策形成中的作用较弱。这就使得物流产业政策出台慢,实施起来障碍多,由于行业组织和企业参与不够,一些政策规定难免脱离实际。四是过分强调经济手段的作用,对法律手段、管理手段、科技手段等其他手段的作用认识不足,应用较少。在经济手段的选择上重视投资手段,而对金融手段的重视不足,由此导致物流产业政策手段体系不完备,缺乏足够的力度。五是产业政策实施的权威性不强,相应的保障措施不足,从而影响了政策的有效实施。

为了解决以上问题,尽快使我国物流产业政策走向成熟,促进我国物流产业快速、健康发展应采取多方面的措施。一是重视对物流产业经济理论的研究和应用。在高等院校财经类各专业开设相关课程,资助高等院校、科研院所对有关课题立项探讨,为物流产业政策建设提供强大的理论支撑。二是加强对国外物流产业政策的研究,了解和掌握国外物流业的发展变化情况,对成功的经验和方法应大胆地学习和引进,以逐步缩小我国与发达国家在物流产业政策先进性上的差距。三是加强对物流业的调查统计工作,争取在较短的时间内把我国的物流业"家底"摸清,并随时掌握物流业的运行状况,为物流产业政策的制定和调整提供及时、全面、可靠的信息资料。四是在产业政策形成过程中,充分听取行业中介组织、大企业和专家学者的意见,并注意政府部门的协调,逐步形成制度化的信息交换和共同决策制度,以保证决策质量,降低决策风险。五是加快行政体制改革和铁路、民航和管道等行业的体制改革和政企分开步伐,实行大交通体制;同时,理顺投资体制,逐步消除产业政策传导的体制障碍。六是在产业政策手段上,加强法律手段、信息手段和科技手段的应用。在经济手段上增加金融手段的运用;在物流公共管制上,增强政策的透明度、程序性,并建立行政审批时效制度,以提高行政效率;强化物流产业政策实施的权威性。要通过法律、行政及经济等手段的综合运用,使人们自觉地按照政策要求和规定办事,进而实现政策目标。

7.4 我国物流产业的现状与现代物流产业发展规划

7.4.1 我国物流产业的现状

我国物流业起步较晚,进入21世纪,现代物流业的发展受到前所未有的关注,国内物流热持续升温,发展势头迅猛。广东、江苏、天津、上海和浙江等省市行动迅速,在实际工作中创造性地开展工作,各地政府纷纷对本地区的物流业发展作出规划,制定政策,扶持重点项目,抓紧园区建设,加大投入力度,已经在新一轮的竞争中抢占了先机,占领了制高点。例如,天津作为北方第一大港口城市,已摆出要做北方物流"盟主"的架势。天津市2010 年物流业增加值达到 798.07 亿元,物流产业增加值占同期 GDP 的 8.7%,在工商部门注册的物流企业达 2 万多家,其中有 2/3 的企业将业务拓展到全国范围,1/3 的企业把业务拓展到国外,实现了与国际物流市场的对接。上海作为长江沿岸的"龙头",物流业产值以年均 22% 的增幅迅猛增长,立志要做全球的物流中心枢纽。广州作为珠江大三角的重要组成部分,声称要成为亚太地区最大的物流中心。在东北,总投资 3.8 亿元、占地面积 50 万平方米的东北三省最大的哈尔滨物流中心已建成;辽宁也准备用 10 年时间把大连打造成为东北经济区的国际物流中心;沈阳重点建设了一个省级现代化物流园区和 7 个现代物流中心,培育了一批第三方物流企业。

中国物流与采购联合会的统计信息显示,2012 年全国社会物流总额达 177.3 万亿元,同比增长 9.8%;物流业实现增加值 3.6 万亿元,同比增长 9.1%。

7.4.2 我国现代物流业发展规划

第一,我国经济的现代化离不开流通的现代化,我国目前正处于经济起飞期,人民生活从温饱型转向小康型带来的是消费的急剧变化,按其他国家所经历的过程,必然要产生一场流通革命,从而在实现国民经济工业化与市场化的同时实现流通的现代化。所以,对如何实现流通的现代化,要实行总体规划。

第二,加大对仓储业、配送中心、物流中心、批发中心以及集装箱中转站等物流设施的投入,资金不足时可以引进必要的外资,共同建设物流中心,引进先进的物流管理技术。

第三,要认真解决物流过程中部门分割、各自为政的状况,认真解决目前生产企业"大而全""小而全"的状况,走专门化、集约化的道路。

第四,现代物流涉及贸易经济、管理学、运输学、包装学、情报学、社会学科知识以及工程技术、电脑技术等,要重视物流科技的发展与人才的培养。

7.5 国际物流产业发展的现状与趋势

本节以国际物流产业比较发达的美国和日本为例,说明国际物流产业的现状与发展趋势。

7.5.1 美国:整体化的物流管理系统

美国是世界上最早发展物流业的国家之一,也是物流业发展较为成熟的国家。2009 年美国物流产业规模就已达 15 000 亿美元,占美国 GDP 的 10% 以上,有超过 1 000 家专门提供物流服务的公司。

美国物流模式强调"整体化的物流管理系统",是一种以整体利益为重,冲破按部门分管的体制,从整体上进行统一规划管理的方式。美国的全国物流体系各组成部分均居世界领先地位,而其中尤以配送中心、速递和第三方物流等最为突出。目前,美国使用第三方物流的企业比例约为58%,而且其需求仍在不断增长。整个美国第三方物流业的收入以年均15% ~20%的比例递增,由1994年的150亿美元增长到2000年的500亿美元,再到2009年的1 000多亿美元。美国的第三方物流不仅承担仓储或运输的单项业务,而且负责配货、送货、库存管理、收货验货以及调货分装等综合性客户物流业务。

7.5.2 日本:政府主导的物流系统

日本在物流产业的发展过程中,政府体现出较强的导向作用。日本政府主要通过规划优先、加大投入和出台政策三大手段加强对物流产业的引导。

首先是规划优先。考虑到国土面积小、国内资源和市场有限、商品进出口量大的实际情况,按照"流通据点集中化"战略,在大中城市的郊区、港口和主要公路枢纽等区域规划建设物流园地,同时倡导发展"城市内最佳配送系统",围绕某个标准轴心,将城市内无规则发生的各种方向、数量、时间的货运需求加以汇总,实现混载配送,提高配送效率。

其次是政府加大物流基础设施建设的资金投入,扩大建设规模。在科学规划的基础上,日本政府于1997年制定了《综合物流施政大纲》,对主要的物流基础设施,包括铁路、公路、机场、港口和中心基地建设提供强大的资金支持。如日本最大、最新的综合物流中心——和平岛货物中心建设总投资572亿日元,其中70%由中央财政出资,20%由东京地方财政出资,10%由企业投资。从20世纪60年代至今,日本已建成20多个平均占地74公顷的物流园区。

再次是出台相关政策,鼓励现代物流产业发展。在完善道路设施、改善城市内河运输条件、缓解城市道路阻塞和发展货物联运等方面,日本政府出台了许多如放松政府管制、建立政府部门协调促进机构以及提供政府援助等可行的鼓励政策。日本物流业在短期内就得到迅速发展与日本政府对物流业的宏观政策引导有着直接的关系。

7.6 物流产业国际化

在经济全球化大背景下,各国政策逐步放宽,原来相对保守和封闭的国家逐渐走向开放,国际市场环境迅速变化,加之不断的技术进步和日趋激烈的国际竞争,这些条件都为各国企业实行国际化发展战略提供了可能性和必要性。尤其是在经济全球化中充当"领头羊"的各跨国公司,基于整合其全球价值链、实现国际效率最大化的目的,纷纷制定并实行全球化发展战略,整合全球生产体系,实行全球财务管理,培养全球经理人员,发动全球企业并购,建立全球战略联盟。跨国公司实行全球化发展战略的直接结果就是对物流企业的国际化提出了迫切的要求。

物流产业国际化的特征表现为观念国际化、需求社会化、竞争国际化、技术现代化和管理体制集中化。

7.6.1 物流观念国际化

物流观念由国家观念向全球物流观念转变。国家观念导致的贸易保护主义扭曲了市场信号和企业行为,使长期处于保护下的企业竞争能力孱弱,一旦制度和市场环境走向开放,企业便面临着生存危机。而全球物流是一种无国界观念,在物流决策上不考虑国别的政治含义,仅从全球角度按照利益和效率标准进行物流决策。

7.6.2 物流需求社会化

物流需求是指一定时期内物流主体由于生产、交换和消费等方面的需要,产生对物资流动各个过程及相应信息流动的处理需要。这里的物流需求是指社会化的物流需求,即物流主体将其物流业务以合同的方式委托于社会化的物流企业运作。

7.6.3 物流竞争国际化

各国物流市场的逐渐开放使各国物流企业置身于更加激烈的国际竞争中,物流企业必须以全球视角在全球范围内进行物流供应链的整合,发展其核心竞争能力,或者掀起强强合并的浪潮,或者结成战略联盟,以保证企业在全球市场的竞争优势。

物流企业需要在全球范围内分析供求两方的谈判实力、潜在的进入者、可能的替代品、竞争对手以及自身的强势、弱势,充分估计面临的机遇和挑战,整合优质物流资源,发展核心竞争能力,制定出可行的国际化竞争战略。

7.6.4 物流技术现代化

现代科学技术的应用是现代物流区别于传统物流的一个重要特征,它体现在物流过程的各个环节上,不仅包括专用运输工具、自动装卸设备、立体化仓库、卫星跟踪系统、条形码和射频识别以及计算机网络等现代化设备和技术的应用,还包括 JIT,MRP,DRP 等现代化管理技术的应用。物流技术的现代化主要体现在信息化、自动化、网络化和柔性化方面。

7.6.5 物流管理体制集中化

物流管理体制应包括铁道、公路等交通部门和商业、流通等物资部门的管理体制。目前,物流管理体制的国际化趋势是实行大交通的管理体制,为了对物流业实行统一管理,西方发达国家先后对本国的物流机构进行了改革。

本专题要点归纳

本专题主要讲述了现代物流产业的概况,物流产业的地位与发展环境,物流产业组织与产业政策,我国物流产业发展的机遇与前景,国际物流产业现状与发展趋势,以及物流产业国际化的特征等。重点理解物流作为一个产业的发展与变化,从而认识物流产业发展的趋势。

延伸阅读

国务院通过“十大产业振兴计划中的物流产业振兴”点评

2009 年 2 月 25 日,国务院总理温家宝主持召开国务院常务会议,审议并原则通过物流业调整振兴规划,将物流产业发展纳入我国“十大产业振兴计划”之一。会议指出，物流业是融合运输、仓储、货运代理和信息等行业的复合型服务产业，涉及领域广，吸纳就业人数多，促进生产、拉动消费作用大。但是我国物流业总体水平落后，严重制约国民经济效益的提高。必须加快发展现代物流，建立现代物流服务体系，以物流服务促进其他产业发展。一要积极扩大物流市场需求，促进物流企业与生产、商贸企业互动发展，推进物流服务社会化和专业化。二要加快企业兼并重组，培育一批服务水平高、国际竞争力强的大型现代物流企业。三要推动能源、矿产、汽车、农产品和医药等重点领域物流的发展，加快发展国际物流和保税物流。四要加强物流基础设施建设，提高物流标准化程度和信息化水平。会议确定了振兴物流业的九大重点工程，包括多式联运和转运设施、物流园区、城市配送、大宗商品和农村物流、制造业和物流业联动发展、物流标准和技术推广、物流公共信息平台、物流科技攻关及应急物流等。会议要求，各地区、各有关部门要加强组织协调，深化物流管理体制改革，完善政策法规体系，多渠道增加投入，加快物流人才的培养，促进我国物流业平稳、较快发展。

一、振兴规划四点要求

1. 积极扩大物流市场需求，促进物流企业与生产、商贸企业互动发展。

2. 加快企业兼并重组，培育一批服务水平高、国际竞争力强的大型现代物流企业。

3. 推动能源、矿产、汽车、农产品和医药等重点领域物流的发展。

4. 加强物流基础设施建设。

二、振兴物流业的九大重点工程

振兴物流业的九大重点工程为：多式联运和转运设施、物流园区、城市配送、大宗商品和农村物流、制造业和物流业联动发展、物流标准和技术推广、物流公共信息平台、物流科技攻关以及应急物流。

与“十大产业振兴计划”涉及的其他行业相比，物流业虽然产业规模较小，但它作为生产性服务业的重要组成部分，直接支撑着现代经济的发展。通过出台调整振兴计划，可以避免物流业受到金融危机的过分冲击，同时对制造业提供带动、支撑和联动作用。

物流业不容乐观的前景是此项振兴规划出台的原因之一。2008 年，我国社会物流总额达 88.82 万亿元，同比增长 18.1%，增幅同比下降 8.1%；物流业增加值增幅同比下降 5.7%；社会物流总费用增幅同比下降 3.5%。中国社会物流总费用的同比增长率从 2008 年第三季度的 19% 迅速下降到第四季度的 1%。

2008 年我国物流企业遭遇了上游制造企业运量萎缩和运输成本提升的双重压力，劳动力成本、油价和土地使用税等均大幅增加。据不少物流企业反映，仓储企业的毛利率已降至 3% ~5%，运输企业只有 1% ~3%。中国物流学会副会长王佐透露，已有超过四成的物流企业利润下降，甚至亏损，部分地区中小物流企业开始退出物流市场。业内人士分析，2009 年有可能是中国物流业发展 30 年来最为困难的一年。中国物流业将进入增长趋缓、结构调整阶段。

思考题：

1. 结合国家对物流产业调整振兴的计划和相关资料，分析未来物流产业的发展重点与发展趋势。

2. 分析物流产业与其他产业相比有怎样的特点。

3. 结合目前的经济状况，搜集相关资料，分析我国物流产业在金融危机时期遭遇困难的原因有哪些。

认知指导

上海现代物流产业的发展

一、上海现代物流业发展现状

近年来，上海现代物流业的发展取得了显著成效，现代物流业规模不断扩大，物流园区综合服务功能提升，物流基地与产业基地开始形成联动发展机制，并逐步实现供应链全程监控。上海在为2010年建成国际重要物流枢纽并成为亚太物流中心之一而不断加快现代物流业的发展，同时，上海物流园区的综合服务能力也进一步提升。上海西北综合物流园区已经建成近40万平方米的标准化物流仓储，承担了全国60%的医药物流和上海75%以上的连锁超市配送物流业务；洋山保税港区目前已有13个航运、物流、加工项目和55家商贸型企业入驻。作为高端竞争方式之一，第三方物流企业在上海也得到了较快发展。目前，中海、中运、中储等企业均以上海为基地建立了第三方物流公司，全球十大物流企业和二十大船公司的分支机构或办事处也已全部进驻上海。

在物流业快速发展的同时，上海更关注的问题是：物流园区建设如何注重节约、集约使用土地等资源；物流企业服务市场怎样进一步向市外、长三角区域拓展；企业物流社会化程度不高和提供供应链服务的第三方物流企业较少如何解决；国外知名物流企业纷纷扩大对华投资，上海应如何加快融入全球物流产业链等。

据调查，上海制造企业物流成本中库存资本金和物流管理费所占比例分别达到25%以上，总体说原材料和产成品库存较大，占压资金较多。通过优化供应链管理，控制存货，提高效率，物流成本将有明显的下降空间。为此，上海在“创新合作与物流发展”专题会议上提出，将通过创新合作制造业物流、口岸物流和城市配送物流，推进制造业、流通业运作模式创新，大力提升上海流通业发展的社会化、专业化水平，确保“十一五”期间增加值年均增速保持在10%以上，全社会物流成本平均下降2%左右。“十一五”期间，上海首先将重点发展口岸物流、制造业物流和城市配送物流，形成洋山深水港、外高桥、浦东空港、西北综合四大物流园区和钢铁、汽车、化工、装备制造业四大物流基地。其次，发挥企业主体作用，转变经济增长方式，推进产业基地与物流基地、物流园区联动，促进二、三产业融合发展。

上海将创新企业物流运作模式，制造业企业要运用供应链管理技术与现代物流理念，实施流程再造，推进企业物流社会化、专业化，实现物资采购、生产组织、产品销售以及废弃物处置等环节的物流一体化运作；流通企业要采用先进的物流管理技术，降低流通成本，提高经营效率和服务质量，不断强化自身的物流能力。上海各相关政府部门还将协同发挥政府引导推动作用，有效推进上海现代物流业的发展，以信息化为基础，以物流人才为关键，以培育骨干企业为主体，注重自主创新，加大产业基地与物流基地的供需对接、联动发展，进一步提升物流园区服务能级，大力提升上海物流业发展的社会化、专业化水平。

上海现代物流业之所以得到全面发展与提高，其优越的经济与政治环境发挥了重要的作用，表现在三个方面。

1. 经济实力雄厚，现代物流需求巨大。1992～2008 年期间，上海经济已连续 16 年保持两位数增长。在这个土地面积仅占全国 0.06%、人口占全国 1% 的城市里，完成的财政收入占全国的 1/8，港口货物吞吐量占全国的 1/10，口岸进出口商品总额占全国的 1/4。同时，上海不断促进产业结构优化升级，先进制造业和现代服务业加快发展，产业结构日趋合理，将创造出巨大的对现代物流的需求，直接推动现代物流业快速发展。

2. 地理位置优越，基础设施完善。上海地处太平洋西岸，亚洲大陆东沿，长江三角洲前沿，东濒东海，南临杭州湾，西接物阜民丰的江浙两省，北临长江入海口，正好位于我国南北弧形海岸线中部，交通便利，腹地广阔，是名副其实的黄金水道枢纽。上海基础设施完善，已经形成枢纽型、功能性和网络化的交通基础设施，使得全世界 50% 左右的人口可以在 5 小时之内到达。

3. 上海市政府和多个管理部门联合推进，为上海现代物流业的顺利发展创造了良好的外部环境。上海市政府在充分调研论证的基础上，结合本地实际，制定了《上海市现代物流业发展"十一五"规划》，上海海关大力推动上海"大口岸、大通关、大平台、大物流"建设，营造高效率口岸通关环境。同时，继续支持区港联动试点，推动保税区功能转型和保税物流业发展。

二、上海市现代物流业发展"十二五"规划

"十一五"以来，上海物流业发展抓住"搭好平台、培育主体、建立网络"三个关键环节，增强城市物流功能，提高物流服务水平，为上海建设"四个中心"和社会主义现代化国际大都市提供了有力的支撑。

"十一五"期间，上海物流业增加值年均增长 10%，保持了快速增长的良好势头。上海在国家"调结构、扩内需"政策和《物流业调整和振兴规划》的指导下，克服困难、积极推进，物流业发展取得了新的突破。2010 年，上海物流业增加值达到 2 037 亿元，占全市生产总值的比重为 12.1%，占第三产业增加值的比重为 21.2%。2010 年，上海港货物吞吐量达到 6.5 亿吨，集装箱吞吐量超过 2 900 万标准箱，均位居世界第一；上海航空货邮吞吐量达到 371 万吨，其中浦东国际机场航空货邮吞吐量位居世界第三。

上海口岸物流实现了海、陆、空港保税物流功能全覆盖。上海综合保税区管委会的成立，标志着"三港""三区"实现联动发展，国际航运发展综合试验区建设积极推进，洋山保税港区营业税免征政策效应初显，出口加工区拓展保税物流等功能有序开展，跨国采购、国际配送、贸易展示、出口集拼和中转分拨等业务得到拓展，上海物流业国际竞争力进一步提升。制造业物流以 4 个专业物流基地为代表，物流企业与制造企业深入合作，9 家企业被评为"全国制造业与物流业联动示范企业"，物流业对制造业的支撑能力得到强化。城市配送物流推广配送标准、优化通行政策，上海城市配送的物流效率、服务能力和交通管理水平进一步提升，为上海世博会的成功举办提供了有力保障。

"十二五"期间，按照有利于体现工作的延续和衔接，有利于丰富城市物流功能，有利于提升物流业发展能级的原则，上海规划发展口岸物流、制造业物流、城市配送物流以及电子商务物流4个重点领域。

1. 口岸物流。着眼于充分发挥上海口岸城市的综合服务功能，构建紧密联通国内外口岸、具有较强增值能力的口岸物流体系。积极推动上海市各出口加工区拓展保税物流、研发、检测及维修等功能，促进加工贸易调整升级；积极放大外高桥保税区效应，推动"三港三区"建立海、陆、空保税物流联动发展机制；积极推进长三角、长江流域保税物流快速通关和联动机制，提高上海口岸对腹地的辐射服务能力；积极探索口岸物流监管模式创新，进一步推动国内物流业与国际惯例接轨；不断增强口岸物流服务"四个中心"建设的高端功能。

2. 制造业物流。着眼于进一步提高全市制造业的国际竞争力，构建一体化运作的供应链管理服务体系。积极提升全市供应链管理的设备技术水平，不断降低制造企业应用成本；积极提高第三方物流企业在各制造业领域专业化服务的能力，适应全市制造业高端化发展的趋势；将上海打造成为供应链管理服务中心，实现服务制造企业向全国拓展生产、销售网络，不断增强制造业物流服务全市产业结构升级、布局调整优化的功能。

3. 城市配送物流。着眼于切实保障和改善民生，构建广泛覆盖城乡居民、提供市民更加优质生活的城市配送物流体系。积极推进现代商贸配送物流体系建设，进一步优化由综合物流园区、大型分拨配送中心和社区末端配送节点组成的三级城市配送网络；积极推进"绿色物流"体系建设，进一步提高物流运行安全和节能减排能力；积极推进农产品物流体系建设，着力减少农产品流通环节和降低中间费用；不断增强城市配送物流服务，落实扩大消费战略的功能。

4. 电子商务物流。着眼于加快转变物流运行方式，构建更加信息化、便捷化和智能化的电子商务物流体系。积极推进现代信息技术和设备更多惠及上海市航运物流、贸易物流等各个领域，促进物流效率提高和监管流程不断创新；积极推动电子商务与全社会物流资源更加紧密结合，进一步加快全市物流服务模式和业务流程创新；加大物流业体制、机制、税制和管制的改革力度，努力建立适应现代物流业一体化运作的发展环境，不断增强电子商务物流服务智慧城市运行的功能。

实训题

实训目的：通过上述资料，请结合你所熟悉地区的现代物流产业，谈一谈应如何借鉴上海物流产业的发展经验。

实训方式：收集资料，集中讨论。

实训内容：结合上述资料，分析上海现代物流业发展的思路与重点发展项目。

收集本地物流产业发展的相关数据，分析本地物流业发展的特点、优势与劣势。

借鉴上海现代物流产业发展的经验，为本地现代物流业发展的着力点提出建设性意见。

实训步骤：学生分组，选择分析对象；收集相关信息、数据与资料；按实训内容要求进行分析；以小组为单位进行讨论，各小组整理讨论意见，选派代表进行总结发言。

【复习思考题】

1. 什么是现代物流业？现代物流业包括哪些行业？

2. 我国的物流产业政策涉及哪些主要内容？

3. 物流产业国际化的特征的主要表现是什么？

4. 我国2009年初确定的“十大产业振兴计划之物流产业振兴”中确定的四点要求和九大重点工程分别是指什么？

5. 从上海物流业的发展经验中，你得到的启示是什么？

【案例分析与应用】

一体化物流体系

一体化物流（Integrated Logistics）是指将原料、半成品和成品的生产、供应、销售结合成有机整体，实现流通与生产的引导和促进关系。一体化物流是20世纪末最有影响的商业趋势之一，它改变了以前把产品的流动视为一系列独立活动的思路，把从原材料直到消费者的商品流动作为整体系统进行计划与协调。它是物流管理系统化的具体体现，充分考虑整个物流过程及影响此过程的各种环境因素，对商品的实物流动进行整体规划和运行。因此，一体化物流管理的目标是将市场、分销网络、制造过程和采购活动联系起来，实现顾客服务的高水平与低成本，赢得竞争优势。一体化物流的优势体现在三个方面：

第一，有利于重建产销关系，把生产与流通结合成为经济利益共同体，可扭转生产与流通行业的利益对立状况，形成生产与流通相互调控。自觉合作的利益机制，从经济利益上激发了商品流通部门参与生产的积极性，通过开拓市场、引导生产，通过组织规模流通促进规模生产，发挥流通对生产的引导作用，重建产供销关系。

第二，促使流通部门从共同利益出发，发挥“蓄水池”的作用，协调产供销矛盾，平衡市场供应。通过旺收淡放，滞储畅销，在更大程度上发挥流通对生产的引导作用。

第三，通过相互参股等形式，不仅优化社会资源配置，还可优化社会整体经济运作环境，使市场真正活起来，宏观调控更加有效和畅通。

最初的一体化物流主要是针对企业内部的各职能部门的协调。它适用于对实物配送、生产支持和采购业务资源的计划、分配和控制过程进行系统的管理。在一体化物流系统中，企业的物流与市场营销、生产、管理等各职能部门相互配合，共同保证企业总目标的实现。20世纪90年代以后，物流管理的重点由物资储运管理转移到了物流的战略管理方面，企业超越了现有的组织机构界限，将供货商（提供产品或运输服务等）和用户纳入管理范围，并作为物流管理的一项中心内容，利用物流的自身条件建立和发展与供货商和用户的合作关系，形成一种联合力量，以赢得竞争优势。

请举例说明一体化物流体系在生产企业中的应用。

请分析一体化物流实施的难点是什么？

根据你所学到的现代物流产业的知识，说明企业要实现一体化物流有哪些技术要点。

专题八　现代物流新发展

知识目标

了解低碳物流、智能物流、供应链物流和供应链融资的概念；掌握低碳物流、智能物流、供应链物流和供应链融资的实际应用方法。

案例导入

小李和你都发现，当今的物流行业日新月异，每天都在不断地创新和发展，低碳物流、智能物流、冷链物流、应急物流、供应链融资等均发展成为新兴的物流服务产品的代表，并为物流企业和服务对象创造了"第三利润"。作为传统的农产品行业的专业物流提供商，你们也日益感到创新的重要性。于是，小李交给你和你的团队一个棘手的任务：思考如何利用现有的条件或创造条件，实现物流服务产品创新，为企业的发展注入新的活力。

根据你对物流行业及其发展的理解，请你带领你的团队进行深入的讨论和思考，为小李提供一个创新的物流服务产品方案，并进行初步的可行性效益分析。

8.1　低碳物流

8.1.1　物流与低碳物流

低碳物流也称环保物流，它主要是通过改革运输、储存、包装、装卸、流通以及加工等物流环节，达到降低环境污染、减少资源消耗的目的。低碳物流不同于一般的物流活动。一般的物流活动主要是为了实现物流企业的盈利、满足顾客需求和扩大市场占有率等，即最终是为了实现某一主体的经济利益，而低碳物流除了兼顾这些经济利益外，还要重点考虑节约资源、保护环境和可持续发展等无形的社会效益。

8.1.2　低碳物流产生的背景

人类进入工业时代以来，随着环境资源恶化程度的加剧，对人类生存和发展的威胁加大，人们对环境的利用和环境的保护越来越重视。现代物流的发展必须优先考虑环境问题,需要从环境保护的角度对物流体系进行改进。这种物流环保型的管理系统需要建立在维护全球环境和可持续发展的基础上,即改变原来经济发展与物流、消费生活与物流的单向作用关系,在单一发展物流的同时,抑制物流对环境造成的危害,形成一种能促进经济与消费健康发展的物流系统,也就是向低碳物流转变。

8.1.3 发展低碳物流的必要性及重要意义

(1)低碳物流适应了世界社会发展的潮流,能源、环境和经济是人类社会发展所面临的三大问题。为了有效兼顾三者利益,应对全球气候变化,《京都议定书》中首次提出排放权交易制度。在哥本哈根气候大会上,世界各国虽然未能就减排目标达成一致意见,但都殊途同归地走上了调整经济结构、转变发展方式的低碳经济之路。

(2)低碳物流是可持续发展的一个重要环节。低碳物流与绿色制造、绿色消费共同构成了一个节约资源、保护环境的绿色经济循环系统。绿色制造是以节约资源和减少污染的方式制造绿色产品,是一种生产行为;绿色消费是以消费者为主体的消费行为,而低碳物流则是两者之间的桥梁。三者之间是相互渗透、相互作用的。

(3)对于企业而言,低碳物流不仅能够降低成本,提高物流企业效益,还有利于企业取得新的竞争优势。日益严峻的环境问题和日趋严格的环保法规,促使企业为了持续发展,必须积极解决经济活动中的环境问题,改变危及企业生存和发展的生产方式,建立并完善低碳物流体系,通过低碳物流获得高于竞争对手的相对竞争优势。

8.1.4 我国发展低碳物流的具体措施

8.1.4.1 铁路货物运输

铁路运输是各种运输方式中最节能、最低碳的。应通过创新运输组织模式、发展多式联运、加快列车运行速度和提高信息化水平等途径促进铁路运输的发展,挖掘其节能降耗的巨大潜力。

8.1.4.2 低碳汽车运输业

物流车辆是低碳物流发展一个重要瓶颈,在低碳物流经济的倡导下,电动车、燃料电池车和生物能源车已经大量出现。哥本哈根会议是低碳社会、低碳物流的一个新纪元。目前,在低碳物流的发展趋势下,国家发改委正在积极研究发展铁路物流的政策,如未来500公里以上的货物运输尽可能使用铁路,实现低碳物流。这对公路运输业来说也是面临的新挑战,碳原料的匮乏和对自然的破坏是其主因,低碳物流、低碳汽车的发展是大势所趋。

8.1.4.3 促进物流合理化

在物流信息化程度不断提高的基础上,可以提高运输工具实载率,减少空驶率,避免无效运输和重复运输,促进运输合理化;提高需求预测的准确性,积极推行准时生产方式(即在需要的时候、按需要的量生产所需产品),努力实现零库存;提高仓储设施利用率,优化运输路径和搬运装卸系统。

8.1.4.4 推行共同配送

共同配送是解决我国物流配送设施利用率低、布局不合理和重复建设等问题的较好方案。实现共同配送,可以有效提高车辆的装载率,减少社会车流总量,改善交通运输状况,进而改善社会生活品质。

8.1.4.5 废旧设施设备循环利用

随着物流业的快速发展,废旧物流设施设备迅速增加,简单地报废、遗弃,无疑是对资源的浪费。应加大废旧物流设施设备的循环利用力度,减少对环境的污染和碳排放。比如,重复使用包装材料、拆解和回收废旧物流设备和改造废旧物流设施(如废旧仓库)等。

8.1.4.6 推广绿色包装

当前,合成塑料包装材料所引发的环境问题日益突出,迫切要求在供应链物流环节大力推广环保绿色包装。一是减少一次性塑料包装材料的使用,避免过度包装和昂贵包装;二是推动生物降解塑料的规模化使用,并研发和推广其他环保包装材料。目前,国内多数包装企业在相关技术研发和生产上没有形成规模,环保包装材料的生产成本明显高于传统包装材料。

8.1.4.7 工业生活废料处理

低碳环保已成为全球性关注的焦点话题,物流行业尤甚。因此,不仅要实现促进经济发展的目的,同时也要适应经济发展的低碳要求,承担起为消费者提供享受低碳生活服务的职责,承担起企业应有的社会责任。从目前的形势看,物流并非是脏、乱、差的代名词,它不仅要对物流系统污染进行控制,同时也要建立工业和生活废料处理的物流系统。

8.1.4.8 信息化、电子商务化

低碳物流信息化、电子商务化是发展现代物流服务业的必然要求,同时也是有效服务低碳社会的途径。通过物流服务智能信息化,可以降低物流服务过程中对有形资源的依赖,将部分有形服务产品,通过智能信息化手段转变为软件等形式,进一步减少物流服务对生态环境的影响。信息化是现代物流的基础,也是提高物流效率的前提。应进一步摸清物流业信息化的现状与问题,大力推进拥有自主知识产权的物流信息技术的开发和应用,搭建跨地区、跨行业的信息平台,实现供应链物流信息共享。在推进物流信息化的过程中,政府部门应给予相应的政策扶持和财政补贴。

8.2 智能物流

8.2.1 智能物流的概念

智能物流是利用集成智能化技术,使物流系统能模仿人的智能,具有思维、感知、学习、推理判断和自行解决物流中某些问题的能力的一种信息化物流技术。

智能物流的未来发展将体现出四个特点:智能化、一体化与层次化、柔性化以及社会化:在物流作业过程中的大量运筹与决策的智能化;以物流管理为核心,实现物流过程中运输、存储、包装和装卸等环节的一体化与智能物流系统的层次化;智能物流的发展会更加突出“以顾客为中心”的理念,根据消费者需求变化灵活调节生产工艺;智能物流的发展将会促进区域经济的发展和世界资源的优化配置,实现社会化。

8.2.2 智能物流的应用领域

通过智能物流系统的四个智能机理,即信息的智能获取技术、智能传递技术、智能处理技术和智能利用技术分析智能物流的应用前景和领域。

8.2.2.1 智能获取技术

智能获取技术使物流从被动走向主动,实现物流过程中的主动获取信息,主动监控车辆与货物,主动分析信息,使商品从源头开始被实施跟踪与管理,实现信息流快于实物流。

8.2.2.2 智能传递技术

智能传递技术应用于企业内部、外部的数据传递功能。智能物流的发展趋势是实现整个供应链管理的智能化,因此需要实现数据间的交换与传递。

8.2.2.3 智能处理技术

智能处理技术应用于企业内部决策,通过大量的数据分析,对客户需求、商品库存和智能仿真等作出决策。

8.2.2.4 智能利用技术

智能利用技术在物流管理的优化、预测、决策支持、建模和仿真,以及全球化管理等方面应用,使企业的决策更具准确性和科学性。

8.2.3 智能物流在现实中的应用

一家物流公司在每辆配送车辆上都安装了 GPS 定位系统,而且在每件货物的包装中嵌入 RFID 芯片,通过芯片,物流公司和客户都能通过网络了解货物所处的位置和环境。同时,在运输过程中物流公司可根据客户的要求,对货物进行及时的调整和调配,实时全程监控,防止货物遗失、误送等,优化物流运输路线,缩短中间环节,减少运输时间。通过货物上的芯片,装载时自动收集货物信息,卸货检验后,用嵌有 RFID 的托盘,经过读取的通道,放置到具有读取设备的货架上,物品信息就自动记入了信息系统,实现精确定位,缩短物流作业时间,提高物流运营效率,最终减少了物流成本。利用智能物流技术,结合有效的管理方式,这家物流公司在物流全过程中,能够对货物状态实时掌控,对物流资源有效配置,从而提供高效而准确的物流服务。

通过上述物流案例可以看到,新技术使整个物流供应链更加透明化。通过智能物流,物流仓库的管理变得高效、准确,物流人力需求大大节约。在大型高等级物流仓库,甚至可以实现除了入口收货、验货人员,物流仓库内"无人",全自动化操作,仓库可仅安排计算机屏幕前的监控人员。

8.2.4 智能物流对供应链的影响

智能处理技术应用于企业内部决策,可通过对大量物流数据的分析,对物流客户的需求、商品库存和物流智能仿真等作出决策。实现物流管理自动化(获取数据、自动分类等),物流作业高效便捷,改变中国物流仓储型企业"苦力"公司的形象。

智能传递技术可应用于物流企业内部,也可实现外部的物流数据传递功能。如前文所述,智能物流的发展趋势是实现整个供应链管理的智能化,因此需要实现数据间的交换与传递。这样,有利于提高服务质量、加快响应时间,提升客户的满意度,物流供应链环节的整合将更加紧密。

智能技术在物流管理的优化、预测、决策支持、建模和仿真以及全球化物流管理等方面的应用,使物流企业的决策更加准确和科学。借智能物流的东风,我国物流企业信息化将迈上一个新台阶,同时也促进物流行业实现信息共享。

8.2.5 智能物流的发展趋势

8.2.5.1 未来智能物流的发展方向

未来物流应当如何发展?一方面,物流企业可以通过对物流资源进行信息化优化调度和有效配置,降低物流成本;另一方面,对物流过程加强管理,提高物流效率,以改进物流服务质量。然而,随着物流的快速发展,物流过程越来越复杂,物流资源优化配置和管理的难度也随之提高,物资在流通的各个环节联合调度和管理更加重要,也更加复杂。

我国传统物流企业的信息化管理程度还比较低,无法实现物流组织效率和管理方法的提升,阻碍了物流的发展。要实现物流行业的发展,就要实现从物流企业到整个物流网络的信息化、智能化,因此,发展智能物流成为必然。预计到2015年,我国智能物流核心技术形成的产业规模将达2 000亿元。智能物流根据自身的实际水平和客户需求对智能物流信息化进行定位,是国际未来物流信息化发展的方向。

8.2.5.2 社会发展推动智能物流进步

智能新技术在物流领域的创新应用模式不断涌现,成为未来智能物流大发展的基础,将极大地推动行业发展。智能物流的理念拓展了物流行业的视野,将快速发展的现代信息技术和管理方式引入行业中,它的发展推动着中国物流业的变革。

作为中国物流行业先行者的智能物流,站在行业的前沿,以敏锐的嗅觉,把握物流业的发展方向,通过物流信息平台的搭建,率先实现物流行业信息化,为物流行业领航掌舵,全面迎接智能物流时代的到来。

8.3 供应链物流管理

8.3.1 供应链管理的概念

根据国家标准化协会出版的《物流术语》对供应链的定义,供应链是指生产及流通过程中,涉及将产品和服务提供给最终客户的上游或下游企业所形成的网络结构。

通常,一条完整的供应链包括供应商(原材料供应商和零配件供应商)、制造商(加工厂或装配厂)、分销商(代理商或批发商)、第三方物流公司(储运公司或配送中心)、零售商(百货商场、超市、专卖店、便利店和杂货店等)以及消费者。任何一个企业都必然处于某条供应链当中。

所谓供应链管理,是在满足服务水平的条件下,为了系统成本最小而采用的把供应商、制造商、仓库、商店有效地结合成一体生产商品,并把正确数量的商品在正确的时间内配送到正确的地点的方法。

现代企业的业务越来越趋向于国际化，优秀的企业都把主要精力放在企业的关键业务上，并与世界上优秀的企业建立战略合作关系，将非关键业务转由这些企业完成。现在，行业的领头企业越来越清楚地认识到，长远保持领先地位的优势的重要性，同时也意识到竞争优势的关键在于战略伙伴关系的建立。而供应链管理所强调的对应市场需求的快速反应、战略管理、高柔性、低风险和成本—效益目标等优势，吸引了许多学者和企业界人士研究和实践，国际上一些著名的企业，如惠普公司、IBM 公司、戴尔计算机公司等在供应链管理实践中取得的巨大成就，使人们更加坚信供应链管理是进入 21 世纪后企业适应全球竞争的一条有效途径。

8.3.2 供应链管理的应用

8.3.2.1 供应链管理与物流管理的区别

供应链管理与传统的物流管理和控制有着明显的区别，主要体现在以下四个方面。

(1)供应链管理把供应链中所有节点企业看做一个整体，供应链管理涵盖从供应商到最终用户的采购、制造、分销和零售等职能领域的物流全过程，而物流管理更看重每个节点及流程的管理。

(2)供应链管理强调和依赖战略管理。供应链管理是整个供应链中节点企业之间事实上共享的一个概念，任两节点之间都是供应与需求关系，同时它又是一个有重要战略意义的概念，因为它影响或者可以认为它决定了整个供应链的成本和市场占有份额，而物流管理强调职能管理。

(3)供应链管理最关键的是需要采用集成的思想和方法，而不像物流管理仅仅是节点企业、技术方法等资源简单的连接。

(4)供应链管理具有更高的目标，通过企业间的战略合作和更有效的库存控制管理达到高水平的服务，而不像物流管理仅仅完成一定的市场目标。

8.3.2.2 供应链的设计与实施

为了提高供应链管理的绩效，除了必须有一个高效的运行机制外，建立一个高效精简的供应链也是极为重要的一环。虽说供应链的构成不是一成不变的，但是在实际经营中，不可能像改变办公室的桌子那样随意改变供应链上的节点企业。因此，作为供应链管理的一个重要环节，无论是理论研究人员还是企业实际管理人员，都非常重视供应链的构建问题。

设计和运行一个有效的供应链对于每一个制造企业都是至关重要的，因为它可以提高企业对用户的服务水平，达到成本和服务之间的有效平衡；使企业具有更高的柔性，以提高对客户需求的反应能力和速度，开拓进入新的市场，提高企业竞争力；降低库存，提高企业的工作效率。但是，因为供应链设计不当也可能导致浪费和失败，因此，正确设计供应链是实施供应链管理的基础。一般来说，供应链设计应遵循以下原则：

(1)自上向下和自下向上相结合的设计原则。在系统建模设计方法中存在两种设计方法，即自上向下和自下向上的方法。自上向下的方法是从全局走向局部的方法，自下向上的方法是从局部走向全局的方法；自上而下是系统分解的过程，而自下而上则是一种集成的过程。在设计一个供应链系统时，往往是先由主管高层作出战略规划与决策，规划与决策的依据来自市场需求和企业发展规划，然后由下层部门实施决策。因此，供应链的设计是自上向下和自下向上的结合。

(2)简洁性原则。简洁性是供应链的一个重要原则，为了能使供应链具有灵活快速响应市场的能力，供应链的每个节点都应是简洁的、具有活力的、能实现业务流程的快速组合。比如，供应商的选择就应坚持少而精的原则，通过和少数供应商建立战略伙伴关系，有利于降低采购成本，推动实施 JIT 采购法和准时生产。生产系统的设计更是应以精细思想（Lean Thinking）为指导，努力实现从精细的制造模式到精细的供应链这一目标。

(3)集优原则（互补性原则）。供应链的各个节点的选择应遵循强强联合的原则，达到实现资源外用的目的。每个企业只集中精力致力于各自核心的业务过程，就像一个独立的制造单元（独立制造岛），这些所谓单元化企业具有自我组织、自我优化、面向目标、动态运行和充满活力的特点，能够实现供应链业务的快速重组。

(4)协调性原则。供应链的业绩取决于供应链合作伙伴关系是否和谐，因此，建立战略伙伴关系的合作企业是实现供应链最佳效能的保证。席酉民教授认为，和谐是描述系统是否形成了充分发挥系统成员和子系统的能动性、创造性及系统与环境的总体协调性。只有和谐而协调的系统才能发挥最佳的效能。

(5)动态性（不确定性）原则。不确定性在供应链中随处可见，并导致需求信息的扭曲。因此，要预见各种不确定因素对供应链运作的影响，减少信息传递过程中的信息延迟和失真。降低安全库存总是和服务水平的提高相矛盾的。提高透明度，减少不必要的中间环节，提高预测的精度和时效性对降低不确定性的影响都是极为重要的。

(6)创新性原则。创新设计是系统设计的重要原则，没有创新性思维，就不可能有创新的管理模式，因此，在供应链的设计过程中，创新性是很重要的一个原则。要产生一个创新的系统，就要敢于打破各种陈旧的思维定式，从新的角度、新的视野审视原有的管理模式和体系，进行大胆的创新设计。

(7)战略性原则。供应链建模时，通过战略性的思考减少不确定的影响。从供应链战略管理的角度考虑，供应链建模的战略性原则还体现在供应链发展的长远规划和预见性上，供应链的系统结构发展应和企业的战略规划保持一致，并在企业战略指导下进行。

【案例】　惠普台式打印机供应链的构建

DeskJet 打印机是惠普的主要产品之一。该公司有 5 个位于不同地点的分支机构负责该种打印机的生产、装配和运输。从原材料到最终产品，生产周期为 6 个月。在以往的生产和管理方式下，各成品厂装配完成通用打印机之后直接进行客户化包装。为了保证顾客订单 98% 的即时满足率，各成品配送中心需要保证大量的安全库存（一般需要 7 周的库存量）。产品将分别销往美国、欧洲和亚洲。

一、存在的问题

惠普打印机的生产、研究开发节点分布在 16 个国家，销售服务部门节点分布在 110 个国家，而其总产品超过 22 000 类。欧洲和亚洲地区对于台式打印机电源供应（电压 110 伏和 220 伏的区别，以及插件的不同）、语言（操作手册）等有不同的要求。以前这些工作都由温哥华的公司完成，北美、欧洲和亚太地区是它的三个分销中心。这样一种生产组织策略被称之为“工厂本地化”(Factory Localization)。

惠普的分销商都希望尽可能降低库存,同时尽可能快地满足客户的需求,这就导致惠普公司感到保证供货及时性的压力很大,从而不得不采用备货生产(Make - To - Stock)的模式,以保证对分销商供货准时的高可靠性,因而分销中心成为有大量安全库存的库存点。

制造中心是一种拉动式的,计划的生成是为了通过JIT模式满足分销中心的目标安全库存,同时它本身也必须拥有一定的零部件、原材料安全库存。约一个月的时间将产品海运到欧洲和亚太分销中心,这么长的提前期导致分销中心没有足够的时间对快速变化的市场需求作出反应,因此,欧洲和亚太地区就只能以大量的安全库存来保证对用户需求的满足。这样,占用了大量的流动资金;若某一地区产品缺货,为了应急,可能会将原来为其他地区准备的产品拆开重新包装,造成更大浪费,提高产品需求预测的准确性也很难做到。

二、任务

在不降低顾客服务水平的前提下减少库存和同时提供高质量的服务成为温哥华惠普公司管理的重点,并着重于供应商管理,以降低供应的不确定性,减少产品的闲置时间。

三、解决方案

供应商、制造点(温哥华)、分销中心、经销商和消费者组成惠普台式打印机供应链的各个节点,供应链是一个由采购原材料、把它们转化为中间产品和最终产品、最后交到用户手中的过程所组成的网络(见图8-1)。

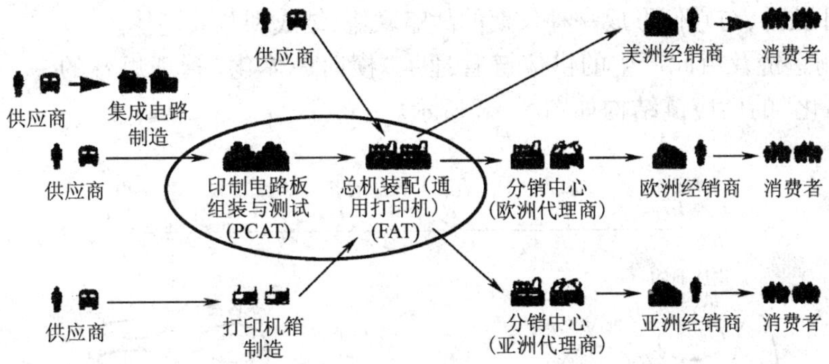

图8-1 惠普公司打印机供应链网络

在这个新的供应链中,主要的生产制造过程由在温哥华的惠普公司完成,包括印制电路板组装与测试(Printed Circuit Board Assembly and Test, PCAT)和总机装配(Final Assembly and Test, FAT)。在PCAT过程中,电子组件(诸如ASICS,ROM和电路板)组装成打印头驱动板,并进行相关的测试;在FAT过程中,电动机、电缆、塑料底盘和外壳、齿轮、印刷电路板总装成打印机,并进行测试;各种零部件原材料由惠普的子公司或分布在世界各地的供应商供应。在温哥华生产通用打印机,运输到欧洲和亚洲,再由当地分销中心或代理商加上与地区需求一致的变压器、电源插头和使用当地语言编写的说明书,完成整机包装后由当地经销商送到消费者手中。通过将定制化工作推迟到分销中心进行(“延迟”

策略),实现了根据不同用户需求生产不同型号产品的目的。电源等客户化需求的部件设计成即插即用的组件,从而改变了以前由温哥华的总机装配厂生产不同型号的产品,保持大量的库存以满足不同需求的情况。这样一种生产组织策略被称之为"分销中心本地化"(DC Localization)。

四、效果

为了达到98%的订货服务目标,原来需要7周的成品库存量现在只需要5周的库存量,一年大约可以节约3 000万美元,电路板组装与总装厂之间也基本实现了无库存生产。同时,打印机总装厂对分销中心实施JIT供应,以使分销中心保持目标库存量(预测销售量+安全库存量)。

通过供应链管理,惠普公司实现了降低打印机库存量,并提高服务水平的目标;通过改进供应商管理,减少了因原材料供应而导致的生产不确定性和停工等待时间。由于打印机价格的降低,又进一步节省了运输、关税等项费用。除了降低成本,客户化延迟还使得产品在企业内的生命周期缩短,从而对需求预测不准确性或是外界的需求变化都具有很好的适应性,一旦发现决策错误,可以在不影响顾客利益的情况下以较小的损失较快地加以纠正。

8.3.3 供应链管理的意义

现在人们认识到,任何一个企业都不可能在所有业务上成为世界上最杰出的企业,只有优势互补,才能共同增强竞争实力。因此,国际上一些先进企业摒弃了过去那种从设计、制造直到销售都自己负责的经营模式,转而在全球范围内与供应商和销售商建立最佳的合作伙伴关系,与它们形成一种长期的战略联盟,结成利益共同体。

全球制造链及由此产生的供应链管理是"横向一体化"管理思想的一个典型代表。"横向一体化"的供应链结构如图8-2所示。

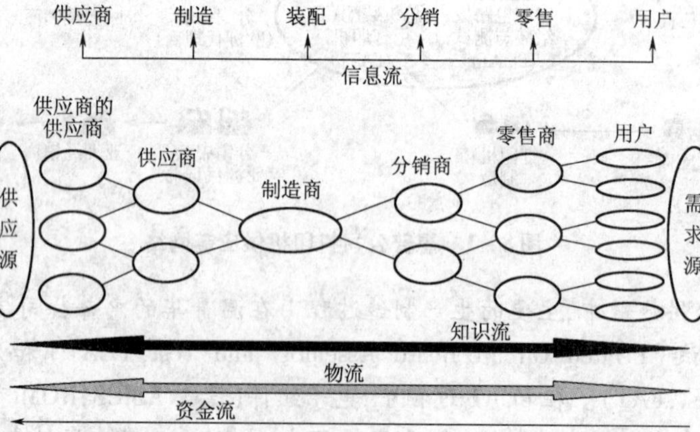

图8-2 供应链结构

如图8-2所示,从供应链的构成分析,在供应链管理中仅强调对单个部门的物流活动进行控制是不够的,必须对整条供应链的所有环节或关系较近的几个关键环节的物流活动实施一体化管理。供应链管理是一种集成的管理思想和方法，它执行供应链中从供应商到最终用户的物流的计划和控制等职能。

8.3.3.1 供应链管理的内容

供应链管理主要涉及四个领域：供应（Supply）、生产计划（Schedule Plan）、物流（Logistics）、需求（Demand）。供应链管理是以同步化、集成化生产计划为指导，以各种技术为支持，尤其以 Internet/Intranet 为依托，围绕供应、生产计划、物流和满足需求来实施的。供应链管理主要包括计划、合作、控制从供应商到用户的物料和信息。供应链管理的目标在于提高用户服务水平和降低总的交易成本，并且寻求两个目标之间的平衡。

在以上四个领域的基础上，我们可以将供应链管理细分为职能领域和辅助领域：职能领域主要包括产品工程、产品技术保证、采购、生产控制、库存控制、仓储管理和分销管理；辅助领域主要包括客户服务、制造、设计工程、会计核算、人力资源和市场营销。

由此可见，供应链管理关注的并不仅仅是物料实体在供应链中的流动，除了企业内部与企业之间的运输问题和实物分销以外，供应链管理还体现为以下各项主要内容。

(1)竞争环境分析和竞争战略。

(2)供应链的设计（全球节点企业、资源、设备等的评价、选择和定位）。

(3)战略性供应商和用户合作伙伴关系管理。

(4)供应链产品需求预测和计划。

(5)基于供应链管理的产品设计与制造管理、生产集成化计划、跟踪和控制。

(6)基于供应链的用户服务和物流（运输、库存、包装等）管理。

(7)销售网络构造。

(8)企业间资金流管理（汇率、成本等）。

(9)基于 Internet/Intranet（外网/内网）的供应链交互信息集成与信息管理等。

尽管供应链管理中技术和财务方面的支撑是非常重要的，但却不是实施供应链管理的主要障碍。国外的经验表明，实施供应链管理的主要障碍来自于组织内部和贸易伙伴间的协调。

这些组织内部的障碍既与企业文化有关，又与各部门的职能划分有关。传统的垂直型组织结构使每一个职能部门都能独立完成自己的任务且独立作出评估，而供应链管理的变革却是跨越职能界限的，因此，传统的组织结构对供应链管理造成了很大的障碍。现有的效绩评估系统是实施供应链管理的另一个主要障碍。因为，每个人都习惯于关注系统中单一组件的效率，而没有考虑整体的效益。例如，运输部门追求低运输费用，采购部门愿意增加订量以减少单价，销售部门希望高库存以减少缺货损失。这些部门自身的利益追求与供应链的整体利益常常发生冲突。

建立优化的供应链，就需要在贸易伙伴之间建立信任、诚实和开放的关系，贸易伙伴间的障碍主要是供应链中各成员不愿意与他人共享信息，也不愿意牺牲自己的利益而争取供应链的最大利益。例如，加工企业与零售商有一致的目标，那就是扩大销售利益，加速资金周转。但是，长期以来，由于市场和观念等因素的影响，零售商往往忽视与供应商改善关系，甚至处于“欠款进货”的恶性循环之中。从表面上看，零售商的资金使用和周转没有受到影响，并为此沾沾自喜，事实上，这种运作方式大大损害了零售商与供应商的关系，损害了整体供应链的运作效率。而对于零售商来说，最直接的影响就是进货成本居高不下。

由此可见，供应链管理需要一个新的评估系统。为使整个供应链的效益最大，有时需要牺牲某个贸易伙伴的利益，或者某个职能部门的利益。新的评估系统应当对每个贸易伙伴、每个职能部门在优化供应链中所起的作用作出正确评估，并在此基础上分配优化供应链带来的利益。

8.3.3.2 供应链管理的特征

供应链管理具有以下基本特征：

(1)发挥每个企业的核心竞争力。

(2)非核心业务外包和业务伙伴结成战略联盟关系。

(3)供应链企业形成合作性竞争。

(4)把顾客满意度作为目标的服务化管理。

(5)追求物流、信息流、资金流、工作流和组织流的集成。

(6)借助信息技术实现目标管理。

(7)强调快速反应。

(8)强调全面性成本优势。

供应链管理凭借上下游企业的协同运作、由信息共享促进供应链体系运作的效率化，进而建立起整体的竞争优势，实现多赢的目的。

8.3.3.3 供应链管理的效益

(1)降低供应链的不确定性。对买方而言，可降低成本、数量折扣、品质及时间等因素的不确定性；对卖方而言，可降低市场、顾客需求的不确定性；对双方而言，可汇聚双方目标及共识，降低外部环境的影响及降低投机性。

(2)节约成本。达到订购、生产及运输的经济规模，使管理成本降低，促进技术及实物流程的整合及资产利用率的提高。

(3)合作开发产品及流程。整合买卖双方，使双方信息得以共享，进而使双方得以共同合作开发更适合消费者的产品。

(4)沟通的改进。由于供应链管理将供应链环节透明化，有助于双方沟通与了解。

(5)分享成果及分担风险。供应链整合买卖双方，使之成为共同体，因此，可共同分享销售成果，并共同承担相关的风险。

通过良好的供应链管理，可以在进入新市场、开发新产品、开发新分销渠道、改善售后服务水平、提高用户满意程度、降低库存、降低后勤成本和单位制造成本，以及提高工作效率等方面获得满意效果。

8.4 供应链融资

8.4.1 供应链融资的概念

供应链融资，是指企业以处于正常贸易流转状态的产品向银行质押作为授信条件，由物流公司借助物流信息管理系统，对处于供应链中的融资需求、企业动产进行监管，使融资需求企业获得融资的综合服务业务（见图8－3）。它的意义在于引用物流（动产）质押解决了中小企业融资难的问题。资金短缺是制约诸多企业发展的瓶颈。融资物流业务可提供灵活的质押贷款和结算、信用担保等银行综合服务，并引入专业的物流管理，在享受融资便利之时，还可享受库存管理带来的收益。

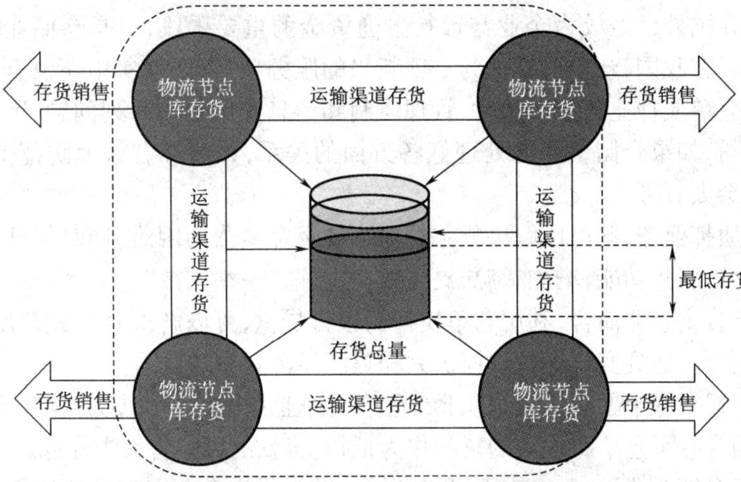

图8－3　供应链融资监管流程示意图

8.4.2　供应链融资沿革与实务

8.4.2.1　业务背景分析

截至2006年10月，我国中小企已有4 200多家，占全国企业总数的99.8%，这些企业创造的产值占我国国内生产总值的58.5%，缴纳的税金占全国的50.2%，对外贸易额占到全国的60%，并吸纳了75%的城镇就业人口和75%以上农村转移出来的劳动力，但其贷款却仅占主要金融机构贷款总额的16%。被调查的66.5%的中小企业认为，资金紧张是制约企业发展的主要因素。

据调查，我国中小企业面临着贷款瓶颈，主要有四个方面的原因。

（1）我国中小企业资信等级普遍较低，资金规模小，贷款抵押物不足；管理基础薄弱，财务制度不健全，银企信息不对称；个别企业逃废银行债务，存在着明显的逆向选择和道德风险。

（2）融资结构单一，金融资源配置不合理，间接融资比例远远高于直接融资比例，资金过分向银行集中，缺乏风险投资基金，使得中小企业很难通过投融资市场获得资金支持，银行对这种高风险企业又不肯投入，从而造成经济增长点与信贷增长点相背离。

（3）金融信贷体制不适应中小企业的需求，银行在金融产品设计、机构设置、信用评价、业务流程和贷款管理等多方面不适应中小企业对金融服务的需求。

（4）金融生态环境亟待改善，社会信用体系建设滞后，对企业失信行为缺乏全面系统的记录、评价和监控；司法打击逃废债力度不够；担保机构、服务机构不健全、缺乏风险分散和补偿机制。

8.4.2.2　动产质押监管业务的历史沿革

(1)仓单质押。仓单质押是以仓单为标的物而成立的一种质权。仓单质押作为一种新型的服务项目,为仓储企业拓展服务项目,开展多种经营提供了广阔的平台,特别是在传统仓储企业向现代物流企业转型的过程中,仓单质押作为一种新型的业务应当得到广泛应用。

仓单质押在国外已经成为企业与银行融通资金的重要手段,也是仓储业增值服务的重要组成部分。在我国,仓单质押作为一项新兴的服务项目,在现实中还没有任何经验积累;同时,由于仓单质押业务涉及法律、管理体制和信息安全等一系列问题,因此可能产生不少风险及纠纷,如果仓储企业能处理好各方面的关系,并能够有效地防范上述风险,仓单质押业务将会大有可为。

开展仓单质押业务,既可以解决货主企业流动资金紧张的困难,同时保证银行放贷安全,又能拓展仓库服务功能,增加货源,提高效益,可谓"一举三得"。

首先,对于货主企业而言,利用仓单质押向银行贷款,可以解决企业经营融资问题,争取更多的流动资金,达到实现经营规模扩大和提高经济效益的目的。

其次,对于银行等金融机构而言,开展仓单质押业务可以增加放贷机会,培育新的经济增长点;又因为有了仓单所代表的货物作为抵押,贷款的风险将大大降低。

最后,对于仓储企业而言,一方面可以利用能够为货主企业办理仓单质押贷款的优势吸引更多的货主企业进驻,保有稳定的货物存储数量,提高仓库空间的利用率;另一方面又将促进仓储企业不断加强基础设施的建设,完善各项配套服务,提升企业的综合竞争力。

由于仓单质押业务涉及仓储企业、货主和银行三方的利益,因此要有一套严谨、完善的操作程序。

首先,货主(借款人)与银行签订《银企合作协议》《账户监管协议》;仓储企业、货主和银行签订《仓储协议》,同时,仓储企业与银行签订《不可撤销的协助行使质押权保证书》。

其次,货主按照约定数量送货到指定的仓库,仓储企业接到通知后,经验货确认后开立专用仓单;货主当场对专用仓单做质押背书,由仓库签章后,货主交付银行提出仓单质押贷款申请。

再次,银行审核后,签署贷款合同和仓单质押合同,按照仓单价值的一定比例放款至货主在银行开立的监管账户。

贷款期内实现正常销售时,货款全额划入监管账户,银行按约定,根据到账金额开具分提单给货主,仓库按约定要求核实后发货;贷款到期归还后,余款可由货主(借款人)自行支配。仓单质押的融资额度可根据申请人及货物的不同情况采取不同的质押率,最高不超过所质押仓单项下货物总价值的70%。仓单质押融资业务可采取多种融资形式,包括流动资金短期贷款、银行承兑汇票、综合授信和银行付款保函等多个品种。

(2)物流银行。"物流银行"的全称是"物流银行质押贷款业务",是指商业银行以市场畅销、价格稳定、流通性强且符合质押物品要求的商品质押作为授信条件,运用物流商的物流信息管理系统,将商业银行的资金流与物流商的物流有机结合,向客户提供集融资、结算等多项服务于一体的综合服务业务。从这个定义中可以直观地看出，物流银行不是传统意义上的、单纯的金融服务抑或物流服务，而是将两者有机结合的一项综合服务。物流银行以商业银行与物流商作为两个支点，为商贸公司架起了资金融通的桥梁。

物流银行就其根本而言，应当属于金融衍生工具的一种，它之所以区别于传统的抵押贷款或质押贷款，是因为在其发展过程中，逐渐改变了传统金融贷款中银行与申请贷款企业双方的权责关系，也完全不同于担保贷款中担保方承担连带赔偿责任的三方关系。它越来越倚重于第三方物流商，目前主要表现为物流商的配套管理和服务，形成了商业银行、物流商、贷款企业的三方密切合作的关系。根据物流商介入融资服务的阶段或深度的不同，可以将物流银行的模式归纳为如下两种：

第一，仓储货物质押贷款。仓储货物质押贷款即质押人与商业银行签订质押合同，用已经或即将放入物流商仓库中的动产做质押；质押人、商业银行以及物流商三方签订质押监管合同，由物流商负责监督管理质押动产；一旦质押人向商业银行归还贷款或增加保证金，商业银行就将指示物流商释放监管的质押动产，而物流商则严格根据商业银行的指令存、放动产。

需要说明的是，现实中很多银行采用的是仓单质押方式，而非动产质押方式，究其原因，是因为用做质押的动产不同于用做抵押的不动产，后者可以用登记的方式证明其所有权的归属，前者只能用占有的方式证明所有权，现实中的商业银行似乎都怀疑“占有”这种公示方法，而在《合同法》确认了仓单的法律地位后，人们认为这一权利凭证能够弥补动产占有公示的不足，因此更倾向于接受仓单质押。

根据仓储货物所在位置的不同，又可将仓储货物质押模式细分为库内监管与库外监管。库内监管就是在物流商自己所有的仓库中监管质押动产；库外监管则是在物流商有限享有使用权的仓库中监管质押动产，通常情况下是在出质人自己的仓库中监管。库外监管超出了物流商的自有库，扩大了物流银行的服务领域，也可能节省整个质押贷款业务中发生的费用，但这一模式有其局限性，无论是商业银行还是物流商都应谨慎使用。从商业银行的角度来看，由于出质人出质的质物仍在出质人的仓库中，物流商能否实际控制出质的动产无法事先确定，这可能违反现行法律关于质押必须以质物交付质权人方可生效的规定而使商业银行的质权不成立；从物流商的角度来看，实施库外监管的一大前提是物流商具备了实施库外监管的能力，而且，对出质人自有库进行监管的风险更大。因为，出质人作为质押动产的所有人，比其他任何第三人更有“理由”违反游戏的规则，如果物流商不具备强大的输出管理的能力，库外监管将是空话，物流商将无法利用自己的仓储专长避免承担监管不力的责任，也将因此而回到历史上简单地为他人提供保证担保的地步。因此，为了规避前述库外监管存在的风险，商业银行有必要从增加的收益中拿出一部分转移给物流商，以支付物流商为加强控制增加监管作业而承担的费用；作为物流商，则应当从人的控制、作业设备的控制、作业程序的控制和管理软件的控制等多方面尽快提高自身的管理能力。只有通过双方的共同努力，库外监管这一模式才能得到保障，从而在空间上扩大物流银行的服务领域，扩大商业银行与物流商的盈利领域。

第二，保兑仓。保兑仓即质押人、物流商、商业银行以及供货商四方签订合同，商业银行根据质押人与供货商的供货合同直接代质押人向供货商支付货款，供货商根据供货合同以及与商业银行达成的协议向物流商交付货物，物流商从接到货物之时开始承担监管责任。

保兑仓区别于仓储货物质押贷款之处在于：在仓储货物质押贷款中，仓储货物在进入指定仓库之前并不是质物，只有在进入仓库之时或之后才成为质物，而物流商的监管责任也只从货物进入指定仓库之后才开始。从商业银行的角度看，即先有质物后有贷款。对于保兑仓而言，货物在进入指定仓库之前就已成为质物，物流商在货物入库之前就应开始履行其监管职责，也许是从供应商交付货物之时，也许是从进口货物入关之时。

保兑仓是物流银行的高级形态。在这种模式里，物流商提供的不仅仅是传统的仓储服务，而是货物在不同社会主体间流转移动的全过程；商业银行的客户对象也将极大地增加，因为它允许用做质押的货物在空间上的位置移动以及形态上的变动转化（如涉及加工环节时）。物流银行业务是近几年来广东发展银行"厂商银行业务"与动产质押业务的升华，与该行现有的动产质押业务相比，具有标准化、规范化、信息化、远程化和广泛性的特点。物流银行业务及其职责表现在如下各方面：

一是所有物流产品的质量和包装标准都以国家标准和协议约定的标准由物流公司验收、看管。

二是所有动产质押品都是按统一、规范的质押程序由第三方物流公司看管，避免动产质押情况下由银行派人看管和授信客户自行看管的不规范行为，确保质押的有效性。

三是所有质押品监管都借助物流公司的物流信息管理系统进行，从总行到分行再到支行的有关该业务管理人员，都可以通过互联网，输入密码后随时登录物流公司的物流信息管理系统，检查质押品的品种、数量和价值。

四是由于借助物流公司覆盖全国的服务网络，再加上银行借助于全国资金清算网络，使动产质押业务既可以在该行所设机构地区开展，也可以在全国各地开展异地业务，并能保证资金快捷汇划和物流及时运送。

五是物流银行能够监管所有物流品种，包括各类工业品和生活用品等。其服务客户对象具有广泛性，既可以是制造业，也可以是流通业；既可以是国有企业，也可以是民营企业和股份制企业；既可以是大型、中型企业，也可以是小型企业。只要这些企业具有符合条件的物流产品，都可以开展该项业务。对于流动资金缺乏的厂商，物流银行业务可增加厂商流动资金；对于不缺乏流动资金的厂商，物流银行业务也可增加其经销商的流动资金；亦可二者有机结合，促进企业销售，增加利润。目前国内外已有不少厂家与银行密切接触，商讨双方合作事宜。

（3）供应链金融。供应链金融又称供应链融资，即本节所介绍的物流服务与金融服务相结合的最新形式。

8.4.2.3 供应链融资质物的特点

供应链融资质物的特点体现为五原则：

（1）合法性原则：所有权明确。

（2）易售性原则：适用范围广，变现能力强，价格稳定，不易过时。

（3）稳定性原则：损耗变质小。

（4）标准性原则：产品合格并符合国家标准。

(5)易测性原则:监管具备可行性。

8.4.2.4 供应链融资对中小企业的意义

(1)突破传统固定资产抵押模式,拓宽企业和银行的融资合作途径。

(2)扩大销售规模,加快资金周转,提高企业资金利用率。

(3)降低银行经营风险,扩大银行融资范围和数额。

(4)为物流企业带来增值业务。

8.4.2.5 供应链融资的发展趋势

(1)固定资产抵押向动产质押转移,也是银行风险从中度风险向低度风险转移的途径。

(2)由单一物流服务环节向供应链管理环节发展。

(3)从静态监管向动态监管模式转移,使得质押物更多,贷款更多,供应链管理风险更加可控。

(4)由单点质押向多点质押发展。

本专题要点归纳

本专题主要针对现代物流行业的新发展介绍了相关的概念,如低碳物流、智能物流、供应链物流、供应链融资等。学生通过学习应理解这些物流新概念,对物流产品创新有进一步的思考。

延伸阅读

无水港物流服务

所谓“无水港”,就是建在内陆地区,依托信息技术和多式联运的支持,具有口岸监管、港口服务等综合服务功能的现代国际物流的通道和平台。

今后,内陆地区所有的进出口贸易均可在当地的无水港口获得报送、报验、签发提单等一站式服务。进口货物在海港卸船后,也将直接运抵内陆无水港,在当地办理通关,从而实现海港与内陆“无水港”的无缝对接。

海港、无水港和港口服务等各方将按照“政府推动、部门支持、企业运作”的模式和“资源共享、优势互补、互利共赢”的原则建设无水港。同时,加强政府部门间的合作及合作主体间的协作。

海关总署负责人表示,在内陆建设无水港,是口岸合作模式的创新,是口岸监管制度的创新,也是大通关建设内容的创新。海关总署将全力支持无水港的建设。

《北方地区大通关建设协作备忘录》

这份备忘录由12省区市共同签署,旨在建立以海港口岸、边境口岸和各省区市内陆无水港口岸为网络通道,以跨区域现代物流和中国电子口岸为重要依托的北方地区大通关协作机制。

这些省区市的代表表示,备忘录的签署对进一步加强区域口岸合作,提高我国北方地区对外开放水平，促进区域经济协调、持续、快速发展具有十分重要的意义。

12省区市宣布，通过加强通关合作，简化手续，降低成本，优化服务，提高效率，进一步营造“监管有效、规范有序、方便快捷、高效和谐”的北方地区大通关环境。

这份备忘录的主要内容是：12省区市将在中央指导下，用3～5年的时间，在北方地区各物流中心城市和过境运输边境口岸建设内陆无水港；在北方地区全面实施海关“属地申报、口岸验放”的通关模式；12省区市政府协商海关、检验检疫部门，尝试天津口岸、边境口岸与各省区市便捷通关企业统一认定标准和管理互认机制；将天津东疆保税港区的服务功能延伸到内地；搭建北方地区大通关公共服务平台；建设口岸物流快速通道等。

为将这份备忘录的内容落到实处，12省区市口岸办共同签署了《建设内陆无水港合作意向书》；天津港集团分别与内地7个省区市的9家企业签署《无水港项目合作意向书》；天津海关分别与乌鲁木齐海关、呼和浩特海关和满洲里海关签署《陆桥运输监管业务合作备忘录》；天津港海关、天津港集团分别与河南、河北、陕西对口单位签署《内陆无水港便捷通关合作备忘录》；天津出入境检验检疫局分别与北京、陕西、山西、河南等检验检疫局签署《检验检疫直通备忘录》。

这些合作文件的签署和实施，将区域口岸合作项目化、具体化，对进一步推进区域口岸合作起到积极作用。

降低物流成本　“无水口岸”建在家门口

金融危机爆发后，企业面对的最大问题就是资金短缺，如何能尽量节省不必要的各项开支，以降低运营成本，成为企业的当务之急。太原市海关工作人员说，“作为太原海关支持山西省扩大内需、创建优质通关环境的受益者，我们企业的感受就是太便利了。以前进口的货物需要在口岸海关办理通关，现在‘无水口岸’建在了咱自家门口，转关回来再通关，节省了进口货物暂存费等诸多费用，通关成本大大降低，仅最近一次的卡车、电铲配件进口货物就给我们企业节省了几十万元！”太原海关隶属大同海关在朔州成立了海关监管组，使企业的进口货物能在家门口办理通关成为现实。

此前，按照要求，货物到达口岸后必须于14天内完成通关手续，太原海关扩大区域通关范围之后，只要在口岸海关办理了进口转关手续就可以等货物运到朔州后再进行通关，节省了大量通关成本。

太原海关隶属大同海关，在全球金融危机爆发以后，山西省同朔地区的外贸企业受到了很大影响。为了能帮助企业渡过难关，大同海关努力为企业创建优质的通关环境。平朔煤业是同朔地区的外贸大户，2008年大同海关征税3亿多元，平朔煤业缴税占80%以上。太原海关出台支持山西省扩大内需、促进经济增长12项措施以来，对平朔煤业采取了一对一跟进式服务，并根据其外贸需求，与天津、大连等口岸海关进行协调配合，于2008年12月31日在企业所在地成立了大同海关朔州监管组。由此,平朔煤业的远洋货物不必像以前那样必须在口岸海关通关,既费时又费钱,而可以转关直接运抵朔州,通过监管组办理进口货物通关手续。

在家门口就能办理进口货物通关,这为企业带来了实实在在的便利,自然会得到企业的认可与欢迎。企业负责人深有感触地说:"公司需要进口的货物多达15万个种类,一年之中从国外进口的配件和设备几乎不断。以往公司进口的货物远洋到达我省最近的沿海口岸需要办理通关手续,由于大多数配件和设备的体积和重量都很大,如公司运煤卡车一条轮胎的直径就达3.88米,暂存又要按照体积或重量计费。除暂存费外,再加上港内短途运输费、杂费等费用,在货物通关期间企业就要支付很大的成本费用。另外,按照规定,进口货物要在14天内通关,由于很多企业都在天津口岸集中办理进出口货物通关,因此时常会因为未办理完毕而超过期限,这样又会增加一笔不小的费用。如今,太原海关隶属大同海关在朔州成立的海关监管组,就相当于把'无水口岸'搬到了自家门口,进口货物运到口岸,在口岸办理简单的转关手续,就可以把货物运回到朔州的保税仓库,再根据需要办理通关。原来14天也不一定能办完的通关手续,现在运回朔州后,几个小时就能办完,前后只需要两三天,而且一票货物就能较以前节省暂存费、杂费以及滞港费几十万元"。

据了解,由于"无水口岸"建在了企业的家门口,以及海关量体裁衣式的个性化服务,截至目前,平朔煤业货物进口在通关环节上已节省成本数百万元,极大地缓解了企业的资金压力。另外,由于海关为平朔煤业提供一对一式的服务,对相关进口政策给予指导,使得该企业最大限度地享受了国家的外贸税费优惠政策,降低了进口成本。

综合理解与提高

物流产品创新方案——应急物流

一、定义

应急物流是指为应对严重自然灾害、突发性公共卫生事件、公共安全事件及军事冲突等突发事件而对物资、人员、资金的需求进行紧急保障的特殊物流活动,具有突发性、不确定性、非常规性以及弱经济性等特点。应急物流可分为军事应急物流和非军事应急物流。非军事应急物流可分为灾害应急物流和疫情应急物流。灾害(含险情)应急物流又可分为自然灾害应急物流和人为灾害应急物流。

二、性质

应急物流的"应急"二字本身带有一定的军事色彩,但应急物流并不等同于军事物流。军事物流的指令性较强,尤其是在战争爆发的时候,要始终把军事利益放在首位。而应急物流系统则以社会利益为导向,服务的对象是受灾地区的人民。

应急物流一般具有突发性、弱经济性、不确定性和非常规性等特点,多数情况下通过物流效率实现其物流效益,而普通物流既强调效率又强调效益。目前我国应急物流的特点表现为:政府高度重视,企业积极参与;军民携手合作,军队突击力强;平时有准备、预案演练到位;等等。

三、内容

应急物流的内容包括应急物流组织机制的构建、应急技术的研发、应急物流专业人员的管理、应急所需资金与物资的筹措、应急物资的储存与管理、应急物流中心的构建和应急物资的运输与配送等。

四、发展

与我国相比,欧美一些发达国家对应急管理体系的建设较早,表现在四个方面:建立并完善应急管理协调机制;制定并优化应急管理行动流程;制定并完善应急管理法规体系;搭建应急管理信息平台。

应急物流在我国尚处于起步的发展阶段。2006 年底,经国资委、民政部批准,全国第一个从事应急物流的专业组织——中国物流与采购联合会应急物流专业委员会成立。近年来,应急物流理论的研究已经步入团队协作、系统开发的良性轨道。由中国物流与采购联合会应急物流专业委员会牵头,制定、发布了《应急物流科研指南》;中国物流学会在 2007 年首次将《中国应急物流现状研究》等五个与应急物流相关的课题纳入年度的研究规划。各级政府和各企业开始认识到应急物流的重要作用。

实训题

通过上述资料的阅读,以及对物流基础知识的学习,请分组进行研讨。

研讨目的:创新物流服务产品,提出新的物流服务产品,并分析其服务模式和盈利模式。

【复习思考题】

1. 低碳物流的概念是什么?发展低碳物流有哪些具体措施?
2. 什么是智能物流?
3. 智能物流的发展趋势体现在哪些方面?
4. 什么是供应链和供应链管理?
5. 供应链管理与物流管理的区别是什么?
6. 简述供应链融资的概念和适用的质物特点。

【案例分析与应用】

麦当劳的冷链物流

在麦当劳的冷链物流中,质量永远是权重最大、被考虑最多的因素。麦当劳重视品质的精神,在每一家餐厅开业之前便可见一斑。餐厅选址完成之后,首要工作是在当地建立生产、供应、运输等一系列的网络系统,以确保餐厅得到高品质的原料供应。无论何种产品,只要进入麦当劳的采购和物流链,都必须经过一系列严格的质量检查。

麦当劳对于质量的敏感,源于其对市场走向的判断。消费者对食品安全的要求越来越高，低价竞争只能对供应链产生伤害，价格竞争将被质量竞争所取代。为此，麦当劳愿意在别人无暇顾及的领域付出额外的努力。比如，麦当劳要求运输鸡块的冷冻车内温度需要达到零下 22 摄氏度，并为此统一配备了价值 53 万元的 8 吨标准冷冻车，全程开机。同样的旅程，用 5 吨的平板车盖上棉被一样可以操作，成本可以节省一半以上。但是，麦当劳对于这种可能影响最终产品质量的行为坚决禁止。运输中的质量控制，只是麦当劳冷链物流的冰山一角，在它的后面，有技术先进的食品加工制造商、包装供应商及分销商等构成的采购网络支撑，更有遍及世界各地的运销系统承载，还有准确快速的财务统计及分析软件助阵。

以在一周为单位的进货周期中，餐厅经理需要预先估计安全库存，在每周二与配销中心联系，对冷藏货下订单。在麦当劳，订货量太多太少都是不允许的，过多会增加成本，积压资金，使产品品质下降；不足则会使营业额和利润下降，并对公司信誉和员工士气产生不利影响，而紧急订货成本就会上升。订单被配销中心接受之后，周三、周五分批进货。餐厅订货组要按时完成盘存报告，这项工作包括货品的编号、名称、计算单位、库存及货品盘点表、每日送货及退货单、损耗表、产品销售日报表、周报表、月报表、员工餐饮和餐厅调拨单等。每天，餐厅经理都要将订货量与进货周期相对照，一旦发现问题，立刻进入紧急订货程序。虽然紧急订货不被鼓励，但一经确认，两个小时后货品就会送到餐厅门口。

送货和接货也有固定的程序和规范。在货物装车之前，必须根据冷冻货对温度的敏感程度，按照由外向里分别是苹果派、鱼、鸡、牛肉、薯条的顺序装车；接货时，则要对这些情况进行核查。接货的检查项目，包括提前检查冷藏和冷冻库温是否正常，记录接货的时间和地点，检查单据是否齐全，抽查产品的接货温度，检验产品的有效期，检查包装是否有破损和污染，糖浆罐是否溢漏，二氧化碳罐压力是否正常，最后才是核对送货数量，签字接收。

为了满足麦当劳冷链物流的要求，为麦当劳提供物流服务的夏晖公司在北京地区投资 5 500 多万元人民币，建立了一个占地面积达 12 000 平方米、拥有世界领先技术的多温度食品分发物流中心，其中干库容量为 2 000 吨，存放麦当劳餐厅用的各种纸杯、包装盒和包装袋等不必冷藏冷冻的货物；冻库容量为 1 100 吨，设定温度为零下 18 摄氏度，存储着派、薯条、肉饼等冷冻食品；冷藏库容量超过 300 吨，设定温度为 1 ~ 4 摄氏度，用于生菜、鸡蛋等需要冷藏的食品。冷藏和常温仓库设备都是从美国进口的设备，设计细致而精心，目的是为了最大限度地保鲜。在干库和冷藏库、冷藏库和冷冻库之间均有一个隔离带，用自动门控制，以防止干库的热气和冷库的冷气互相干扰。干库中还设计了专用卸货平台，使运输车在装卸货物时能恰好封住对外开放的门，从而防止外面的灰尘进入库房。

餐厅与物流中心之间的精细对接，只是麦当劳冷链物流顺畅流转的前提，要在操作中保证一切不出纰漏，标准化和跟踪技术至关重要。在食品供应链管理中，安全性和稳定性日益受到企业的关注。一般而言，供应链的链条越长，安全体系则越薄弱，在 29 000 多家麦当劳餐厅组成的大家族中，任何一家餐厅发生食品安全问题，对全球的麦当劳都会造成无可挽回的损失。冷链物流中的标准化，正是麦当劳如履薄冰、力图将危机扼杀在萌芽之中而采取的手段。麦当劳的冷链物流标准，涵盖了温度记录与跟踪、温度设备控制、商品验收、温度监控点设定和运作系统 SOP 的建立等领域。即便是在手工劳动的微小环节也有标准把关,比如,一台 8 吨的标准冷冻车,装车和卸车的时间被严格限制在 5 分钟之内,根据货品的需要,还会使用一些专用的搬运器械,以避免在装卸过程中出现意外的损失。在中国,麦当劳还在考虑应用一些国家制定的物流业服务标准和技术标准,以便把工作细化到 MRP 或者 VMI 系统的各个节点,进而对整个流程实施控制和跟踪。有了这些标准,麦当劳的下一项工作就是对所有产品实施在途跟踪。

请分析麦当劳为何要实施冷链物流?其冷链物流成本与企业经营效益之间的关系是怎样的?

根据你在本章所学到的知识,举例说明你还可以为麦当劳提供哪些创新的物流服务产品。

附录

各专题【复习思考题、案例分析与应用】解答提示

专题一

【复习思考题】

1. 一是降低企业营运成本；二是提高企业经营效益。

2. 美国物流管理协会从计划、执行与控制的角度定义物流，突出物流的核心是资源整合和协调运营；我国的物流术语从物流的职能角度定义物流，突出物流是由运输、储存、装卸、搬运、包装、流通加工、配送和信息处理等基本功能组合起来的。

3. (1)流体、载体和流向。(2)流体：即物资；载体：即运输工具；流向：即运输方向。

4. (1)物流的增值作用；物流的流通作用；物流在生产中的计划协调作用；物流对国民经济的促进作用。(2)按照物流所起的作用可以将物流分为供应物流、销售物流、生产物流、回收物流和废弃物物流等。

5. 商流与物流的分离，即所有权与物品移动的分离。

6. (1)派生性；(2)广泛性；(3)多样性；(4)不平衡性；(5)部分可替代性；(6)增值性；(7)网络化。

7. 物流服务不是单指物流活动中某个具体的服务结构和服务内容，而是各种具体服务的综合。物流服务是一种过程，是通过节省成本费用为供应链提供重要的增值利益的过程。

8. 增值物流服务是指在完成物流基本任务的基础上，根据客户需要提供的各种延伸业务活动，为客户提供其他服务性的物流项目(举例略)。

【案例分析与应用】

答案提示：答案不拘泥于一种或几种，只要设计出的方案可以达到降低物流成本、提高农户和商户收益即可。

专题二

【复习思考题】

1. 公路运输、铁路运输、航空运输、海洋运输和管道运输。

2. (1)运输距离；(2)运输环节；(3)运输工具；(4)运输时间；(5)运输费用。

3. (1)提高运输工具实载率；(2)减少动力投入，提高运输能力；(3)发展社会化的运输体系；(4)开展中短距离铁路、公路分流，“以公代铁”的运输；(5)尽量发展直达运输；(6)配载运输；(7)“四就”直拨运输；(8)发展特殊运输技术和运输工具；(9)通过流通加工，使运输合理化。

4. (1)普通仓库；(2)保温、冷藏、恒温恒湿仓库；(3)特种仓库，通常是存放易燃、易爆、有毒、有腐蚀性或有辐射性的物品的仓库。

5. (1)地面型仓库；(2)货架型仓库；(3)自动立体化仓库。

6. 我国托盘规格主要有三种：800mm × 1 000mm，800mm × 1 200mm，1 000mm × 1 200mm。

7. 绿色包装又称无公害包装，是指能够循环复用、再生利用或降解腐化，且在产品的整个生命周期中对人体及环境不造成公害的适度包装。

8. 减少环节，作业程序化；文明搬运，运营科学化；集中作业，集装散装化；省力节能，努力促“活化”；兼顾协调，通用标准化；巧装满载，安全效率化。

设备：叉车、起重机、集装化单元设备。

9. 流通加工又称流通过程的辅助加工活动，是指物品在从生产地到使用地的过程中，根据需要施加包装、分割、计量、分拣、刷标志、拴标签和组装等简单作业的总称。

流通加工的作用为：(1)提高原材料利用率；(2)进行初级加工，方便用户；(3)提高加工效率和设备利用率。

10. 物流信息是指与物流活动（如运输、仓储、包装、装卸搬运以及流通加工）有关的信息。

在物流活动中，物流信息与运输、仓储等各环节有着密切的关系，它起着中枢神经系统的作用。

【案例分析与应用】

答案提示：

基本物流活动：运输（主要是公路运输）、储存（主要是短期暂存）、装卸搬运和配送等。

物流设备：车辆（最好是蔬菜恒温车辆）、小型仓库（最好有恒温保鲜库）、叉车和堆高机等。

增值的物流活动：流通加工、简单的物流包装。

专题三

【复习思考题】

1. 物流系统是指在一定的时间和空间里，由所需运输的物料、包装设备、装卸搬运机械、输送工具、仓储设施、相关人员以及通信联系等若干相互制约的动态要素构成的具有特定功能的有机整体。物流系统的目的是实现物资的空间效益和时间效益，在保证社会再生产顺利进行的前提条件下，实现各种物流环节的合理衔接，并取得最佳的经济效益。

2. 供应物流、生产物流、销售物流、回收和废弃物物流。

3. (1)它的采购送货是直接送到需求点上；(2)用户需要什么品种就送什么品种，品种规格符合客户需要；(3)用户需要什么质量就送什么质量，品种质量符合客户需要，杜绝次品和废品；(4)用户需要多少就送多少，不少送，也不多送；(5)用户什么时候需要就什么时候送货，不晚送，也不早送，保证准时；(6)用户在什么地点需要就送到什么地点。

4. 汽车装配适合按对象专业化形式组织生产物流；汽车零配件的大量生产适合按工艺专业化形式组织生产物流。

5. 销售物流是伴随销售活动将产品实体转给用户的物流活动，它是企业物流系统的最后一个环节。

6. 物流联盟是以物流为合作基础的企业战略联盟，它是指两个或多个企业之间，为了实现各自的物流战略目标,通过各种协议、契约而结成的优势互补、风险共担及利益共享的松散型网络组织。

7. 减少资源使用,并通过减少资源使用达到废弃物减少的目标,同时使正向以及回收的物流更有效率。

8. 循环理论强调要从循环经济和环境保护的角度对物流体系进行改进,在物流活动中融入资源、环境可持续发展理念,谋求降低环境污染、较少资源消耗,形成环境共生型的物流系统。

【案例分析与应用】

答案提示:

物流系统关系图

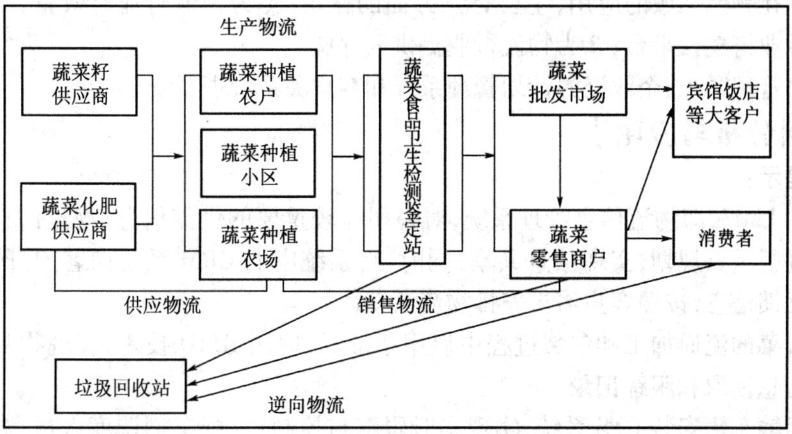

专题四

【复习思考题】

1. 物流信息技术是指运用于物流领域的信息技术。

物流信息技术主要包括电子数据交换、计算机网络技术、智能标签技术、信息交换技术、数据库技术、数据仓库技术、数据挖掘技术、Web 技术、条形码与射频技术、地理信息技术和全球卫星定位技术等。

2. EDI 是英文 Electronic Data Interchange 的缩写,中文可译为“电子数据交换”。它是一种在公司之间传输订单、发票等作业文件的电子化手段。

3. EOS(Electronic Ordering System)即电子订货系统,是指不同组织间利用通信网络和终端设备以在线连接的方式进行订货作业与订货信息交换的体系。

4. POS(Point of Sale System)即销售时点信息系统,它包含前台 POS 系统和后台 MIS 系统两大基本部分。

MIS(Management Information System)又称管理信息系统。它负责商场进、销、调、存系统的管理以及财务管理、库存管理和考勤管理等。在管理信息系统中前台 POS 与后台 MIS 是密切相关的,两者缺一不可。

5. 生活中:超市结账、盘点等。

物流领域:出入库、节点间的中转识别和盘点等。

6. RF(Radio Frequency)即射频技术,是一种无线电通信技术,其基本原理是电磁理论,利用无线电波对记录媒体进行读写。

RFID 是 Radio Frequency Identification 的缩写,即射频识别,是一种非接触式的自动识别技术,它通过射频信号自动识别目标对象,可快速地进行物品追踪和数据交换。

7. 物联网应用在物流和生产领域,制造商可以利用电子标签,及时了解消费者对产品的购买情况及满意度,及时增加和改进产品性能,满足客户需求,并可根据产品需求信息,及时进行原材料的采购和补充;物联网在物流仓储领域的应用,可使用电子标签进行仓库货品的信息查询、出入库处理及盘点作业。

云计算在物流领域的应用,主要有三方面的作用:①为物流行业有效整合信息资源;②为物流行业搭建云平台;③为物流行业提供云存储。

8. 仓储管理系统、企业资源计划管理系统和客户关系管理系统。

【案例分析与应用】

答案提示:

1. 建立 LMIS,即物流信息管理系统,对公司比较重要的供需信息、物流信息和客户信息等模块进行重点规划,实现信息共享;同时,将系统中的 CRM 系统向客户开放端口,及时沟通和反馈信息,按照客户需求安排物流活动。

2. 在蔬菜的流通加工和包装过程中启用条形码,应用 RFID 技术,实现物品在物流全过程中的信息读取和跟踪记录。

3. 为运输车辆安装 GPS 系统,实现实时跟踪与控制,安排车辆调度人员,对车辆运行和行驶路线进行合理调度。

专题五

【复习思考题】

1. 如订货活动与配送活动相互分离,网上购物、客户凭订单付款、卖方委托快递公司送货。

2. 国际物流是组织货物在国际上的合理流动,也就是发生在不同国家之间的物流。

3. 国际物流环境存在差异;国际物流必须有国际化信息系统的支持;国际物流的标准化程度要求高;采用的运输方式多样化。

4. 国际物流中心是指国际物流活动中商品、物资等集散的场所。

5. 物流经营者借助现代信息技术,在约定的时间、空间位置按约定的价格向物流需求者提供约定的个性化、专业化和系列化的服务,也就是借助于外部的力量完成本该由其自身完成的物流功能。

6. 第三方物流是由物流业务的供方和需方之外的第三方物流服务提供者在特定的时间段内按照特定的价格向使用者提供的个性化的系列物流服务。

7. (1)信息化管理模式;(2)系统化管理模式;(3)后勤管理模式;(4)全过程管理解决方案。

8. 第四方物流的定义是“物流服务提供者是一个供应链的集成商,它对公司内部和具有互补性的服务提供者所拥有的不同资源、能力和技术进行整合和管理,提供一整套供应链解决方案”。

9. 物流园区是指在物流作业集中的地区,在几种运输方式衔接地,将多种物流设施和诸多物流企业在空间上集中布局的场所,也是一个有一定规模的和具有多种服务功能的新型物流业务载体。

【案例分析与应用】

答案提示:

第一,物流外包业务方案。从物流外包的设施条件、业务流程、人员和场地分配、业务重点与难点、解决办法几个方面做一份第三方物流方案。能够符合业务要求,同时节约成本,保证较高的服务质量。

第二,对于没有专业的通关业务服务人员的问题,可将这部分业务进一步外包给专业的报关行和报检行办理进出口的通关手续。

第三,实现新跨越。应抓住契机,利用税收和审批手续等方面的优惠政策,进驻物流园区,同时以省级农场的物流外包业务为依托,规划一个兼具运输、仓储、配送及流通加工的综合物流中心,同时也应考虑除蔬菜的物流业务外,还可以向其他农产品物流方面延伸,在规划时应留出延伸的接口。

具体内容可由同学自由讨论、发挥想象力和新创意。

专题六

【复习思考题】

1. 港口物流是指中心港口城市利用其自身的口岸优势,以先进的软、硬件环境为依托,强化其对港口周边物流活动的辐射能力,突出港口集货、存货和配货的特长,以临港产业为基础,以信息技术为支撑,以优化港口资源整合为目标,发展具有涵盖物流产业链所有环节特点的港口综合服务体系。

鹿特丹港模式;安特卫普港模式;香港港模式;新加坡港模式。

2. 典型的港口物流活动主要表现在港口航运服务、码头业务、通关服务、港区运输、保税仓储和信息服务等。其中,港口航运服务包括引航服务、船务代理和理货等。

码头业务通常包括检查口(闸口)核查业务、控制中心协调控制作业、泊位管理、船位策划、码头前沿装卸理货作业、船舶联检、码头堆场短期堆存、码头货运站集拼经营等业务。

进出口业务通关服务主要涉及货物的报检业务与报关业务。

港口物流的运输业务中,与一般运输业务的不同之处主要体现在集港运输、疏港运输和转栈运输这三种与港区作业相关的运输业务上。

3. 制造业物流是指主要对象部门是在产品的制造、组装等制造过程中,与原料、产品、零部件的调配和成品的订货、交货等与销售活动有关的领域。

在生产制造企业中目前存在着自建型、中立型和外包型三种物流模式。

4. 石油化工产品主要采用管道运输,管道运输不仅运输量大、连续、迅速、经济、安全、可靠、平稳以及投资少、占地少、费用低,而且可实现自动控制。

5. 适应经济发展的特性;快捷、安全性快递服务;高科技性;优良的服务功能。

6. 变价快、订单频繁、拆零、退货、更换和保质期等问题。

7. 会展物流是指"展销产品从参展商经由会展中转流向购买者的物理运动过程,它是展销活动供、需双方以外的第三方组织者所提供的一种具有后勤保障功能的服务,由会展组织者在综合会展现场多个供需对应体的信息要求后,统一指挥、统一安排、统一协调的会展物资流通体系"。

8. 冷链物流泛指冷藏、冷冻类食品在生产、储藏运输、销售,到消费前的各个环节中始终处于规定的低温环境中,以保证食品质量、减少食品损耗的一项系统工程。

冷链物流的适用范围包括初级农产品:蔬菜、水果;肉、禽、蛋;水产品和花卉产品;加工食品:速冻食品,禽、肉、水产等,包装熟食、冰淇淋和奶制品;快餐原料;特殊商品:药品。

【案例分析与应用】

答案提示:调研重点以下方面的情况:

供应源:冷鲜肉农户、畜牧小区、农场、奶牛农户、奶牛饲养小区和奶牛场。

集散地:农贸市场、超级市场和批发市场。

需求源:消费者、宾馆饭店等大客户、专营店和奶站等零售站点。

物流服务体系:以乳品业为例(见下表):

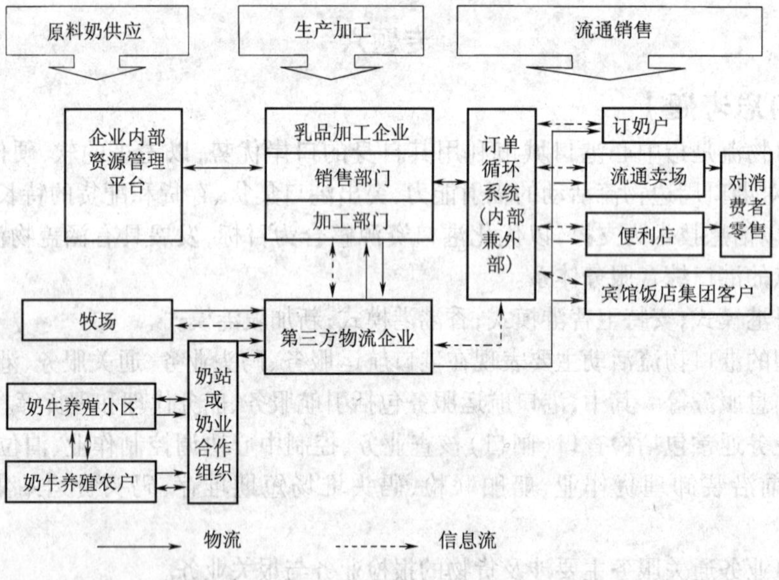

专题七

【复习思考题】

1. 现代物流业是一个新型的跨行业、跨部门、跨区域以及渗透性强的复合型产业。现代物流业涉及的行业包括铁路运输、公路运输、水上运输、装卸搬运及其他运输服务业、仓储业、批发业和零售业。

2. 一是强调产业功能定位和区域经济功能定位;二是培育物流需求,促进第三方物流企业发展;三是统筹规划物流设施建设,重点加强物流节点规划,力求实现多功能、多种运输方式共享,在用地、物流园区一定年限财政资金返还、资金扶持和城市交通管制等方面协调配合;四是优先发展物流信息化,支持物流信息平台建设,积极推动 EDI,GPS,POS,ERP 和 MIS 等先进信息方式和手段的应用,同时,强调数据标准化、企业信息化和电子商务等的发展;五是重视物流标准化工作;六是强调物流人才的培养。

3. 物流观念国际化;物流需求社会化;物流竞争国际化;物流技术现代化;物流管理体制集中化。

4. 四点要求:(1)积极扩大物流市场需求,促进物流企业与生产、商贸企业互动发展;(2)加快企业兼并重组,培育一批服务水平高、国际竞争力强的大型现代物流企业;(3)推动能源、矿产、汽车、农产品和医药等重点领域物流的发展;(4)加强物流基础设施建设。

九大重点工程:多式联运和转运设施、物流园区、城市配送、大宗商品和农村物流、制造业和物流业联动发展、物流标准和技术推广、物流公共信息平台、物流科技攻关及应急物流。

5. 答案:(略)。

【案例分析与应用】

答案可自由发挥(略)。

专题八

【复习思考题】

1. 低碳物流又称环保物流,它主要是通过改革运输、储存、装卸和流通加工等物流环节达到降低环境污染、减少资源消耗的目的。

发展低碳物流的具体措施为:多使用铁路货物运输和低碳汽车运输,促进物流合理化,推行共同配送,推进废旧设施设备循环利用,推广绿色包装,注重工业和生活废料的处理,促进信息电子商务化。

2. 智能物流是利用集成智能化技术,使物流系统能模仿人的智能,具备思维、感知、学习、推理判断和自行解决物流中某些问题的能力的一种信息化物流技术。

3. 智能物流的发展趋势体现为物流智能化、物流一体化、物流层次化、物流柔性化和物流社会化;同时,社会发展将推动智能物流的进步。

4. 供应链是指生产及流通过程中,涉及将产品和服务提供给最终客户的上游或下游企业所形成的网络结构。

供应链管理是在满足服务水平的前提下,为了使系统成本最小而采取的把供应商、制造商、仓库和商店有效地结合成一体生产商品,并把正确数量的商品在正确的时间内配送到正确的地点的方法。

5. 供应链管理注重整体、运营、战略管理、集成思想与合作服务;物流管理注重节点与流程运营、职能管理、技术方法和市场目标。

6. 供应链融资，是指企业以处于正常贸易流转状态的产品向银行质押作为授信条件，由物流公司借助物流信息管理系统，对处于供应链中的融资需求企业动产进行监管，使融资需求企业获得融资的综合服务业务。

供应链融资适用的质物特点为五原则：(1)合法性原则；(2)易售性原则；(3)稳定性原则；(4)标准性原则；(5)易测性原则，即监管具备可行性。

【案例分析与应用】

答案可自由发挥(略)。

参考文献

[1] 黄福华. 现代物流基础[M]. 北京:电子工业出版社,2007.

[2] 鲁晓春. 现代物流基础设施与设备[M]. 北京:中国物资出版社,2006.

[3] 彭麟. 现代物流基础[M]. 北京:机械工业出版社,2007.

[4] 翟光明. 现代物流基础[M]. 北京:中国物资出版社,2006.

[5] 吴清一. 现代物流概论[M]. 北京:中国物资出版社,2005.

[6] 王淑云等. 物流外包与管理[M]. 大连:东北财经大学出版社,2005.

[7] 刘北林. 供应链与第三方物流策划[M]. 北京:中国物资出版社,2006.

[8] 赵道致. 供应链管理[M]. 北京:中国水电水利出版社,2007.

[9] 乔尔 D. 威斯纳等. 供应链管理[M]. 北京:机械工业出版社,2006.

[10] 唐忆文. 上海现代物流产业发展研究[M]. 上海:上海社会科学院出版社,2008.

[11] 姜大立. 行业物流管理[M]. 北京:中国石化出版社,2004.

[12] 丁香乾. 物流信息系统[M]. 北京:中国劳动和社会保障出版社,2006.

[13] 王世文. 物流管理信息系统[M]. 北京:电子工业出版社,2006.

[14] 王少愚. 物流管理信息系统[M]. 北京:中国劳动和社会保障出版社,2006.

[15] 北京中交协物流人力资源培训中心,译. 国际物流[M]. 北京:机械工业出版社,2007.

[16] 王淑荣. 物流信息技术[M]. 北京:机械工业出版社,2007.

[17] 侯铁珊. 国际贸易实务[M]. 大连:大连理工大学出版社,2008.

[18] 严国辉. 国际贸易理论与实务[M]. 北京:对外经济贸易大学出版社,2006.

[19] 王永富. 物流管理概论[M]. 北京:对外经济贸易大学出版社,2006.

[20] 霍红. 物流管理[M]. 北京:中国物资出版社,2005.

[21] 蒋令. 连锁经营管理基础[M]. 北京:机械工业出版社,2008.

[22] 杜学森. 物流管理[M]. 北京:中国铁道出版社,2008.

[23] 吴清一. 物流管理[M]. 北京:中国物资出版社,2005.

[24] 裴凤萍. 采购管理与库存控制[M]. 大连:大连理工大学出版社,2007.

[25] 闫子刚. 供应链管理[M]. 北京:机械工业出版社,2008.

[26] 黄静. 仓储管理实务[M]. 大连:大连理工大学出版社,2007.

[27]郑凯, 朱煜,汝宜红. 低碳物流[M]. 北京:交通大学出版社,2010.

[28]孙家庆,张赫. 智能物流[M]. 北京:中国物资出版社,2011.

[29]魏凤. 物联网与现代物流[M]. 北京:电子工业出版社,2012.

[30]张为民. 云计算[M]. 北京:科学出版社,2009.